U0518832

中国城市文化竞争力
研究报告

2016

CHINESE URBAN
CULTURE COMPETITIVENESS
REPORT

主编／范周　　执行主编／萧盈盈

知识产权出版社
全国百佳图书出版单位

图书在版编目（CIP）数据

中国城市文化竞争力研究报告. 2016 / 范周主编. —北京：知识产权出版社，2017. 4

ISBN 978-7-5130-2808-0

Ⅰ. ①中… Ⅱ. ①范… Ⅲ. ①城市文化-竞争力-研究报告-中国-2016 Ⅳ. ①C912. 81

中国版本图书馆 CIP 数据核字（2017）第 081201 号

内容提要

本研究报告在对城市竞争力理论深入研究的基础上，提炼出我国城市文化竞争力的核心要素与指标，构建我国城市文化竞争力的理论模型与评价指标体系，并对全国多个城市的文化竞争力指标进行数据收集和科学评测。对我国城市的文化竞争力进行现状评价和个案研究，系统梳理当前我国城市文化竞争力建设的现状和问题。

责任编辑：李婧　　　　责任出版：刘译文

中国城市文化竞争力研究报告（2016）
ZHONGGUO CHENGSHI WENHUA JINGZHENGLI YANJIU BAOGAO（2016）
主编：范周　　　　执行主编：萧盈盈

出版发行：	知识产权出版社 有限责任公司	网　址：	http：//www.ipph.cn
电　话：	010-82004826		http：//www.laichushu.com
社　址：	北京市海淀区西外太平庄 55 号	邮　编：	100088
责编电话：	010-82000860 转 8594	责编邮箱：	549299101@ qq. com
发行电话：	010-82000860 转 8101/8029	发行传真：	010-82000893/82003279
印　刷：	北京中献拓方科技发展有限公司	经　销：	各大网上书店、新华书店及相关专业书店
开　本：	720mm×1000mm　1/16	印　张：	15.5
版　次：	2017 年 4 月第 1 版	印　次：	2017 年 4 月第 1 次印刷
字　数：	200 千字	定　价：	38.00 元

ISBN 978-7-5130-2808-0

出版权专有　侵权必究
如有印装质量问题，本社负责调换。

《中国城市文化竞争力研究报告（2016）》
编委会

主　　编：范　周

执行主编：萧盈盈

编　　委：田　卉　蒋　多　蔡晓璐　王文勋
　　　　　刘静忆　李素艳

前言

城市文化是城市经济新的增长点。21世纪国际范围内的城市竞争，不仅体现在政治、经济上，而且很大程度上演变为文化竞争力的较量。城市文化作为依托城市载体形成的共同思想、价值观念、城市精神、行为规范，是一座城市最深刻的特质，也是城市可持续发展的内在动力，是城市的灵魂所在。正如刘易斯·芒福德所提到的那样，文化是城市的生命，存储文化、流传文化和创造文化是城市的三个基本使命。提升城市文化竞争力，开发利用城市文化资源，大力发展文化经济，塑造独特城市文化与个性，也成为世界各国城市之间竞争的主要方式之一。

改革开放以来，我国在文化建设方面不断探索，国家对文化的重视程度与日俱增。随着"建设社会主义核心价值观""提高文化软实力""建设文化强国"等文化战略的提出，城市文化的发展也迎来了前所未有的历史机遇。提升城市文化竞争力，传承中华传统文化与国家核心价值观念，使城市文化与人和谐发展，推动城市文化事业与文化产业共同繁荣，成为国家决策者与城市管理者高度关注的重要议题。

随着对城市文化认识的不断深化，国内很多大中城市都将提升城市文化竞争力、打造独特的城市文化作为城市发展战略目标。但总体而言，我国城市文化水平与经济社会发展不协调，文化自信与文化自觉的意识和观念没有提升到应有的高度，区域文化产业发展不平衡，一些城市公共文化设施建设相对滞后，文化建设理念还不能适应时代的要求，对文化资源的整合利用不足，千城一面、文化个性丧失等城市问题仍然存在。这些都迫切呼唤着在城市发展规划中将文化竞争力纳入战略考量，积极探寻提升城市文化竞争力的方法、路径与模式，走上良性可持续发展的轨道。

虽然当前城市文化研究已成为文化研究领域中的热点之一，具有深远的理论意义及实践意义，但国内外学术界对于城市文化竞争力的核心要素和指标评价，尚未形成普遍公认的理论体系，相关研究也仍有很大的空间。本报告在对世界中心城市的文化建设经验进行提炼、借鉴，以及对前人的城市文化竞争力理论进行梳理的基础上，整合并深化了城市文化竞争力的相关研究理论。本书的主要特点为：第一，提出我国城市文化竞争力发展的"跑道模型"，并初步构建了以五大核心要素为基础的城市文化竞争力评价指标体系。第二，采用定性分析与定量分析相结合的方法，对全国36个中心城市的55项文化竞争力指标进行了数据收集和评测分析。在指标权重确定、数据采集程序、数理统计方法上尽量做到严谨、科学和规范。第三，在对城市文化竞争力数据表现进行分析的基础上，选择文化发展有特色或者指标表现有典型意义的10个城市作为案例，对其进行现状评价和个案研究。第四，提出我国城市文化竞争力提升的问题与对策，探讨城市文化竞争力提升的可行路径，也为全国城市文化政策、文化发展规划的制定提供理论支撑和决策参考。

《中国城市文化竞争力研究报告（2016）》延续了以往该系列书的理论模型和指标框架，同时在研究内容、案例、规律等方面有所突破。需要说明的是，首先，由于不同的城市在地理区位、历史文化、城市规模、经济发展等各个层面的差异，要建构一个具有普遍意义的、为世人公认的文化竞争力评价指标体系具有极大难度，仍需要在不断的理论探索中完善与创新，也是本课题组不断努力的方向。其次，本书的指标数据主要来源包括国家统计局、文化部、商务部、国家新闻出版广电总局等各部委、各级政府以及行业协会的各类公开出版物和官方网站，由于全国各城市文化统计工作开展和统计口径的差异，给我们的研究带来了不小的困难。我们在现有条件基础上，尽可能进行了科学合理、可行可靠的数据收集和数据处理。最后，在样本选择上，课题组选取了直辖市、部分省会城市（台湾地区、香港特别行政区、澳门特别行政区除外）、副省级城市和计划单列市4种城市类别，一共36个城市来进行探索性的研究。今后，随着研究的进一步深入和城市文化数据完整性的提高，我们也将会逐步扩大研究的范围，将更多的城市纳入我们的研究体系中来。

随着《中国城市文化竞争力研究报告（2016）》的出版，其中涉及的36个我国中心城市的文化建设也在如火如荼的进行之中，城市文化竞争力的发展格局不断变化，文化的作用日益深入城市生活的方方面面。我们力求通过对城市文化竞争力问题扎实、深入的研究，得到有依据、有价值的研究发现和科学规律，并衷心希望本书能为城市管理者提供决策参考和理论借鉴，在国家文化大发展、大繁荣的历史机遇中，理论联系实际，共同探索城市文化发展的路径和方向，绘就"中国梦"的宏伟蓝图。

范 周

2016 年 12 月

CONTENTS **目录**

绪论 第一章

　　文化是城市的灵魂、血脉和精神。城市文化竞争力作为衡量一座城市文化发展水平的重要因素，也是一个国家文化发展水平的重要体现。每一座城市都有独特的发展历史和文化内涵，正是内在的文化差异使得一座城市能够形成不同于其他城市的特殊名片。随着文化特性不断裂变与创新，城市文化渗透于城市的政治、经济、社会等诸多方面，也对城市的发展产生了深远的影响。

　　在城市建设中，文化作为"软实力"，为城市提供强大的精神动力和广泛的智力支撑，发挥其他硬性治理方式无法替代的作用。在世界范围内，很多城市凭借文化的力量，做到了"以文化人""以文化城"，带动城市社会进步与经济发展走向新的风貌。

　　近年来，我国提出了"推动文化大发展大繁荣"和"建设社会主义文化强国"等文化战略，为城市文化发展带来了新的历史机遇，尤其是随着我国新型城镇化建设步伐的加快，文化在城市发展进程中的角色和作用越来越成为我国决策者与城市管理者高度关注的议题。城市文化影响着一个城市的核心竞争力，同时也是城市可持续发展的基础和关键。同时，发展城市文化能够保存传统文化与核心价值观念，形成一种强大的内在感召力与认同感，使城市文化与人和谐发展，推动城市文化事业与文化产业共同繁荣，这在中华民族伟大复兴的历史时期具有至关重要的意义。

一、城市文化发展呈现繁荣局面

　　随着我国经济发展进入新常态，国家文化发展也进入了一个全新的历史时期。党和国家对文化建设高度重视，不断探索，先后提出了"精神文明建设""提高文化软实力""文化强国"等重要文化战略，国家文化"软实力"发展水平不断提高。特别是从 2011 年中共中央《关于深化文化体制改革推动社会主义文化大发展大繁荣若干重大问题的决定》的提出，到 2012 年党的十八大报告提出的"建设社会主义文化强国"，再到 2014 年密集出台的一系列文化政策，我国文化建设呈现出蒸蒸日上的态势。2014 年，文化消费的多元化、文化产业的蓬勃发展、文化与科技的加速融合、公共文化服务体系的不断完善、文化管理理念与能力的提升，都为我国城市文化发展提供了极大的动力。

（一）城市文化消费多元化趋势

党的十七届六中全会上，"扩大文化消费"被列为加快文化产业发展、推动文化产业成为国民经济支柱性产业的四项任务之一。在此背景下，文化消费市场总量持续增长，文化产品和消费结构不断优化。文化消费的发展很大程度上取决于居民的消费能力和消费意愿，因此，城市文化消费水平也成为衡量一个国家文化发展水平以及社会文化氛围、居民文化素养的重要标志。

近年来，随着我国居民生活水平逐步提高，城市文化消费不断扩大，群众的精神需求逐渐变得多样化、多层次性，我国城市文化消费在保持强劲增长势头的同时，也随之多元化、多样化，呈现出了一系列新的发展趋势。例如，互联网正以前所未有的方式改造着文化消费的传统产品形态、消费模式和商业模式，网络文化消费规模不断扩大，新兴文化消费形态不断出现；随着收入水平的提升与各类文化活动的此起彼伏，城市居民自主选择文化消费方式渐成主流，从而使文化消费水平不断提高；城市文化消费逐步由消遣型、娱乐型向知识型、发展型、智能型方向发展，城市居民文化消费潜力持续释放。

（二）城市文化与新兴科技加速融合

自从党的十八大提出"促进文化和科技融合，发展新型文化业态，提高文化产业规模化、集约化、专业化水平"的任务之后，政府加大了文化、科技、金融等相关产业相互融合的政策性扶持力度，实施科技创新、文化创新双轮驱动战略，行业活力得到进一步释放。国家充分发挥科技与信息化等基础优势，大力优化文化新业态发展环境，不断增强文化新业态核心竞争力，推动文化新业态发展成为文化产业转型升级的加速器和经济持续增长的新引擎。文化新业态作为文化创意与科技创新融合发展的产物，具有高知识含量、低资源消耗、高附加值以及对传统产业的改造提升等特性，文化新业态正逐步成长为经济增长的新亮点。

科技的快速发展，让城市文化焕发了新的生机。随着科技发展融入文化生活，"智慧城市"被写进国家与城市的各类规划，国家网络基础设施建设不断升级，"科技让城市更智慧"成为发展趋势。智慧交通、智慧医疗、大数据、云存储等正在进入人们的日常生活，"智慧城市"正在让城市文化更有魅力。新技术、新形式、新创意不断纳入，一些适合在公共场所传播的文化内容走进了城市，赋予了城市新的文化活力。

（三）城市公共文化服务体系逐渐完善

党的十八大以来，以习近平同志为总书记的党中央站在时代高度，对现代公共文化服务体系建设作出了一系列重要部署。党的十八大将公共文化服务体系建设作为全面建成小康社会的重要内容，明确提出了到2020年"公共文化服务体系基本建成"的战略目标；党的十八届三中全会提出进一步深化文化体制改革，构建现代文化市场体系和公共文化服务体系的发展格局。构建现代公共文化服务体系，是实现广大人民基本文化权益、提高社会文明程度的必然要求，也是推动社会主义文化大发展大繁荣的必然要求。必须坚持政府主导、社会参与、共建共享，推动基本公共文化服务标准化、均等化，力争在"十三五"期间基本建立覆盖城乡、便捷高效的现代公共文化服务体系。

随着全国公共文化服务体系逐渐完善，我国城市正逐步合理规划各类公共文化设施，健全公共文化设施运行管理和服务标准体系，在"互联网+"的时代，积极适应潮流，探索"互联网+公共文化服务"的有效模式，推进公共文化服务数字化、网络化建设，保障了人民群众在体验文化公共服务方面的自主权和选择权，进一步激发了公共文化服务体系的活力。另外，文化惠民工程的实施，进一步丰富了基层文化资源，城市为公共文化服务的发展提供了更多可能，各类图书馆、博物馆、文化馆、科技馆、体育馆、音乐厅不断向大众普及，吸纳民众参与文化活动。深化公益性文化事业单位内部改革，完善治理结构，提高服务能力。政府加大购买服务力度，鼓励社会力量、社会资本提供公共文化服务。

（四）文化政策环境持续优化

随着文化产业、公共文化建设的不断推进，我国文化产业政策环境持续优化。从政策出台的情况可以看出，2014年出台的与文化产业直接相关的政策数量明显增加且高度系统化，可见国家对文化产业发展的重视程度在逐渐提高。一些关键性指导政策，在很大程度上为我国城市文化的建设与提升发展指引了新方向、带来了新机遇、指明了新思路。

2014年2月，国务院印发《关于推进文化创意和设计服务与相关产业融合发展的若干意见》（以下简称《意见》）。《意见》提出了塑造制造业新优势、加快数字内容产业发展、提升人居环境质量、提升旅游发展文化内涵、挖掘特色农业发展潜力、拓展体育产业发展空间和提升文化产业整体实力七项重点任务。同时，《意见》要求，增加文化产业发展专项资金规模，加大对文化创意和设计服务企业支持力度，并建立完善文化创意和设计服务企业无形资产评估体系。

2014年3月，国务院公布《关于加快发展对外文化贸易的意见》，鼓励和支持国有、民营、外资企业享有同等待遇，引导文化企业加大内容创新力度，支持文化企业拓展文化出口平台和渠道、支持文化和科技融合发展；加大文化产业发展专项资金等支持力度；鼓励金融机构探索适合对外文化贸易特点的信贷产品和贷款模式、支持重点企业扩展融资方式等；完善服务保障，减少对文化出口的行政审批事项、加强相关知识产权保护等。

2014 年 3 月，文化部、中国人民银行、财政部联合印发《关于深入推进文化金融合作的意见》（以下简称《意见》）。《意见》吸纳了近年来文化金融合作的经验与成果，结合当前金融改革和文化产业发展的新趋势，突出改革创新精神，发挥市场配置资源的决定性作用，从认识推进文化金融合作重要意义、创新文化金融体制机制、创新文化金融产品及服务、加强组织实施与配套保障这 4 个方面提出了深入推进文化金融合作的要求。

2014 年 7 月，文化部、工业和信息化部、财政部联合印发《关于大力支持小微文化企业发展的实施意见》（以下简称《实施意见》）。《实施意见》阐述了支持小微文化企业发展的重要意义，针对小微文化企业发展的现状、特点和需求，提出支持小微文化企业发展的 5 个方面的政策措施：增强创新发展能力、打造良好发展环境、健全金融服务体系、完善财税支持政策、提高公共服务水平。

2014 年 8 月，文化部、财政部联合发布《关于推动特色文化产业发展的指导意见》（以下简称《意见》）。《意见》要求，加大财政对特色文化产业发展的支持力度，把特色文化产业发展工程纳入中央财政文化产业发展专项资金扶持范围，分步实施、逐年推进。充分发挥财政资金杠杆作用，重点支持具有地域特色和民族风情的民族工艺品创意设计、文化旅游开发、演艺剧目制作、特色文化资源向现代文化产品转化和特色文化品牌推广，支持丝绸之路文化产业带、藏羌彝文化产业走廊建设。

2014 年 12 月，财政部、海关总署、国家税务总局联合发布《关于继续实施支持文化企业发展若干税收政策的通知》，指出国家新闻出版广电总局可按照各自职能权限批准从事电影制片、发行、放映的电影集团公司、电影制片厂及其他电影企业取得的销售电影拷贝收入、转让电影版权收入、电影发行收入以及在农村取得的电影放映收入免征增值税。

上述一系列政策的深化部署，从我国文化发展的实际情况出发，让政府这只"看得见的手"更好地发挥对产业的引导作用，在政策方面加强我国文化产业的话语权，为文化产业在"十三五"期间的创新发展进行了统筹布局。文化在国家和城市发展建设中的重要性进一步提升，文化的力量越来越不容小觑。

二、城市文化建设成为重要议题

随着文化发展在城市转型发展中发挥着越来越重要的作用，各大城市对城市文化竞争力的认识不断深化，城市文化发展迎来空前的热潮，很多城市陆续出台文化规划与政策，包括城市文化发展规划、文化与科技融合、文化遗产保护开发等诸多方面，日益完善城市文化建设的顶层设计。

北京、上海等我国中心城市相继提出了建设世界文化中心城市或世界文化名城的战略目标，成为我国城市文化发展的标杆城市。北京市依托现有文化与其他优势资源，大力发展文化创意产业，新型文化业态发展迅速，并且计划在 2050 年进入世界城市的行列，提出了建设世界文化中心城市的目标；上海市以中国（上海）自由贸易试验区的建设为契机，推进改革创新试点，实施重大项目带动、文化产业创新融合、文化"走出去"等战略，推动文化产业快速发展，提出建设面向世界的文化金融创新中心；广州市借助"一带一路"战略开展了以海上丝绸之路史迹申遗为重点的工作，并在《广州城市总体发展战略规划》中提出打造国家中心城市和世界文化名城的战略目标。

全国各大中心城市也竞相打造自身独特的城市文化，提升城市文化竞争力，然而在此过程中，仍然存在诸多问题，如文化发展水平与经济社会发展不协调；城市文化产业发展乏力，自主学习和创新能力不强；公共文化设施建设滞后；文化观念不能适应时代的发展，对文化资源的整合利用不够；生态环境恶化、文化遗产破坏、城市个性丧失等。这些客观存在的问题，深刻地表明了我国现阶段城市文化竞争力水平提升任务的艰巨性，迫切呼唤着城市发展将文化建设纳入战略考量，积极寻找提升城市文化竞争力的方法、路径与模式，走上良性、可持续发展的轨道。

三、本书的研究内容

本书在借鉴世界各国提升城市文化竞争力的经验基础上，提炼我国城市文化竞争力的核心要素，全面梳理当前我国中心城市文化竞争力建设的现状和问题。通过对指标数据的科学评测，对我国城市文化竞争力进行评价分析和个案研究，寻找提升我国中心城市文化竞争力的方法与路径，为我国城市文化政策、文化规划的制定提出对策和建议。

城市文化竞争力建设是一个系统工程，当前对城市文化竞争力的核心要素，国内外并没有一个公认的理论体系和评价体系。目前，我国学者对城市文化竞争力的研究主要包括城市文化竞争力内涵的界定、城市文化产业竞争力的研究、全球化对城市文化竞争力的影响、文化资源的保护与城市文化竞争力的关系等。国内的倪鹏飞、赵德兴等学者对城市文化竞争力的研究起步较早，对城市文化竞争力的理论内涵、核心要素以及评价指标方面进行了探索性研究。本书将在前人研究的基础上，提出城市文化竞争力的内涵、核心要素、评价指标体系等，并以可量化的指标测量和评价我国中心城市的文化竞争力现状，为城市之间的对比分析提供可参考的理论框架和评价体系。深化文化竞争力理论研究，对我国城市竞争力从文化指标和文化发展的角度进行理论纵深挖掘。此外，本书也涉及我国中心城市在文化竞争力方面与世界城市的差距，为"十三五"及未来更长时期我国城市文化发展做政策层面的研究提供对策思考。

总体而言，城市文化竞争力建设是一个复杂的系统工程。特别是在中国经济社会发展不平衡的条件下，需要有针对性地探索一般规律和文化竞争力建设的地域性及特殊性。城市文化竞争力是一个城市文化发展综合水平的体现，包括诸如历史文化传统、文化经济、文化人才、公共文化服务建设、城市文化形象、城市文化包容与开放等方面。无论是构成城市文化竞争力的客观条件和环境，还是城市文化竞争力的主客体结构，都渗透到了城市文化的各个领域，伴随着城市从古至今在各个历史阶段聚集不同时代及类型的文化并融合创新。因此，城市文化竞争力评价指标体系是一个集多层次、综合性、广泛性、复杂性于一体的统一体系，也需要我们在研究中不断完善。

本书的主要研究内容包括以下几个方面：

第一，城市文化竞争力理论综述及评价指标体系构建。

在梳理城市文化竞争力相关研究的基础上，提炼出文化竞争力起到关键作用的几大核心要素，通过要素间的内在关联，构建城市文化竞争力的理论模型。对城市文化竞争力及其核心要素进行概念化和操作化研究，构建城市文化竞争力的评价指标体系。主要内容包括：城市文化竞争力及其相关概念的梳理和界定；城市文化竞争力核心要素及评价指标体系研究综述；我国城市文化竞争力的核心要素与理论模型；我国城市文化竞争力评价指标体系构建。

第二，我国城市文化竞争力的现状分析与评价研究。

通过对我国中心城市文化竞争力相关核心要素统计数据的收集、整理和统计分析，对我国中心城市文化竞争力进行评价，具体内容包括：我国中心城市文化竞争力的总体评价；我国中心城市文化竞争力分项指标分析等。

第三，我国城市个案文化竞争力的提升路径及对策研究。

城市文化竞争力研究的最终目标是为我国城市文化发展的政策制定、发展规划提供科学的依据，也为提升我国中心城市的文化建设提供借鉴。本书提出未来我国提升中心城市文化竞争力的目标定位，同时选择了一些文化竞争力各项指标有代表性的城市提出针对性的对策建议。

第一节　城市文化竞争力相关理论综述

一、城市竞争力

多数学者认同城市文化竞争力是由城市竞争力派生出来的一个概念，常常将文化竞争力放进城市竞争力框架中去研究。城市竞争力是指以城市为竞争主体，涵盖城市自然地理、历史人文、经济建设、制度管理、社会文化等相关方面的发展能力。在城市竞争力的定义上大致有以下几种观点。

首先，有的学者注重突出城市创造财富和价值的能力。美国学者迈克尔·波特指出："竞争力在国家水平上仅仅有意义的概念是国家的生产率。"而推及到城市，城市竞争力乃是指城市的生产率，他认为城市竞争力是指城市创造财富、提高收入的能力。❶ 英国学者保罗·切希尔（Paul Cheshire）等将城市竞争力定义为一个城市在其边界内能够比其他城市创造更多的收入和就业的能力。❷ 倪鹏飞则认为城市竞争力是一个相对概念，主要是指一个城市在竞争和发展过程中，与其他城市相比所具有的创造财

---

❶　［美］迈克尔·波特. 国家竞争优势［M］. 北京：华夏出版社，2002：58~65.

❷　Paul Cheshire. Problems of Urban Decline and Growth in EEC Countries：or Measuring Degrees of Elephantness［J］. Urban Stydies，1998，23（2）.

富和价值收益的能力。城市价值收益的获得及获得多少取决于城市创造价值的能力，决定于城市的竞争力。[1] 连玉明等认为，城市竞争力是指一个城市在经济全球化和区域经济一体化背景下，与其他城市比较，在资源流动过程中，所具有的抗衡甚至超越现实和潜在的竞争对手，以获取持久的竞争优势，最终实现城市价值的系统合力。[2]

其次，有的学者在定义城市竞争力时提出要注重城市在要素聚集、资源配置方面的能力。宁越敏、唐礼智认为，城市竞争力是在社会经济结构、价值观、文化、制度政策等多个因素综合作用下创造和维持一个城市在其区域中进行资源优化配置的能力。[3] 徐康宁依据城市作为竞争主体的特征，把"城市竞争力"定义为："城市通过提供自然的、经济的、文化的和制度的环境，聚集、吸收和利用各种促进经济和社会发展的文明要素的能力，并最终表现为比其他城市具有更强、更为持续的发展能力和发展趋势。"[4]

最后，目前大多数学者普遍认同的是，城市竞争力是能够反映一个城市综合能力的概念。例如，倪鹏飞在其博士论文中从价值收益的最终产出、要素投入以及竞争力作用的方向等角度分析了城市竞争力的各种能力，他认为城市竞争力是城市提高增值能力和提高居民生活水平的能力，是城市参与资源争夺、动员、整合以及转化的能力，是引进吸收能力、转化提升能力和输出扩张能力。[5] 这实际上体现了城市竞争力反映城市综合能力的观点。李永强提出竞争与竞争力整合系统，他认为城市竞争力是城市利用其现有资源形成的资源集聚力、产品供应力、价值创造力和可持续发展力的系统合力。[6] 赵德兴等认为城市竞争力是一个综合的概念，是城

[1] 倪鹏飞. 中国城市竞争力报告 NO.5 [M]. 北京：社会科学文献出版社，2009.
[2] 连玉明. 中国城市蓝皮书 [M]. 北京：中国时代经济出版社，2003.
[3] 宁越敏，唐礼智. 城市竞争力的概念和指标体系 [J]. 现代城市研究，2001 (3).
[4] 徐康宁. 论城市竞争与城市竞争力 [J]. 南京社会科学，2002 (5).
[5] 倪鹏飞. 中国城市竞争力理论研究与实证分析 [M]. 北京：中国经济出版社，2001：58.
[6] 李永强. 城市竞争力评价的结构方程模型研究 [M]. 成都：西南财经大学出版社，2001：97.

市的经济、政治、社会、文化、资源与环境等诸多竞争力共同作用的结果。❶"城市竞争力"概念梳理如表2-1所示。

表2-1 "城市竞争力"概念梳理

提出者	概念描述	概念侧重点
[英] 保罗·切希尔等	一个城市在其边界内能够比其他城市创造更多的收入和就业的能力	注重突出城市创造财富和价值的能力
[美] 迈克尔·波特	城市的生产率，城市创造财富、提高收入的能力	
连玉明等	一个城市在经济全球化和区域经济一体化背景下，与其他城市比较，在资源流动过程中，所具有的抗衡甚至超越现实和潜在的竞争对手，以获取持久的竞争优势，最终实现城市价值的系统合力	
倪鹏飞	一个城市在竞争和发展过程中，与其他城市相比所具有的创造财富和价值收益的能力	
宁越敏、唐礼智	在社会经济结构、价值观、文化、制度政策等多个因素综合作用下创造和维持一个城市在其区域中进行资源优化配置的能力	注重城市在要素聚集、资源配置方面的能力
徐康宁	城市通过提供自然的、经济的、文化的和制度的环境，聚集、吸收和利用各种促进经济和社会发展的文明要素的能力，并最终表现为比其他城市具有更强、更为持续的发展能力和发展趋势	
李永强	城市利用其现有资源形成的资源集聚力、产品供应力、价值创造力和可持续发展力的系统合力	认为城市竞争力是能够反映一个城市综合能力的概念
赵德兴等	城市的经济、政治、社会、文化、资源与环境等诸多竞争力共同作用的结果	

另外，还有众多研究者从其他角度提出"城市竞争力"的含义，但基本都涵盖于上述几种定义之中。从国内外关于城市竞争力的主要概念来看，学术界对城市竞争力的概念含义尚未形成统一认识。城市竞争力应是城市综合竞争能力的反映，这一点在直观含义上很明显，但在实际应用中，由于相关概念难以精确界定，往往容易以偏概全，如将城市竞争力等

---

❶ 赵德兴等. 城市文化竞争力指标体系研究 [J]. 南京社会科学, 2006 (6).

同于企业竞争力或城市经济实力。这就导致城市竞争力作为一个研究热点的同时又很难形成独立系统的理论和实践框架。尽管如此，城市竞争力应该存在一定的特征和评价原则，可以依据统一的特征和评价原则力求实现系统、全面的城市竞争力研究。

二、城市文化

1998 年，联合国教科文组织在《文化政策促进发展行动》指出："未来世界的竞争也将是文化或文化生产力的竞争，文化将成为 21 世纪最核心的话题之一。"城市文化是城市经济新的增长点，21 世纪国际范围内的城市竞争，不仅体现在政治、经济上，而且，很大程度上演变为文化竞争力的较量。关于城市文化概念界定，不同学者研究视角和方法不同，有不同的理解和描述，目前尚未达成共识。

国外学者对于城市文化的理解常常从城市的功能性着手，普遍认为城市是文化的载体，城市产生文化，城市与文化是不可分割的统一整体，这其中包括物质和文明两大基本构成，国外学者更强调后者所代表的精神思想、礼俗、历史、公民意识等要素。

20 世纪美国城市学家刘易斯·芒福德（L. Mumford）撰写了在西方被誉为"城市区域规划圣经"的《城市文化》一书。芒福德认为，城市的基本使命和未来建设都应围绕文化的主题展开。他写道："城市是文化的容器，专门用来储存并流传人类文明的成果。储存文化、流传文化和创造文化，这大约就是城市的三个基本使命"，并进一步指出，未来城市建设的主要问题是如何把城市从"物质上的能量"转变成"精神上的能量"。❶

R. E. 帕克指出：从文化的观点来看，城市绝不仅仅是许多单个人的集合体，也不单单是各种社会设施的集合体；城市也不只是各种服务部门

---

❶ L. Mumford. The City in History：its origins，its transformations，and its prospects ［M］. 1963.

和管理机构的简单聚集。城市文化是一种心理状态，是各种礼俗和传统构成的整体，是这些礼俗中包含并随传统而流传的那些统一思想和感情所构成的整体。换言之，城市绝非简单的物质现象，绝非简单的人工构成物。❶ R.E. 帕克认识到城市构成要素的复杂性和多样性，城市不仅仅是物质要素的集合，还应该有外延的精神性要素。

施宾格勒站在更高的人类文化和世界历史的高度来评价城市在文化形成过程中的重要作用："人类所有伟大文化都是由城市所产生的，世界历史就是城市的历史、市民的历史，这就是世界史的真正标准。"❷ 同时社会学家阿·霍雷也曾指出：在文明史的曲折发展过程中，城市曾起过，并至今依然在起着重要作用。确实，城市和文明是同一事物的两个不同侧面。❸

还有一些学者从政府与市民的角度来探讨在城市文化塑造过程中，城市对市民应承担的责任以及市民的主导地位。罗朗·德雷阿诺和让·玛利·埃尔耐克在《2004 欧洲文化之都：创意城市里尔》一文中认为，政府要为城市中的所有人以及从事不同职务的不同居民，营建一个舒适、惬意的生活环境。❹ 里尔市市长玛蒂娜·奥布里则进一步指出居民是参与城市文化建设的主体："新的城市艺术是城市发展规划的目标。城市发展规划是我们和居民们依据街区范围一起设计的，发展的地域规模需要自然合理。在这个规模之下，人们能够识别街区标志、认知城市，并向世界开放。因此，这种规模必须适宜聚居。进一步来说，适宜构建公民意识。"查尔斯·安布罗西诺和文森特·吉隆的《法国视角下的创意城市》将居民的创造力归结为城市发展的决定因素，并且是形成城市多元文化生活的主要驱动力。在文中，他们指出："在后工业社会中智力和资本的流动非常频繁迅速，人的创造革新能力是城市发展的决定因素。而这种有创造力阶层的人对其工作和居住场倾向于

❶ [美] R.E 帕克. 城市社会学 [M]. 北京：华夏出版社，1987：123.

❷ [德] 施宾格勒. 西方的没落：第 2 卷（上册）[M]. 北京：商务印书馆，1963：95.

❸ 阿·霍雷. 城市与城市社会学 [M]. 北京：光明日报出版社，1985：72.

❹ [法] 罗朗·德雷阿诺，让·玛利·埃尔耐克. 2004 欧洲文化之都：创意城市里尔 [J]. 国际城市规划，2012 (3).

选择能够提供丰富多彩生活内容的位置，例如靠近音乐厅、剧院、艺术馆、历史传统街区和有多元文化等的地方生活。"❶

另外，国内学者通常从城市文化的构成部分、形成过程出发，认为城市文化是城市在历史进程中逐渐积累的各种抽象概念的总和，进而得出城市文化是城市发展和进化的重要助推剂的结论，他们大多强调价值观念、精神信念、生活习俗、行为规范、城市形象等要素。

我国故宫博物院院长单霁翔曾指出："从传统的功能城市到今天的文化城市，文化已经成为城市发展中举足轻重的关键元素。城市文化是建设和谐城市的重要基础，是城市竞争力的核心内容，是城市创新发展的强大动力，影响并决定着城市发展的前景和方向。"

浙江工商大学教授陈寿灿认为，城市文化是文化依托城市载体形成的，城市主体在城市长期的发展中培育的独具特色的共同思想、价值观念、基本信念、城市精神、行为规范等精神财富的总和，用于城市经济、政治、人文等各个方面，是一座城市的特质所在。每一个城市都有其特有的城市文化，城市文化是城市可持续发展的内在动力，是城市的灵魂所在。在21世纪，城市发展的关键环节是城市是否具有自己的特征，是否具有吸引人才、技术、资本的独特性。❷

雷鸣、吴斯维、王晓认为，城市文化是人类文化的一种特殊形态，是人类文化发展到一定阶段的一种结果。城市文化或都市文化，是市民在长期的生活过程中，共同创造的、具有城市特点的文化模式，是城市生活环境、生活方式和生活习俗的总和。❸

徐桂菊、王丽梅认为，城市文化是城市在发展过程中创造和形成的独具特色的价值观念、城市精神、行为规范等精神财富的总和。它是在城市发展过程中形成的、植根于全体市民中的价值观念，它以不同于法律的形

❶ ［法］查尔斯·安布罗西诺，文森特·吉隆. 法国视角下的创意城市 ［J］. 国际城市规划，2012 (3).

❷ 陈寿灿. 建设城市文化与提升城市竞争力 ［J］. 浙江学刊，2002 (3).

❸ 雷鸣，吴斯维，王晓. 城市文化竞争力测评体系及其应用研究 ［J］. 华南理工大学学报（社会科学版），2009 (6).

式规范着市民的行为，决定着一个城市市民的行为方式与城市特色。

张彤军认为，文化的发展可以增加城市持续发展的各种社会价值、经济价值以及文化价值，同时有利于降低可持续发展的成本。城市的文化特质成为塑造城市整体形象、增加城市文化含量以及提升城市文化品位的强力剂，是城市树立地域品牌、吸引投资的魅力源泉。具有特质性的城市文化品位、文化形象成为城市凝聚和城市可持续发展的重要推动力量。❷

三、城市文化竞争力

（一）文化竞争力的理论来源

文化竞争力的概念可以追溯到 20 世纪 90 年代管理学家普拉哈拉德和哈默对"核心竞争力"的相关研究。之后，学者们把"企业文化"和"核心竞争力"结合起来，使用"文化竞争力"这一概念来研究企业核心竞争力和对比分析企业文化。塞缪尔·亨廷顿（Samuel P. Huntington）把"文明"定义为"文化的实体"，从另一个角度来看，就是将"文化竞争"的现象通过"文明的冲突"这一命题运用到国际政治研究领域。❸ 但他主要讨论基于一定历史文化的国家或国家集团在国际竞争中的行为，以文明的界限来分析国际政治版图及其可能的走向，而没有详细谈及文化在国际竞争中的地位和作用。之后，约瑟夫·奈（Joseph S. Nye）更进一步提出"软实力"（Soft Power）的概念，明确地将文化因素在国际竞争中的作用凸显了出来。❹

文化竞争力是几种作用力的合力。邹广文在《我国文化竞争力的特征分析及实现途径》中提出：人们对"文化"的认识是随着历史的发展而发

---

❶ 徐桂菊，王丽梅. 城市文化竞争力评价体系的构建 [J]. 山东经济，2008 (5).

❷ 张彤军. 城市文化与城市可持续发展 [J]. 北京行政学院学报，2008 (2).

❸ [美] 塞缪尔·亨廷顿. 文明的冲突与世界秩序的重建 [M]. 周琪，译. 北京：新华出版社，2010：35.

❹ [美] 约瑟夫·奈. 软实力：权力，从硬实力到软实力 [M]. 马娟娟，译. 北京：中信出版社，2013：55.

展的。将文化看作是一种力是人类认识所到达的一个新的阶段。我们经常将文化与生活方式、风俗习惯、人文景观、知识技能、道德修养与民族精神等联系起来，却很少使用力学的概念去描述它的社会作用。人们对文化力量的认识最早体现在生产活动上。文化竞争力，就是各种文化因素在推进经济社会和人的全面发展中所产生的凝聚力、导向力、鼓舞力和推动力等。❶

（二）城市文化竞争力概念梳理

关于城市文化竞争力的概念，目前，学界对"城市文化竞争力是一种与精神创造、制度沿袭、文化资源流动相关的竞争力"这一概念较为认同，强调其比较意义和价值体现。大多学者通常把城市文化竞争力放在一个特定的背景下，通过其对城市经济、政治和社会生活等各方面的影响效果来定义。具体来说，有如下几种角度。

李向民等对城市文化竞争力定义的描述是"一种精神生产力"，强调城市作为竞争的行为主体在"获取资源，并推动该地区可持续发展，提升城市形象和知名度的独特能力"。❷

赵德兴等认为，城市文化竞争力是指城市"在文化资源要素流动过程中，所具有的抗衡甚至超越现实的和潜在的竞争对手，以获取持久的竞争优势，最终实现城市文化价值的能力"。❸

多数学者认为城市文化竞争力是城市竞争力派生出来的一个概念，以城市在文化方面的竞争能力去定义城市文化竞争力，如郭晓君、吴亚芳将城市文化竞争力描述为一种"综合竞争力"，包括城市自主学习创新能力、文化产业发展、城市生态、物质、精神、制度文化等内容。❹

❶ 邹广文. 我国文化竞争力的特征分析及实现途径 [J]. 宁夏党校学报, 2008 (5).
❷ 李向民. 城市文化竞争力及其评价指标 [M] //叶取源, 王永章, 陈昕. 中国文化产业评论 (第 8 卷). 上海：上海人民出版社, 2008.
❸ 赵德兴, 等. 城市文化竞争力指标体系研究 [J]. 南京社会科学, 2006 (6).
❹ 郭晓君, 吴亚芳. 提升我国城市文化竞争力的路径选择 [J]. 管理世界, 2006 (11).

项光勤在《文化竞争力的内涵及其在城市竞争力中地位和作用》[1] 一文中，从广义和狭义两个角度详细阐述了城市文化竞争力的概念，重点将其解释为一种对"人类自身"和"人类社会的作用力"，并认为其具有两重性、广泛性、持久性等特征。

倪鹏飞对全国各个城市的综合竞争力有多年的动态跟踪研究。在他的城市综合竞争力测评体系中，文化力是一个重要指标。他认为，一方面在城市竞争的诸分力中，文化力对城市竞争力的贡献仅次于资本力，是第二重要分力。另一方面，文化力与其他力之间均存在着较强的相关性，这表明文化力受其他分力影响，也通过其他分力对城市竞争力产生间接的影响。[2]

秦瑞英认为，城市文化竞争力体现在一个城市的物质和精神活动两方面。有形和无形要素的相互作用与有机融合，形成了城市文化竞争力的基本内涵。[3]

叶南客等通过对全国各省、直辖市、自治区，15 个副省级城市和江苏省内 13 个省辖市的文化竞争力进行测评分析得出结论，认为城市文化竞争力是指文化构成要素之间的协调能力与配置合理程度的高低以及在与其他城市比较中突出的发展能力与影响能力。[4]

综上所述，学者观点中对于城市文化竞争力概念的总结涉及的关键词包括："精神生产力、城市形象、知名度、影响力和辐射力"；"文化资源要素流动、持久竞争优势、文化价值"；"自主学习创新、文化产业、综合竞争力"；"作用力、意识形态活动、精神财富、泛文化力"。由此不难看出，学者对城市文化竞争力的理解和定义大体包括：城市文化资源、城市文化精神、城市文化经济、城市文化价值、城市文化创新、城市文化宣传等几个大的维度，这也是我们在研究城市文化的过程中所认可和推崇的。

---

[1] 项光勤. 文化竞争力的内涵及其在城市竞争力中地位和作用 [C]. 文化现代化的战略思考——第七期中国现代化研究论坛论文集，2009.

[2] 倪鹏飞. 中国城市竞争力报告 NO.5 [M]. 北京：社会科学文献出版社，2009.

[3] 秦瑞英. 基于因子分析法的广州城市文化竞争力比较研究 [J]. 开发研究，2013 (4).

[4] 叶南客等. 中国区域文化竞争力研究 [M]. 南京：江苏人民出版社，2008：95.

（三）城市文化竞争力与城市竞争力的关系

城市文化是城市的精神象征，是城市竞争力的精神内核。它是在城市发展过程中形成的、植根于全体市民中的价值观念，它以不同于法律的形式规范着市民的行为，决定着一个城市市民的行为方式与城市特色。从一定意义上来说城市是文化的载体，文化是城市的灵魂。城市价值观、城市精神，作为一种观念上的文化，作用于人们的思想，引导人们的行为，推动城市发展，提升城市竞争力。

城市文化竞争力对于城市的发展产生强大的力量和重要的影响，对于经济发展，也日益成为一个有力的助推器。一方面，强劲的文化竞争力，以其丰厚的文化附加值为经济增长开辟了一个新的空间，为解放生产力、发展生产力拓展了一条新的路径。另一方面，强劲的文化竞争力，以其厚重的内涵为城市发展倡导新的理念，以其独特的魅力为城市发展打造新的名片，以其鲜明的特色为城市发展凝练新的个性，从而推动城市的发展不断呈现新面貌，实现新跨越。

1. 城市文化竞争力是城市竞争力的文化形态

美国哈佛商学院的迈克尔·波特教授在其著作《国家竞争优势》中指出，"国家的竞争力是社会、经济结构、价值观、文化、制度政策等多个因素综合作用下创造和维持的。在此过程中，国家的作用不断提升，最终形成一个综合性的国家竞争力"。"在国家层面上，竞争力的唯一意义就是'生产力'。""竞争力在国家水平上仅仅有意义的概念是国家的生产率。"文化作为一种观念上的精神形态，所形成的城市文化竞争力，是城市竞争力的文化形态。这种文化形态在城市的生产力、集聚力、转化力和辐射力等方面产生促进作用，并形成一种合力，从而实现城市经济发展水平的提升，产业结构的升级，资源的可持续利用，公共服务能力、创新能力、政府效率的提升，城市品牌影响力的扩大等。

具有竞争力的城市文化能够改变人的思想观念，提高人的个人修养，充分调动人的主观能动作用，从而影响整个群体素质。作为价值观念形态的文化，总是通过经济活动的方式、规模、层次在城市的各个方面曲折地反映出来，一切社会活动都间接地体现出价值观念，参与社会经济活动的每一个主体都不可避免地感受到文化背景的深沉力量和影响。因此，作为先进理念和价值观的载体的城市文化，能够在潜移默化中发挥出文化辐射的作用。

2. 城市文化竞争力助推城市竞争力的提升

城市是人类文明的创造物，又是人类文明的生成地和文化土壤。文化力不仅是城市竞争力中的一股重要力量，而且是对其他各分力进行优化、强化、整合的重要力量，是城市竞争力的重要支撑力量。在社会转型、城市化高速发展时期，具有竞争实力的城市文化能够在政府财政投入、人才吸纳、引进外资等方面独具优势，潜移默化地影响当代城市的经济发展，从而助推城市竞争力的提升。特点鲜明、内涵丰富的城市文化能够吸引政府对城市更多的财政和管理投入；充满活力的城市文化能够吸引大量高素质人才；蕴涵文化底蕴的城市形象具有巨大吸引力；开放、兼容的城市文化能够吸引更多的外资投入。

第一，城市文化是城市精神、城市价值的体现。鲜明、独特的城市文化会大大提升城市的综合质量，创造出良好的经济效益、社会效益。世界上凡是现代化、国际化水平高，辐射力强的城市，无不有着独特的、有活力的城市文化。实践证明，鲜明独特的城市文化能够增加政府对城市的财政和管理投入，从而推动城市经济的发展。

第二，有竞争力的城市文化对人才有极大的吸引力。当今，人力资源正在逐步取代自然资源而成为影响竞争优势的要素条件，城市的经济发展水平在很大程度上取决于其对高级人才的吸引力。城市文化氛围已成为城市能否吸引到高素质人才的关键因素。以先进的城市人文文化来凝聚人心，吸引人才，稳定社会，促进发展，是城市建设和管理的成功经验。人文文化能展示城市的价值品位和可贵的风尚。先进的人文文化犹如一面旗帜，主导着人们的思维，决定着人们的行为模式和生活方式，最大限度地调动人才队伍的积极性、创造性，快捷、有效地将科学技术转化为生产力，主导城市资源的最佳组合，形成强大的竞争优势和文化力。因此，先进的城市文化通过对人才的吸引，能对城市发展、提升城市竞争力起到很好的促进作用。

第三，蕴涵文化底蕴的城市形象能产生巨大的吸引力。城市形象是城市文化的外化。各种不同的地理环境形成了不同的文化景观，历代人类对自然的改造使环境具有人文和历史的内涵。蕴涵文化底蕴的城市形象，能够体现城市素质，展现城市文化。在弘扬城市优秀传统文化的基础上，形成富有城市特色的城市物质文化、生态环境文化、制度文化和精神文化来陶冶、塑造领导者和市民素质与形象，从而产生巨大吸引力。因而展现城市文化底蕴的城市形象也成为城市竞争力中一种重要力量。

第四，城市文化影响外来投资者的决策。城市文化是企业投资决策过程中需要考虑的重要因素。特别是对跨国公司而言，在选择东道国的投资城市时，除了要考虑经济辐射力和区位优势外，还要考虑城市文化对投资带来的风险。开放性、兼容性的城市文化可以在一定程度上减轻跨国公司本地化的压力，节省跨国公司管理上的成本。城市文化能够影响外来投资者的决策，只有积极营造开放、包容的城市文化氛围，不断提升城市文化竞争力，才能吸引到更多的外来投资。

第二节　城市文化竞争力相关评价指标体系综述

目前，国内关于城市文化竞争力相关评价指标的体系构建还没有形成具有一定影响力和权威性的系统理论研究，选取的评价指标和构建的理论模型也因不同学者研究视角和研究方法的差异而大相径庭。部分学者专注于城市文化产业竞争力和城市创意指数的研究，还有一部分学者致力于从城市竞争力入手提炼和构建城市竞争力文化方面的相关评价指标，但在不同的研究视角、方法和层次下，城市文化竞争力评价指标相关的理论体系和定量研究仍然是非常稀缺的。

一、城市创意指数研究

创意产业这一理念自提出发展至今尚不足百年，如何衡量一座城市的创意产业的发展成效，并没有形成一个统一、全面的理论框架和指标体系。在西方一些创意产业发展相对成熟的国家和地区，有学者提出以"创意指数"来估测文化创意产业的发展水平，并且积极探索改进和提升城市创意产业的途径。

（一）基于"3T"理论的美国创意指数和欧洲创意指数

美国经济学家理查德·弗罗里达在其《创意阶层的崛起》一书中首次提出创意资本论，对美国创意经济发展特色与趋势进行了描述，同时也构建出一套创意产业发展衡量指标，即"3T"理论。创意指数包括：人才指数（talent）、技术指数（technology）、包容性指数（tolerance）。在此基础上，提出了更为具体的次级指标，其具体指标包括以下 4 部分：以创意阶级在就业人口中所占的比例来衡量的人才指数、以每人的专利数目来测量的创新指标、高科技指数以及以同性恋指数等来测量的综合多元化指数。❶根据这一理论，美国和欧洲相继编制了美国创意指数（ACI）和欧洲创意指数（ECI），二者的对比如表 2-2 所示。

欧洲创意指数（ECI）是目前全球范围内最具影响力的创意指数，它深入剖析了创意生产力、经济和国家竞争力之间的动态联系，基于欧洲实际情况将人才指数、技术指数、包容性指数纳入整个指数体系中，通过数据收集、数据对比、数据计算、信息整合，最后得出欧洲创意指数。❷

---

❶ 于启武. 美国和欧洲创意指数比较研究 [J]. 第一资源, 2009 (3).
❷ 陈颖，龚雪，高长春. 全球创意指数的比较与分析 [J]. 软科学, 2010 (12).

表 2-2　美国创意指数及欧洲创意指数对比

一级指标	美国创意指数 二级指标	欧洲创意指数 二级指标
技术指数	高科技指数	创新指数
	创新指数	高科技创新指数
		研发指数
人才指数	创意阶层人数占总人口的比例	创意层次指数
		人力资源指数
		科学才能指数
包容性指数	同性恋指数	态度指数
	波西米亚人数指数	价值指数
	熔炉指数	自我表达指数

　　"3T"理论在产业支持环境上测度了创意经济的发展，为其他指数提供了重要的参考依据。但是美国的"3T"理论并没有关于政府调控、支持产业发展的测度，亦没有对文化产业产出效应的描述。美国创意指数和欧洲创意指数都受本国创意产业发展水平、地域特质、社会经济文化背景等要素的影响较大，不太适用于中国。

（二）基于"5C"模型的香港创意指数

　　香港大学文化政策研究中心以"3T"为基础，结合香港创意产业的特点，提出了"5C"理论（如表 2-3 所示），并根据这一理论编制了"香港创意指数"（HKCI）。"5C"指创意效益、结构与制度资本、人力资本、社会资本与文化资本，它界定了香港创意指数的基本范围，该理论主要表述了影响创意增长的 4 项决定因素，即结构与制度、人力、社会和文化资本 4 种资本形式，还包括这些决定性因素的积累效应形成的结果，即创意成果或产出。❶

----

❶　参见香港特别行政区政府、民政事务局《创意指数研究》报告。

表 2-3 香港创意指数指标体系

一级指标	二级指标
创意效益	创意经济的贡献指标、创意活动的经济成分指标、其他创意活动成果指标
结构与制度资本	法律体系在香港的重要性和效率、言论自由、履行国际惯例、信息交流基本结构条件、社会和文化基础结构的有效性、香港企业和金融基础结构
人力资本	研发开支和教育开支、脑力劳动者人口、暂时性/流动性人力资本
社会资本	衡量社会资本的发展、衡量系统的质量：规范和价值、衡量系统的质量：社会参与程度
文化资本	衡量文化之处和供给、衡量系统的质量：规范与价值、衡量系统的质量：文化参与程度

"5C"理论补充了"3T"理论中忽略的产出效应，并且设置了如法律制度、社会价值与规范、文化参与等一系列关乎社会基础与公众利益的指标，使得整个指标体系的设计更加科学，但是对政府支持、创意经济产业链的形成与流动机制则涉及较少。香港创意指数研究着重从资本角度阐释影响创意产业竞争力的因素。

（三）中国城市创意指数（CCCI）

中国城市创意指数由深圳大学文化产业研究院主持研发的国内首个跨城市对比的文化产业竞争力指数，于 2012 年首次发布。该指数基于波特的钻石模型、系统论、Interbrand 品牌评估法等相关理论方法，构建了一个由要素推动力、需求拉动力、相关支撑力和产业影响力 4 大模块、9 个二级指标和 18 个三级指标构成的中国城市创意指数（CCCI）模型。该模型在考虑了人才、经费、科技、文化等资源推动的同时，还考虑了文化需求和消费潜力的拉动作用以及通信、网络等相关行业的支撑作用。[1] 该指数主要是对各城市的文化产业发展现状进行评估，对城市提升文化产业竞争力的对策具有参考意义。

根据指标模型评价标准，2014 年由该指数评测出的全国十强城市为：上海、北京、广州、深圳、杭州、东莞、苏州、南京、西安、宁波。

---

[1] 段学芬，王悦，雷鸣. 中国城市创意指数指标体系构建研究 [J]. 学术界，2013（11）.

（四）上海创意指数和北京创意指数

上海创意中心借鉴了美国、欧洲和中国香港地区的创意指数体系，从中国国情出发，编制了一整套包括产业规模、科技研发、文化环境、人力资源和社会环境5大指标在内的评价体系，其二级指标有35个。上海创意指数考虑到了产业、人、软环境等，甚至细分到社会劳动生产率、社会安全指数、人均城市基础设施建设投资额等方面，具有一定的细化意义和可操作性。❶ 但是上海创意指数以定量指标为主，缺少描述性的定性指标，难以表现创意产业及其产品的非量化特征，此外，上海创意指数具有很强的地域性，无法作为我国城市创意指数的统一评价指标体系普及开来，而且部分指标也难以量化。

北京市统计局、国家统计局北京调查总队于2006年研究制定了《北京市文化创意产业分类标准》，在此基础上研究建立了北京文化创意产业统计指标体系和北京文化创意指数，分别由文化创意贡献指数、文化创意成果指数、文化创意环境指数、文化创意投入指数、文化创意人才指数5个部分构成。

文化创意贡献指数反映文化创意产业的经济社会贡献和发展规模。文化创意成果指数反映北京市取得的科技成果和文化创意成果，主要体现城市的创新能力。文化创意环境指数反映产业发展的文化环境和社会环境。文化创意投入指数反映企业研发投入和政府在科学、教育方面的投入情况。文化创意人才指数反映从事文化创意产业的大学及以上学历中、高级技术职称人员和科研人才拥有情况以及高等教育中文化创意人才培养情况。北京指数更加侧重创意本身的价值及其对社会的贡献。

（五）小结

综观国内外的城市创意指数研究可以看出，美国创意指数和欧洲创意指数既具有完善的理论指导，又具有较强的实操性，从一定程度上来说能

---

❶ 段学芬，王悦，雷鸣. 中国城市创意指数指标体系构建研究 [J]. 学术界，2013 (11).

够如实地反映出整个城市的创意产业发展情况，但是由于中西方文化的差异，某些指标的设置又并不适合中国的实际情况，譬如同性恋指数这一指标就很难在中国的城市中得到相对准确的统计结果；香港创意指数在产出效应等方面弥补了美欧两个创意指数的不足，但是其在政府支持方面的缺失和过于重视资本层面的贡献又与中国内地城市的创意产业发展的实际情况出入较大；中国城市创意指数、上海创意指数和北京创意指数与前面三个创意指数对比，克服了地域差异和文化差异的缺陷，提出了一些有意义的指标，如文化创意环境指数，但也存在指标难以量化、指标主观性较强的问题。

总体而言，国外的创意指数更加偏向于创意层面的指标，对于产业、科技、文化、基础设施、人才、资本等评价指标都有涉及，这些指标都是构成城市创意指数不可或缺的重要元素，在我们构建新的评价体系的过程中，具有重要的借鉴意义。

二、文化产业竞争力指数研究

与城市竞争力和城市文化竞争力相比，文化产业竞争力主要针对文化产业领域内的相关指标进行测算与衡量，更加注重文化的经济特性。目前，学术界在城市创意指数或城市文化产业竞争力评价指标体系等方面的研究卓有成效，呈现出多角度、多维度、多层次的研究现状，现选取较有代表性的研究成果作一简要梳理。

中国人民大学文化产业研究院彭翊在《中国省市文化产业发展指数报告》中从投入、驱动、产出三个角度构造出产业生产力、产业驱动力和产业影响力三大支撑要素，并构建了完整的循环推动关系，这一研究是基于生产的整体过程来探究的。[1] 整个指数体系以社会组织与价值、人力资源的开发、文化资产管理、技术发展、政策与基础设施 5 大驱动力为基石，共设计了 3 个一级指标、8 个二级指标、24 个三级指标，在整个指标体系

---

[1] 彭翊. 中国省市文化产业发展指数报告 [M]. 北京：中国人民 大学出版社，2014：40～41.

中既有来源于统计年鉴的定量指标，又有实地调研得来的定性指标，一方面反映了省市文化产业发展的客观情况；另一方面也以调研的方式弥补了客观数据的不足。

上海交通大学胡惠林、王婧编著的《2014：中国文化产业发展指数报告（CCIDI）》提出了编制"中国文化产业发展指数"的理论模型，并提出了以表征和内涵指数为核心框架的中国文化产业发展多级综合指数体系。❶ 共计包括16个一级指标、51个二级指标、91个三级指标和151个四级指标的指标体系，形成了中国文化产业发展测评"多级多指标综合指数体系"，突破和克服了以单一的指标体系编制中国文化产业发展指数的局限。

上海社科院花建从文化产业共性和特殊性等角度将文化产业竞争力的内涵概括：四大能力，包括整体创新能力、市场拓展能力、成本控制能力及可持续发展能力，进而提出了可量化的文化竞争力指标体系。❷ 他认为，文化产业竞争力既是文化产业现实发展能力，也是文化产业的可持续发展能力。作为中观层次的竞争力，文化产业竞争力与国家竞争力、企业竞争力之间具有相互影响和相互作用的关系。企业竞争力是构成文化产业竞争力的基础和根本条件，而国家竞争力则会影响文化产业竞争力和企业竞争力的成长。❸

国家行政学院祁述裕认为，文化产业竞争力是生产要素状况、需求状况、企业战略和治理结构、相关产业、政府行为等多种因素综合作用的结果，是一个魔力多边形。❹

此外，刘颖从生产者层面、消费者层面和政府投入三个方面来构建文化创意产业评价指标体系，该指标体系更适应我国的统计数据及国情；薛晓光通过对文化产业比较研究，对指标体系的设置主要从产业波及效应比

❶ 胡惠林，王婧. 2014：中国文化产业发展指数报告（CCIDI）[M]. 上海：上海人民出版社，2014：30-31.

❷ 花建. 文化竞争力的多元视角和评估指标 [N]. 中国文化报，2005-07-26.

❸ 花建. 文化产业竞争力的内涵、结构和战略重点 [J]. 北京大学学报（哲学社会科学版），2005（2）.

❹ 祁述裕. 对提升我国文化产业竞争力的战略思考 [N]. 中国经济时报，2004-08-16.

较上着手，并把文化产业划分为总量、质量和流量三个准则层级指标，来涵盖文化产业的丰富内容和各具体分类指标；文化产业竞争力评价是多层次、多指标的综合评价，范娟霞基于上述构建评价指标的原则，与文化产业三种不同门类结合探寻出构建三套切实可行的评价指标体系的方法，囊括了资源型、能力型、技术型三种文化产业竞争力评价指标体系。❶

不仅如此，还有学者将文化产业竞争力与文化竞争力进行了对比，王明宇认为，第一，城市的文化竞争力不同于其文化产业竞争力，更不同于"商业文化竞争力""创业文化竞争力"，它是历史性的、无形的、潜移默化的，是难以被不同城市所复制的；而文化产业竞争力是阶段性的、有形的、可以酝酿和创造的，容易被不同的城市所复制；第二，文化产业竞争力的提升，有助于推动文化竞争力的提升；第三，对于"相对空间的数个城市"和"相对时间的某个阶段"，无法用文化竞争力来比较，只能用文化产业竞争力来比较。❷

诸多学者通过实证研究探讨了文化产业竞争力评价指标体系，在此不一一赘述。总体来说，学界关于文化产业竞争力评价指标体系的研究虽然角度不一，但是大多强调文化产业竞争力的产业属性，忽视了文化属性，造成了研究的偏颇和泛化。同时相关研究还存在重视宏观环境分析忽略微观要素研究、提倡共性指标忽略个性指标和特色指标、集中理论定性研究鲜有数据定量研究等不足。

三、城市文化竞争力评价指标体系研究

国内近年来研究城市文化竞争力评价指标体系已有一些学者作出了较为成熟的成果，笔者就这些成果简要梳理如下。

---

❶ 刘颖. 文化创意产业评价方法研究 [D]. 济南：山东大学，2006；薛晓光. 文化产业影响力与评价指标体系研究 [D]. 石家庄：河北理工大学，2007；范娟霞. 文化产业竞争力评价指标体系研究 [D]. 长沙：湖南大学，2008.

❷ 王明宇. "文化竞争力"与"文化产业竞争力"概念辨析 [J]. 文化产业研究，2012(12).

　　李向民等认为，城市文化竞争力本质上是以城市为竞争的行为主体，与其他处于相同层次上的行为主体竞争获取资源，并推动该地区可持续发展，提升城市形象和知名度的独特能力，这种能力同时体现在它对经济、政治和社会生活等各方面产生的影响力和辐射力❶，基于此，他提出城市文化竞争力的基本内涵包括文化资源竞争力、城市观光旅游资源、文化价值转化力、文化辐射力、公共文化服务力和文化创新力6个方面。而这6个方面就是其城市文化竞争力的一级指标，而与这6个方面相关的变量就是该指标体系的二级指标和三级指标。

　　李向民等的城市文化竞争力指标体系涉及城市文化的诸多层面，尤其是强调了城市的文化资源和文化底蕴是城市文化竞争力构建不可或缺的方面，并提出了城市文化生产与服务的重要意义，能够较为客观地评价某一城市在文化竞争力方面的竞争优势和不足。但这一体系虽然从6个不同的角度提出了文化竞争力可测度变量，但没有对我国或国外城市做实际的数据收集和测量，因此主要为理论层面的研究。

　　赵德兴等认为，城市文化竞争力是指一座城市在经济全球化和区域一体化背景下，与其他城市比较，在文化资源要素流动过程中所具有的抗衡甚至超越现实和潜在竞争对手以获取持久竞争优势，最终实现城市文化价值的能力。❷ 在此基础上，赵德兴提出了城市文化竞争力指标体系，该体系共包括经济竞争力、文化交流能力、城市文化资源占有、城市文化产业发展规模与水平、城市文化事业发展规模与水平、城市区位竞争力、城市环境质量和居民生活质量与社会和谐程度8个层面的指标。该城市文化竞争力指标体系较早提出文化产业与文化事业发展程度与水平是城市文化竞争力衡量的重点，对后来的城市文化竞争力指标体系研究有重要的借鉴意义。

　　此外，上海社科院的瞿世镜从国际视角出发，分析上海在国际大都市文化竞争力所处的历史地位，并指出在提高上海在国际大都市中的地位的

---

　　❶ 李向民，王晨，成乔明等. 城市文化竞争力及其评价指标 [J]. 中国文化产业评论，2008 (2).

　　❷ 赵德兴，陈友华，李惠芬，付启元. 城市文化竞争力指标体系研究 [J]. 南京社会科学，2006 (6).

过程中, 软环境建设和软力量培养是不可或缺的要素。"软环境建设和软力量培养"包括以下几个层面: 城市概况要素、文化出版要素、文化设施要素、文化消费要素、公共文化支出要素、文化贸易要素、信息传播要素、教育水平要素、科学水平要素、医疗卫生水平要素、国际化程度要素、人类发展指数。

尽管这一国际大都市文化竞争力指标体系是立足国际而提出的, 但仍然对上海城市文化竞争力的指标体系建设有很大的启发意义, 其提出的"必须发挥上海的文化力、科技力、管理力、制度力、秩序力、开放力、凝聚力、人才力, 才有可能使上海奋起直追, 缩小与国际上其他大都市的差距"❶, 非常值得借鉴与学习。遗憾的是, 其提出的部分指标数据可得性较低, 难以作出衡量比较。

国内城市文化竞争力评价指标体系及指标汇总如表2-4所示。

表2-4 国内城市文化竞争力评价指标体系及指标汇总

主要提出者	指标个数	指标内容
李向民等	6、13、70	文化资源竞争力、城市观光旅游资源、公共文化服务力、文化价值转化力、文化辐射力、文化创新力
赵德兴等	8	经济实力、对外经济交往能力、文化资源、文化资源产业化开发、文化事业、区位竞争力、城市环境质量、居民生活质量
瞿世镜	12	城市概况要素、文化出版要素、文化设施要素、文化消费要素、公共文化支出要素、文化贸易要素、信息传播要素、教育水平要素、科学水平要素、医疗卫生水平要素、国际化程度要素、人类发展指数
田丰等	5	文化生产力、文化消费力、文化传播力、文化创造力、文化持续力

我们汇总了学术界广泛认可的几个涉及国内城市文化竞争力评价指标体系, 汇总后的一级指标大致囊括了文化资源、文化创新力、公共文化服务、文化产业、人力资源、政府管理等城市文化竞争力的核心要素, 具体

❶ 瞿世镜. 国际大都市文化竞争力比较 [J]. 上海行政学院学报, 2004, 5 (6).

又依照不同学者评价角度和评价标准的不同而有所差异，如李向民教授认为，城市文化竞争力主要体现在文化传承和文化创新的统一，从城市文化竞争力的地域性、辐射性、传承性、综合性和动态性等多个维度选取了相关指标；赵德兴则从城市文化竞争力的基本内涵出发，以增强城市的创新能力和可持续发展能力，提高市民整体素质作为其出发点与归宿点，构建了城市文化竞争力评价指标体系；上海社会科学院瞿世镜通过解读上海国际大都市文化竞争力所处的历史方位，选取了关于国际大都市文化竞争力比较的 12 项相关城市要素指标逐一分析，并相应地提出了对策性建议；中国社科院倪鹏飞在城市竞争力评价指标"弓弦箭"模型研究的基础上构建了城市竞争力文化部分的评价指标体系，他的研究主要是从道德风尚价值取向和社会意识精神风貌两个主观指标来入手的。

此外，还有一些学者运用实证研究方法来论证城市文化竞争力评价指标体系，如李凡等以珠江三角洲城市群为例，对各城市的城市文化竞争力进行了定量评价，分析了城市文化竞争力的空间结构和空间差异；颜士锋以济南市为例，通过对山东省 17 市的综合文化竞争力指数对比，分析了济南市文化竞争力的优势和劣势并提出了提升的建议；叶皓以南京市为例，将南京置于"全国副省级城市"和"江苏省内城市"两个参照系内，对南京的文化竞争力进行了实证比较分析；雷鸣等以江门市为例，通过问卷调查和指数计算方程对广东省江门市的城市文化竞争力指数进行了实证研究；谭宏通过对重庆市城市文化竞争力的研究，认为一个城市具有的文化资源、文化生态和制度环境、文化事业和文化产业的发展水平、文化修养和文化素质、文化基础设施等所构成的文化体系是衡量其文化竞争力的重要标志；陈剑锋在《长三角地区城市文化竞争力浅探》一文中认为，城市文化竞争力评价指标主要包括价值取向指数、创新意识指数、竞争意识指数、人均公共教育经费支出、劳动力平均受教育程度等层面，提出在城市文化竞争力构成中，城市形象是城市文化竞争力的重要体现，城市精神是城市文化竞争力的第一竞争力，城市文化环境、文化资源、文化氛围和文

化发展水平是一个城市发展长盛不衰的根本。❶

　　虽然国内外对城市文化竞争力及其评价指标体系的研究已经取得了诸多成果，但总体而言，对于城市文化竞争力及其评价指标体系的研究仍处于起步阶段。第一，一些评价指标体系缺乏相对成熟且经得起反复推敲的理论支撑，只是对西方理论模型的简单套用，不完全适用于我国城市的实际情况；第二，在城市文化竞争力评价指标体系构建中更多地关注了经济层面的文化产业指标，忽略了影响城市文化竞争力的其他精神层面的软性指标，如知识人才储备、文化多元化程度、文化传播力、文化活力等指标；第三，大多数评价指标体系主要着眼当下指标，包括现行制度、产业发展现状、资源概况等，对那些代表长期发展潜力的指标，如创新指数、居民素质、环境承载力等则考量的较少，对不同规模、类型城市的特殊性和差异性也存在一定的忽略；第四，一些评价指标体系所设置的指标之间的相互联系性较弱，各个指标之间的相对独立性较强，这会影响整个评价指标体系的综合性，从而削弱评价指标体系说服力等。因此，本课题研究在构建城市文化竞争力评价指标体系时，也力求在上述方面有所完善和发展。

第三节　我国城市文化竞争力的核心要素及理论构建

一、城市文化竞争力的定义

　　城市文化竞争力是一个中观层次的概念，介于宏观的国家竞争力和微

---

❶　以上城市文化竞争力评价指标体系研究相关文章详列如下：李凡，黄耀丽等. 城市文化竞争力的定量评价方法及实证研究——以珠江三角洲城市群为例 [J]. 佛山科学技术学院学报（自然科学版），2008（2）；颜士锋. 济南市文化竞争力研究 [C]. 科技创新与文化创意产业——2012年山东省科协学术年会分会场青年科学论坛文集，2012；叶皓. 关于提升南京文化竞争力的思考 [J]. 南京社会科学，2008（3）；雷鸣，吴斯维等. 城市文化竞争力测评体系及其应用研究 [J]. 华南理工大学学报（社会科学版），2009（6）；谭宏. 重庆城市文化竞争力研究 [J]. 重庆文理学院学报（社会科学版），2009（9）；陈剑锋. 长三角地区城市文化竞争力浅探 [J]. 上海城市管理职业技术学院学报，2006（3）.

观的企业竞争力之间，在借鉴第二节国内外学者关于城市文化竞争力概念梳理的基础上，我们以抽象化、高度凝练、差异化的原则提出了本书中城市文化竞争力的定义：

一定区域和时期内，一个城市与精神创造活动及其结果有关的有形要素及无形要素实力的总和。

关于该定义我们做如下4点解释：

第一，竞争力反映了事件相关方在某一领域的能力、实力，城市文化竞争力也应是城市在文化方面的能力、实力综合呈现的结果。主要体现为城市特有的文化风貌、文化发展活力、文化吸引力、文化创新能力以及文化管理能力。

第二，文化从宏观上来说大致包括物质文化与精神文化两部分，《辞海》关于文化的广义定义是人类在社会历史实践中所创造的物质财富和精神财富的总和。而文化最核心的部分是精神创造活动及其结果，即狭义文化的概念。为了显著地区别于城市竞争力，我们在这里提出的城市文化竞争力是以狭义文化的角度为出发点的，但依然包括精神文化（无形要素）和物质文化（有形要素）两个方面的内容。

第三，竞争力是一个相对概念，也是一个动态概念，因此我们在评价一个城市文化竞争力时，将其划定为城市在某一个区域、某一个时期内展现出的能力，用"一定区域和时期内"限定，便于我们对其进行评价、测定并与其他城市进行比较。

第四，众多学者从各自不同学科的角度来界定文化的概念，众说纷纭，迄今并没有一个公认的的定义。然而万变不离其宗，对文化的理解不可绕开的前提是：有"人"才有文化，文化是人类社会发展进程的产物，文化是伴随着人的出现而诞生的，从古至今"人"一直是文化传承和发展的主体。当今文化更强调以"人"为中心，所以提高城市文化竞争力的最终目标是实现城市精神的传承和可持续发展，进而提高居民的人文素养及认知改造社会的能力，满足人们的精神需求，让人们生活得更美好。

城市文化竞争力不同于国家竞争力、产业竞争力、企业竞争力等概念，因其包含要素的具体含义，也有着本身特殊的属性和特征，主要包括以下几点。

第一，城市文化竞争力的时代性。

城市文化竞争力由先天条件积累和后天培育两种方式所主导，可能存在文化资源积累较多的城市，也可能存在突破原有"瓶颈"、现代文化发展较好的城市，这都是由不同时代城市所处的政治地位、地理位置、经济发展水平等多种因素所决定的，因此城市文化竞争力具有鲜明的时代性。

一是城市文化竞争力的形成是一个长期历史积淀的过程，城市在特定的文化环境中逐渐形成自身的习俗传统、生活方式、行为规范和价值观念，诸如北京、西安、南京等历史文化名城的城市文化竞争力与其城市历史传统和文化资源的积累有着不可分割的继承和延续关系。构成城市文化竞争力的深层历史因素存在差别，历史文化资源积累或保留较多的城市自然有着先天的优势，城市文化竞争力的基础较稳固，而那些相对新兴的城市就需要更多的后天文化培育。

二是像对城市文化竞争力定义解释中提到的那样，城市文化竞争力是动态的，城市文化竞争力的衡量常常是城市文化继承性与创新性共同作用的结果。一方面，城市文化需要继承传统；另一方面也不能囿于传统的历史文化，否则城市文化将失去发展的活力，任何一个城市都是在不断的文化创新中前进的。因此，一个城市现在的文化竞争力在未来可能因其城市经济发展格局和文化特征的变化而产生大的变化，进而才会出现众多诸如深圳、青岛等后天发展良好的文化竞争力较强的新兴城市。

第二，城市文化竞争力与城市经济水平息息相关。

1843 年，马克思在《黑格尔法哲学批判》中首次提出不是国家决定市民社会而是市民社会决定国家的命题，这是经济基础和上层建筑理论的萌芽，随后在马克思和恩格斯的共同努力下，这一理论得到丰富和发展。经济基础决定上层建筑，上层建筑反作用于经济基础，上层建筑是建立在经济基础之上的意识形态以及与其相适应的制度、组织和设施，包括社会观念和政治上层建筑。

由此理论可知，城市文化属于上层建筑的范畴，其竞争力的大小应与城市经济发展水平相辅相成。现实中多数情况下也是如此的，从秦汉的洛阳和邯郸隋唐的长安和扬州，三国时期的建康（今南京），宋代的开封府和苏杭，明清的北京和泉州到当代的上海、深圳、广州等发达城市的城市文化竞争力都是相对较为强劲的，反过来城市文化的强势发展也推动着城市经济更加开放和富有创新活力。

同时，城市文化竞争力既体现了城市文化和精神水平，也是生产行为和市场经济活动的综合。城市文化竞争力既包括城市文化积淀和传播，也包括提供文化生产和服务的交换、分配和消费等具体环节所展现的经济能力，整个过程都是城市经济的一部分，城市文化竞争力就是一种生产力，与经济密不可分。

第三，城市文化竞争力是城市文化开放性的体现。

与城市社会比较而言，乡村社会由一个个宗族、家族单位构成，相对交流和活动区域要小，大小事务和信仰礼俗都在较小的圈子内解决和继承，尤其是文化发展受外界因素影响更少，乡村文化更强调内部的平衡且这种平衡短期内很难被打破。与其封闭性、排他性相反，城市文化没有这些社会关系限制，更易包容不同类型的价值观念和信仰习俗，城市之所以为城市，正是因其不是由自给自足的经济所维持的，伴随大规模市场交易，不同文化的交流也是潜移默化的。

城市文化的开放性直接体现在城市文化竞争力的表现上，虽然城市文化有地域性的差异，但是城市的开放性是统一的，城市可以借助不同的介质，通过对内的接收融汇外来文化、对外的文化传播和辐射，进而提升城市文化的影响力，城市因其开放程度的差异会对其城市文化竞争力产生影响。

第四，城市文化竞争力的综合性和广泛性。

虽然城市文化竞争力不能等同于城市文化发展水平，但是通过比较测量出的城市文化竞争力反映了城市文化发展的综合水平，这里就包括诸如历史传统、文化经济、文化人才、公共文化服务水平、文化开放性、文化创新、城市文化形象等城市文化的方方面面。无论是构成城市文化竞争力的条件和环境，还是城市文化竞争力的主客体结构，都渗透到了城市文化的各个领域，伴随着城市从古至今在各个历史阶段聚集不同时代及类型的文化并融合创新，这种渗透是潜移默化的。因此，评价城市文化竞争力不同于评价城市的文化产业竞争力或文化创意能力，它的核心要素是相对综合和广泛的，是一个集多层次、多维度、广泛性、复杂性于一体的统一体系。

二、我国城市文化竞争力的核心要素及"跑道模型"

城市文化竞争力构成要素是庞杂的。众多要素通过不同的方式，在不同的维度和层次上共同影响着城市文化竞争力的大小和强弱，所以构建城市文化竞争力的理论模型时不能仅从产业、企业、文化资源、政府管理等要素中的某一角度出发，忽略其他因素的影响，而应是综合、动态和彼此关联的。从文化内部结构的物质层面、精神层面和制度层面考虑，生发出与之相对应的经济、人文和政府三个维度，从竞争力的角度来看，城市文化竞争力评估也不能忽视文化发展现状与发展潜力。然而当我们以城市文化作为一个整体考量对象时，在城市的内部与外部的整体发展中，文化都从以上三个维度与两个方面对城市的整体发展产生作用。结合城市的内外发展逻辑来看，其文化竞争力体现为城市文化内生与外化的共同作用及其影响效果，从而使我们更为全面地衡量一个城市的文化竞争力。

从这一思考出发，我们初步构建了本研究框架中城市文化竞争力的理论模型（如图2-1所示），具体表述如下。

我们认为，一个城市的文化竞争力首先应从硬要素和软要素两大方面考虑，动态构建文化硬实力、软实力两方面因素。城市文化竞争力的硬要素包含文化禀赋要素和文化经济要素，软要素包含文化管理要素和文化潜力要素。硬要素与软要素基本体现了城市文化内生效应，最终目标是通过城市文化要素内部关联和发展，实现城市文化的内生发展，也就是实现城市精神的传承和可持续协调发展，进而提高居民的人文素养及认知改造社会的能力。

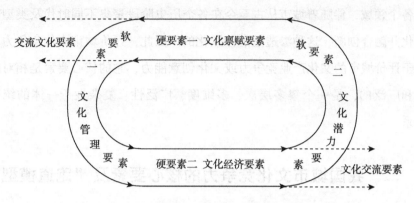

图2-1　城市文化竞争力"跑道模型"

从图2-1可以看出，一方面，硬要素包括文化禀赋要素和文化经济要素。模型中的硬要素是"跑道"中的两条直道，代表了硬要素决定了城市文化竞争力的基本硬实力。另一方面，软要素包括文化管理要素和文化潜力要素。模型中的软要素是"跑道"中的弯道部分，体现了城市文化竞争力的基本软实力。弯道部分直接决定了"竞跑"时实现超越对手的时机和成功的几率。因此，软要素是城市文化发展、提升文化竞争力的隐性因素，是城市文化竞争力"竞跑"进程中，逐渐实现超越的必要条件，是城市文化实现可持续发展的决定要素。

1. 文化禀赋要素（第一硬要素）

文化禀赋要素是城市从古至今在发展过程中所积淀的基本文化素质的总和，体现出一个城市的最初、最直观、原生态的文化竞争力，是一个城市文化发展的基础条件。文化禀赋要素由文化资源要素和城市综合要素构成，文化资源要素是一个城市在所有历史时期所积累的精神财富，具体表现形式包括物质层面和非物质层面，如物质文化遗产和非物质文化遗产项目等；城市综合要素是指一个城市发展的总体状况和基本条件，包括其先天所具备的区位条件、受到的环境影响和后天发展的经济基础，例如城市经济基本指标、居民富裕程度等。第一硬要素在一定程度上决定了一个城市发展文化时最初释放能量的能力和起步的高度。

2. 文化经济要素（第二硬要素）

文化经济要素是评价指标体系中文化在经济能力方面的集中体现，是指城市在现代文化发展过程中，在文化与经济结合过程中所创造的价值总和，更多的是从产业角度考虑城市文化竞争力，体现出一个城市在当下文化发展的现状。文化经济要素由文化生产要素、文化消费要素及文化企业要素 3 个二级指标构成。

文化生产要素是指文化的产出供给能力和价值创造能力，还包括文化市场这一生产销售的中间阶段所提供的文化产品和服务。文化生产要素在城市文化竞争力中表现为文化产业总体及其各项核心分门类产品的供给状况，是城市文化竞争力的最核心组成要素之一，直接体现城市文化的活力，是刺激文化消费的前提，如图书发行种类、电影放映场次、广播电视节目播出时间等。文化消费要素是指人们为了满足精神需求，对文化产品和服务的占有、享受、使用等，以及评价这些行为的过程，如居民人均教育文化娱乐消费支出、居民人均可支配收入、电影票房等。文化企业要素是指城市中所拥有的生产、经营和销售文化产品与服务的企业。企业是经济领域中直接的生产者，为社会提供一系列文化产品和文化服务。文化企业数量和质量直接决定了城市文化竞争力的高低。其所包含的三级指标主要有上市文化企业数量、文化产业从业人员等。

3. 文化管理要素（第一软要素）

文化管理要素主要是指一个城市或地区以政府为主体，在促进地区文化发展方面所给予的政策支持、制度保障以及设施投入等相关管理制度的综合。文化管理要素作为地区文化发展的后备支持力量，对地区文化事业和文化产业的发展起到关键的助推作用和引导作用。具体来说，文化管理要素包括文化组织要素及文化设施要素。文化组织要素的指标范围主要是对地区文化发展进行政策制定、行政管理和市场规范的具体执行机构，包括政府设立的与文化相关管理机构和各种由政府或者是民间团体自发组织的非政府组织，以及由这些机构对地区文化发展所提供的资金、政策、行政规范等方面的保障。文化设施要素是政府或者企业所建设的博物馆、图书馆、影剧院等公共文化基础设施，是满足当地居民开展日常文化活动基本需求的基础条件，体现一个城市文化建设投入的积极性和能力。

4. 文化潜力要素（第二软要素）

文化潜力要素是指一个城市文化后续发展、实现长期有效的良性循环系统所需要素的集合，决定了城市文化发展后劲的强弱，包括文化创新要素和文化素质要素。文化创新要素是指城市文化发展过程中对制度、生产方法、技术、理论等相关方面的改革、突破的综合，是推动城市文化竞争力提高的内生力量和不竭动力，以创新的知识及成果推动城市发展，成为城市核心竞争力的发展助推剂，包括专利授权量、R&D 发展经费支出数额等。文化素质要素是指保障和推动城市文化发展所要求的知识水平和人才储备，是城市文化发展直接动力的体现，是城市发展的智慧源泉，包括居民文化素质、居民受教育程度等。

以上两大硬要素和两大软要素是按照一定逻辑顺序排列的。硬要素一（文化禀赋要素）是城市文化竞争力最初规模形成的基础，即文化资源累积阶段；软要素一（文化管理要素）是城市文化发展规模上升时期的推动力，即文化资源开发管理阶段；硬要素二（文化经济要素）是城市文化发展成熟并形成规模时期的主要表现，即文化创造财富阶段；软要素二（文化潜力要素）是城市文化规模再扩大和创造长远价值的关键，即反哺文化发展阶段。按照以上思路，这四大要素构成了模型的基本框架。

当然，城市文化应是一个完整的生态系统，其竞争力的评价指标体系也应该强调能够丰富城市文化竞争力的内涵。除了内部要素外，城市文化还有外显、开放性的一面，所以城市文化竞争力评价指标体系还需要从城市文化产生的影响力和辐射力的角度来考量竞争力的大小与强弱，诸如文化传播要素、文化开放要素等要素也应当被考虑进去，表现城市文化的影响力对外传播的途径、内容和效果，以及城市文化对外来文化的包容性和吸引力等，这样就构成了城市文化竞争力的外生化过程，形成了一定的影响力和辐射力。由此，一个城市的文化竞争力完成了从内生到外化的拓展。

5. 文化交流要素（包括文化传播要素和文化开放要素）

文化交流是指一个城市与其他城市进行文化互动、共享文化成果、共同促进成长的过程，是城市文化外延发展的必要途径，包括合作、对外文化输出、吸引文化交流等方面，也体现了一个城市融入其他城市文化的能力以及对其他城市文化的开放性和包容性。文化交流要素包括文化传播要素和文化开放要素。

在本书中，文化传播是指一个城市通过一定的渠道和方式，向城市内部及外部传递与本城市文化相关的信息的过程。对这一过程产生影响的各方面因素的集合就是文化传播要素，包括媒介、城市形象和品牌树立及推广等方面的内容。文化传播的各要素本质是一种内容载体，是城市文化展示平台和示范窗口，目的是将负载城市文化的各项要素，通过工具、介质、渠道等多样化的方式和手段传递、推广出去，使城市与城市之间产生联系，不断提高城市文化在其他城市中的曝光率，进而逐渐让其他城市对该城市文化了解、认知并接受，从而达到宣传、普及的目的。这是城市文化扩大影响力的必要途径。

文化开放要素强调城市对城市外来人口、文化、经济等的包容和开放程度以及参与国内和国际文化竞争的能力，重点表现为城市对外文化贸易和吸引文化消费投资的能力，反映了一个城市文化的吸引力、知名度和美誉度的高低，体现了城市文化外化发展的效果。

综上所述，作为评价城市文化竞争力的指标体系，代表五大要素的内生体系与外化体系构成了一个完整的城市文化的生态系统。城市文化竞争力内生和外化的评价指标体系不仅仅是平行的关系，还是互补的关系。两者互相促进，内生体系的建设为外化体系打下基础，只有内生要素彼此产生良好的化学反应和连锁效应，城市文化竞争力才能立足根基，外化要素才能显示优势；反之，外化体系又对内生体系的发展起到推动作用和支撑作用，外化要素对外产生的影响力和辐射力，反过来促进内生体系的自我完善和优化，不断推进城市文化的发展。这样结合之后，两者就形成了良性互动和循环，我们对于城市文化竞争力的评价才不至于偏颇和片面。

三、我国城市文化竞争力评价指标体系的构建

（一）构建评价指标体系的目的

按照城市文化现在和未来的发展阶段，构建我国城市文化竞争力评价指标体系的目的主要有以下两个方面：

第一，构建我国城市文化竞争力评价指标体系是检验我国城市文化发展现状的重要手段。总体而言，我们构建的中国城市文化竞争力评价指标体系结合了宏观与微观、客观与主观、定性与定量等研究理念，能够真实地反映城市文化发展的新情况和新问题。相关研究人员或城市有关部门可以依照这套评价指标体系，科学地认识和评价某一个城市与其他城市相比其文化发展的实际状况、水平和发展潜力，揭示出区域城市文化发展规律，发现各项政策措施在理论与实践中存在的差异。另外，我们还可以通过评价指标体系一窥城市文化建设和相关政策法规的实施效果，及时掌握城市文化发展的进程和检验系统运行的问题，监测城市文化发展的不良因素和负面效应，了解政府对于城市文化发展方向和态势的把握是否准确与有效。

第二，构建我国城市文化竞争力评价指标体系可以作为城市未来文化建设的标杆。首先，科学的城市文化竞争力评价指标体系可以提供一种可参考的方法，规范政府在未来对城市文化发展和建设的定位，有针对性地对文化发展的每个方面进行诊断，在完善体制机制和政策法规体系等方面更有效。其次，由于评价指标体系几乎囊括了城市文化的所有要素和内容，各城市可以依照自身的表现查漏补缺，找出差距和不足，将自身的竞争优势保持并扩大，用积极的态度和行动对城市文化竞争力的薄弱环节加大投入，整体提升城市文化实力。最后，评价指标体系可以作为政府指导、调控文化发展的参考，相关部门及领导运用指标总的数据材料、理论模型、政策建议等充分论证权衡各项方针政策，提高决策的有效性和即时性，兼顾效率和效益。

（二）构建评价指标体系的原则

第一，系统性。城市文化竞争力是一个由各种要素有机结合形成的系统整体，各个要素之间的关系和作用直接影响最终的评价结果，所以就要求在建立理论模型的时候选取的要素既要有关联性和层次性，彼此之间能够形成一个整体，也要有独立性，避免彼此之间存在重复，影响评价的客观性。

第二，可操作性。可操作性要求理论模型架构之后是切实可行的，研究人员在实际操作评价阶段能够熟练掌握并使用。首先，理论模型包括的指标要求其数据是易获得的，能够比较容易地通过调研和查阅各类统计报告获得，不能超越现有调研和统计能力范畴；其次，理论模型的指标是可测的，能够用于实际分析，便于进行定量分析；最后，也是很重要的一点，要有可比性，前文中也提到城市文化竞争力是一个相对概念，为了便于各城市间比较研究，各指标应该有相对统一的口径。

第三，前瞻性。一种理论模型建构完成之后要求其能经得起一定时期内各种因素变化带来的考验，适应不同背景下的研究，充分考量在一定时期内各种因素可能的变化以及这种变化可能产生的影响。因此，动态与静态的结合也是必要的，有利于理论模型各要素之间关系的调整。

第四，简明实用性。城市文化竞争力指标体系包含的内容繁杂，经常出现抓不到重点、指标重复、实际评价过程烦琐等问题，这就给理论模型的建构带来了一定的困难，于是，如何从众多的指标中提炼出所需的要素就极为关键了。因此，研究人员应从城市文化竞争力的本质出发，选取有代表性、针对性强的核心指标建构模型，这样才能使理论模型简明而实用，减少后续评价工作带来的麻烦。

（三）我国城市文化竞争力评价指标体系构建

在分析了城市文化竞争力评价指标体系理论模型之后，参考现有统计标准与指标体系，我们建构了城市文化竞争力评价指标体系一级指标、二级指标框架，框架如表 2-5 所示。

表 2-5　城市文化竞争力评价指标体系一级指标、二级指标框架

一级指标	二级指标
A1 文化禀赋要素	B1 文化资源要素
	B2 城市综合要素
A2 文化经济要素	B3 文化生产要素
	B4 文化消费要素
	B5 文化企业要素
A3 文化管理要素	B6 文化组织要素
	B7 文化设施要素
A4 文化潜力要素	B8 文化创新要素
	B9 文化素质要素
A5 文化交流要素	B10 文化传播要素
	B11 文化开放要素

　　由表 2-5 我们可以看出，指标框架由 5 个一级指标和 11 个二级指标构成。其中，内生体系的 4 个一级指标——文化禀赋要素、文化经济要素、文化管理要素、文化潜力要素分别从文化资源累积、文化资源开发、文化创造财富、反哺文化发展 4 个阶段全方位审视城市文化竞争力的内在效果；外化体系主要由文化交流要素构成，其包括的文化传播要素和文化开放要素从城市文化竞争力的传播途径、传播内容及传播效果 3 个角度全方位审视城市文化竞争力的外显效果。11 个二级指标则完整地阐释、支撑了 5 个一级指标。

　　由以上一级指标、二级指标，再结合国内外相关文献中的三级指标，我们综合最终确立了由 5 个一级指标、11 个二级指标和 55 个可量化的三级指标构成的完整的城市文化竞争力评价指标体系，即我国城市文化竞争力指数。

　　关于三级指标的选择和确立，我们还考虑了以下几点：

　　首先，根据本报告的城市文化竞争力内涵界定和理论模型，其评价指

标体系是"大文化"概念下的综合性、广泛性体系，包含五大核心要素和评价维度，因此，每个二级指标下都有 3 个以上的三级指标作为支撑。同时，在具体指标的选取上，侧重那些突出城市文化的活力和在未来城市发展中的竞争潜力的指标，包括城市特有的文化风貌、文化活力（文化生产与消费能力）、文化创新程度、文化开放性、文化管理能力等方面，而弱化一些城市的经济实力相关或城市环境要素等相对外围的文化相关指标。

其次，出于研究的严谨性和科学性，三级指标的选取也考虑了指标数据统计口径，各城市数据统计的完整性以及不同省份、不同区域的城市间可比性等问题，尽可能地选取了那些各城市统计口径相对一致、全国城市数据完整性较高的指标。随着我国文化数据统计工作的完善和数据准确性的提升，我们也将对三级指标的构成进行调整和修正，使之能更准确、更科学地反映城市文化竞争力的现状。

最后要说明的是，构建中国城市文化竞争力评价指标体系是一项系统而复杂的工作，囿于有限的研究和技术水平以及资料掌握情况，我们的评价指标体系还无法将城市文化竞争力所涉及的方方面面悉数囊括，理论基础也不尽成熟。但是，在目的明确、原则完备和思路明晰的前提下，该评价指标体系力求框架科学、逻辑清晰，并将不断完善，以期较为全面、直观地展现每个城市文化竞争力的表现和基本状况，适应快速发展的城市文化建设的需要，为中国城市文化建设提供理论参考。

第一节　指标权重及计算方法

一、指标权重

（一）指标权重确定的方法

权重的确定是综合评价的重要步骤。如何科学而又符合实际地确定权重是一个极其重要的问题。权重确定的合适与否，直接影响到最后计算结果的准确性，进而会对问题的最终结论产生一定影响。

确定权重的方法有多种，一般都带有较强的经验色彩，通常有专家打分法、数学分析法以及层次分析法 3 种方法，具体如下。

1. 专家打分法

专家打分法又称主观定权法，其主要思想是根据专家多年来对某一问题进行研究的经验来确定相关指标的权重。优点是主观定权法操作简单，推广性强。但是依赖专家对某一领域的经验进行主观定权。

2. 数学分析法

数学分析法，如因子分析法是利用数学工具，比如构造矩阵给指标进行定权。由于该方法以数学工具为基础，首先避免了主观因素的影响；其次严密的数学推导使得计算出来的权重更加客观，可信度更高。但缺点是依靠数字的计算，有可能脱离理论框架，偏离实际。

因子分析法是多元统计中比较常用的"降维"方法，在指标比较多的情况下，我们可以利用因子分析法，把原来比较复杂的指标体系简化成几个指标，从而有助于更加容易地分析问题。

3. 层次分析法

层次分析法是以专家打分法为依据，将杂乱无章的数据加以整理，并分为若干层，然后将每一层次的数据进行分析排序，然后根据数据的相对重要性构造向量矩阵，最后通过矩阵运算计算出权数。相比专家打分法，层次分析法的优点是不以专家的经验为定权的唯一依据，结合了数学上的矩阵理论，在一定程度上消除了主观因素所带来的负面影响，比专家打分法的可操作性更强。

(二) 具体指标权重计算

本书中我们采用了专家打分法和数学分析法相结合的方法，在专家打分法的基础上，把专家经验和数学工具综合起来，最终确定了本评价指标体系的权重。

1. 一级指标、二级指标权重

城市文化竞争力评价指标体系的一级指标和二级指标权重主要采用专家打分法中较为严谨和常用的德尔菲专家法。德尔菲专家法采用匿名或背靠背的方式，在提供充足判断信息的基础上，使每一位专家独立自由地作出自己的判断，是确定权重时经常采用的一种方法。

本书选择和邀请了多名相关研究领域的专家学者、政府机构工作人员、业界权威人士，将与问题有关的信息分别提供给专家，请他们各自独立发表自己的意见，给予权重打分，并提出意见和建议。在收集并综合专家意见的基础上，进行权重的数学计算。

在设计的问卷中，课题组对指标充分介绍，确保专家了解本评价指标体系构建的理论基础和内涵，并设置里克特 10 级量表（Likert scale）请专家打分。同时，针对指标是否存在、命名是否准确和整体意见建议而设置开放题，询问专家意见。共实施了两轮专家打分，收集了 20 多份专家问卷。

在打分数值信息汇总的基础上，我们比较了打分均值确定权重、极差标准化、秩排序的方法，虽然有细微的差别，但是结果总体是一致的，最终我们采用直接计算均值的方式来确定一级指标和二级指标的权重，各指标专家打分的均值汇总情况如表 3-1 所示。

表 3-1 各一级指标、二级指标专家打分均值汇总情况

		均值	标准差
一级指标	A1 文化禀赋要素	6.50	2.53
	A2 文化经济要素	7.79	1.25
	A3 文化管理要素	7.43	2.10
	A4 文化潜力要素	7.14	1.66
	A5 文化交流要素	7.85	1.77
二级指标	B1 文化资源要素	7.36	2.24
	B2 城市综合要素	6.86	1.96
	B3 文化生产要素	8.29	0.99
	B4 文化消费要素	8.29	1.14
	B5 文化企业要素	7.86	1.75
	B6 文化组织要素	7.36	2.21
	B7 文化设施要素	6.79	2.19
	B8 文化创新要素	8.14	1.17
	B9 文化素质要素	7.79	1.12
	B10 文化传播要素	8.08	1.44
	B11 文化开放要素	7.92	1.89

按照此种方法，进行了两轮专家打分并分析计算，同时按照理论框架进行了细微的调整之后，最终的指标权重确定如表 3-2 所示。

表 3-2　城市文化竞争力指标权重体系

一级指标	权重	二级指标	权重
A1 文化禀赋要素	15%	B1 文化资源要素	60%
		B2 城市综合要素	40%
A2 文化经济要素	28%	B3 文化生产要素	31%
		B4 文化消费要素	36%
		B5 文化企业要素	33%
A3 文化管理要素	23%	B6 文化组织要素	52%
		B7 文化设施要素	48%
A4 文化潜力要素	16%	B8 文化创新要素	58%
		B9 文化素质要素	42%
A5 文化交流要素	18%	B10 文化传播要素	40%
		B11 文化开放要素	60%

从整体来看，最终权重符合理论框架的预期，在理论和数理上都可推敲、可验证。

2. 三级指标权重

三级指标采用等权重，但三级指标之间数据差异比较大，首先，对数据进行标准化研究，消除数据量级的影响；其次，以极值标准化后的三级指标的平均值计算二级指标。

二、数据搜集

（一）数据搜集原则

在整个评价指标体系中，三级指标是最基础的数据来源，但是在整个数据搜集的过程中，由于指标繁杂，数据来源也包含着很多的不确定性、模糊性和随机性，因此科学、合理、可行、可信的数据搜集程序就显得尤为重要，否则将给后续的计算分析带来偏差。

（二）数据搜集程序

除了数据搜集的来源外，笔者尽量做到可靠、科学、可行、可信。在数据搜集的程序上尽可能严谨控制，数据搜集工作共分为 3 轮。第一轮数据搜集中，着重分析了最初选定的三级指标的准确性和指向性，对于指向模糊和易得性较低的指标进行了改写和删减，最终确定了 55 个三级指标；第二轮数据搜集中，我们首选统计年鉴、统计公报与数据年检、官方统计名录以及政府官网等较为可信的数据来源进行搜集，保证数据的可靠性和科学性，对于无法从官方渠道获得的数据，我们采用互联网搜索的方式，根据网络上的公开资料补充指标数据；第三轮数据搜集中，主要是详细核对每个城市的数据，对已有的数据进行核查，并做好数据具体来源的标注和说明。

（三）数据搜集来源

从总体来看，此次研究数据搜集来源主要有 6 个，如图 3-1 所示。

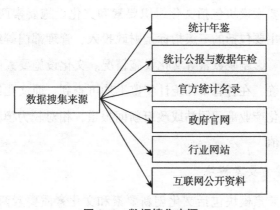

图 3-1　数据搜集来源

具体来说，每个一级指标的要素模块又有具体而不同的数据来源。

1. 文化禀赋要素模块

文化禀赋要素模块主要包括两个二级指标，分别是文化资源要素和城市综合要素。用来衡量文化资源要素的三级指标主要是从自然、人文、历史等城市原本具有的文化资源角度来选取，这一部分的数据大多可以通过世界遗产名录、文物局网站等官方渠道获得，少部分没有官方统计的指标也可以通过互联网上公开的数据资料搜索获得。另外一个二级指标是城市综合要素，这一指标下包含的三级指标主要是综合评估城市经济实力和文明程度的指标，这部分的数据资料基本上都可以在各种统计年鉴、统计公报上找到可靠的数据。

2. 文化经济要素模块

文化经济要素模块主要包括文化生产要素、文化消费要素以及文化企业要素 3 个二级指标，这部分的数据搜集工作主要通过两种方式获得：一是通过互联网进行数据搜索，主要是搜索国家统计局网站，各市统计局网站、各城市统计公报以及网络权威的新闻报道；二是通过在国家图书馆年鉴阅览室查找各城市年鉴数据。但是这部分数据所包含的三级指标过于繁细，加之各个省市的统计年鉴口径并不完全一致，因此，部分城市在文化经济要素模块的指标体系中存在数据缺失的问题。

3. 文化管理要素模块

文化管理要素模块包括文化组织要素和文化设施要素两个二级指标，文化管理要素主要包括的三级指标是财政投入、管理部门等组织要素和公共图书馆数量、影剧院数量等文化设施情况。文化设施要素的数据来源绝大多数比较精确，在各省市的统计年鉴上均可查到，而文化组织要素大多来自各省市文化产业部门网站或政府新闻报道，相对较为模糊，但也具有一定的参考价值。

4. 文化潜力要素模块

文化潜力要素模块包括文化创新要素和文化素质要素两个二级指标，相对应的三级指标包括专利数量、科研成果数量、科技人员数量以及高校数量、研究生数量等细分指标，这一模块的数据基本上全部来自各省市的统计年鉴和统计数据年检，比较精确、可靠、科学。

5. 文化交流要素模块

文化交流要素模块包括文化传播要素和文化开放要素两个二级指标，

从对内传播和对外开放两个角度来选取衡量的三级指标，主要有互联网、电视、广播等的覆盖程度，旅游收入等指标，在数据的搜集方面，这一模块也主要通过各省市统计年鉴和互联网公开资料的搜索获得，部分省市的数据存在缺失，可信度和精准度上相对略差。

三、城市文化竞争力综合指数计算方法

针对数据搜集过程中的问题，首先对数据的整体情况进行分析并对数据整体的合理性进行验证。

其次是对缺失数据的分析和替换。对三级指标中的缺失值采用均值差补法、线性回归插补法等方法进行了数据填补和替换。均值差补法有利于增加替代值的稳定性，是一种常用的缺失值替换方法。

在对 36 个城市 55 个三级指标的数据梳理的基础上，对各个指标的数据进行标准化研究，消除量纲。根据设计好的指标体系，利用专家打分法和数学分析法确定好权重，最后对各级指标逐级加总求和得到最终的城市文化竞争力综合指数。

（一）数据非量纲化处理

这里采用极差标准化的方法进行非量纲化的处理。对于正向的指标数据按照以下公式计算：

$$y_{ij} = \frac{x_{ij} - \min\limits_{i} x_{ij}}{\max\limits_{i} x_{ij} - \min\limits_{i} x_{ij}}$$

对于逆向的指标数据按照以下公式计算：

$$y_{ij} = \frac{\max\limits_{i} x_{ij} - x_{ij}}{\max\limits_{i} x_{ij} - \min\limits_{i} x_{ij}}$$

进行数据处理，最终得到所有指标为在 0~1 之间的标准化数值。

（二）数据指标计算

根据公式 $h = \sum\limits_{i=1}^{n} \beta_i X_i$（式中，$h$ 代表城市文化竞争力综合指数；X 代表

纳入每级指标体系中的各项指标；β代表各项指标的权重）对标准化、加权处理之后的各级指标加总求和。

三级指标数据加权求和得到二级指标得分，然后再按照二级指标的权重进行加权求和得到一级指标得分。对一级指标按照权重相加得到最终的城市文化竞争力综合指数初步得分。

（三）得分转换

直接得出的综合分值数值较小，为了方便普遍意义上对于"得分"的理解，我们对最后的综合分值进行转换，将分值扩大为原来的100倍，得到数值在100以内的数字。但是需要注意的是，这里的100分并非传统意义上"满分"，也没有所谓60分的"及格线"。数字的绝对大小没有意义，只是用作相对排名的比较。

第二节　中国城市文化竞争力综合排名及分析

文化是城市的灵魂和内涵，城市文化竞争力代表着城市文化各个构成要素之间的协调能力和合理配置程度，是城市发展能力和影响能力的重要指标表现。随着市场经济的发展和城市化进程的加快，塑造文化形象成为城市发展中必不可少的一个环节，它既是城市化建设的重要内容，也是城市现代化的重要保证。

本书按照"城市文化竞争力综合指数"计算的方法和步骤，分别计算出了我国36个中心城市的"城市文化竞争力综合指数"，对各城市文化竞争力进行了排名。通过对这些城市的文化竞争力进行测量和分析，为各个城市找准自身文化坐标，把脉城市文化发展的长短板，为城市文化竞争力的全方位提升提供一定的参考。

一、总体特征

根据 2014 年的数据搜集结果，36 个中心城市平均得分为 32.24，中位数 27.83，最高得分为北京市 82.59，最小值为西宁市 13.74，标准差为 14.00，各城市间得分差距较大，城市文化竞争力差异较大。

2014 年，城市文化竞争力综合指数得分位居前十的城市分别为北京、上海、广州、杭州、南京、深圳、武汉、西安、重庆、成都，如图 3-2 所示。

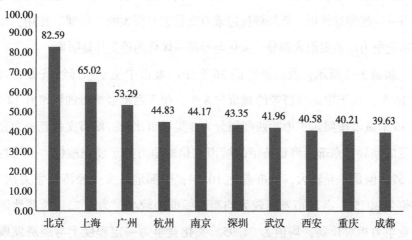

图 3-2　2014 年城市文化竞争力综合指数城市排名 TOP10

从综合得分和排名可以看出，一线城市的文化优势明显，居于前五名的城市分别是北京、上海、广州、杭州和南京。其中北上广这样传统意义上的一线城市均在前五名之列，尤其是北京和上海两城市在综合得分上分别为 82.59 和 65.02，北京和上海不仅仅在经济实力上领先，其文化优势也明显居于前列，得分上也明显高于紧随其后的广州、杭州和南京。

另外，排名居于前五名的杭州和南京得分分别为 44.83 和 44.17。两座城市在文化发展方面各有优势，其中杭州早在 2006 年就开始城市品牌塑造工程，提出"生活品质之城"的城市定位，并紧密围绕该定位进行可持续、常态化的品牌打造活动，文化竞争力也逐步提升；南京作为一座历史悠久、科教人文底蕴深厚的文化名城，文化发展成绩突出，分别在文化体制改革、文化政策环境、文化科技融合、文化服务平台建设、文化市场培育、公共文化服务等方面有着不错的表现。

二、区域特征

(一) 东、中、西部城市标准差分析

从地理区域来看，我国主要有 3 个经济地带——东部经济带、中部经济带和西部经济带，文化作为一种无形的、内在的要素资源，对地区经济的发展有一定的促进作用，而经济反过来对文化也有很大的"反哺"作用，作为城市竞争力的重要组成部分，文化与经济一体化的趋势日益明显。

如表 3-3 所示，我们选择的 36 个中心城市中位于东部经济带的城市有 16 个，位于中部经济带的城市有 8 个，位于西部经济带的城市有 12 个。将 36 个城市按照东、中、西部划分为 3 类城市比较，城市文化竞争力存在一定的差异：东部沿海经济带的城市文化竞争力处于领先地位，平均得分38.57，但是差异较大，标准差达 16.84；中部地区文化经济竞争力次之，均值为 30.51，各城市发展较为均衡，标准差较小，为 5.72；西部地区文化竞争力相对较弱，均值为 24.95。文化竞争力一定程度上与经济发展水平相一致，区域发展不平衡。

表 3-3　东、中、西部城市文化竞争力综合指数比较

地区	城市	均值	标准差
东部地区	北京、上海、天津、石家庄、沈阳、杭州、福州、济南、广州、南京、海口、大连、青岛、宁波、厦门、深圳	38.57	16.84
中部地区	哈尔滨、武汉、太原、长春、合肥、南昌、郑州、长沙	30.51	5.72
西部地区	重庆、成都、昆明、兰州、南宁、银川、贵阳、西安、西宁、呼和浩特、拉萨、乌鲁木齐	24.95	9.87
总计		32.24	14.00

从城市文化竞争力综合指数城市排名 TOP10 的名单中可以看出，东部
经济带的城市整体均比较强，而中部和西部经济带的城市则只有个别城市
较强，研究的 16 个东部经济带城市中，37.5% 的城市名列前茅，前十名中
占 6 个席位（北京、上海、广州、杭州、南京、深圳）；而 12 个西部经济
带的城市中只有重庆、成都和西安三个城市跻身前十，占 25%，说明成渝
经济带是西部文化经济发展的"重镇"，其余西部城市的文化优势不太明
显，有近一半（5 个）的西部城市排在 30 名以后；8 个中部经济带的城市
在文化方面的竞争力最弱，只有武汉一个城市位于前十名（第七名），其
余的城市名次均稍微居后，其中合肥和南昌排在 25 名之外。

（二）聚类结果分析

为了更好地理解上述城市文化竞争力排名结果和区域发展差异，我们
还对 36 个城市文化竞争力综合指数得分在统计软件中进行了聚类分析，得
到的结果在一定程度上对上述的分析起到了验证作用。

我们在 SPSS 中对于城市文化竞争力综合得分的指标进行城市的聚类，
采用 SPSS 系统聚类的方法，采用 Ward 离差平方和法（Ward's Method）进
行聚类分析。Ward 离差平方和法是一种系统聚类方法，聚类过程使得同类
离差平方和较小，类间偏差平方和较大。Ward 离差平方和法聚类时总是使
得聚类导致的类内离差平方和增量最小。

分析结果将 36 个城市分成了 4 个类别，聚类结果如表 3-4 和表 3-5
所示。

表 3-4　2014 年城市文化竞争力综合指数城市聚类

类别	城市
第一类城市	北京、上海、广州
第二类城市	天津、杭州、南京、深圳、武汉、重庆、成都、西安
第三类城市	石家庄、沈阳、福州、济南、大连、青岛、宁波、厦门、哈尔滨、太原、长春、南昌、郑州、长沙、昆明
第四类城市	海口、合肥、兰州、南宁、银川、贵阳、西宁、呼和浩特、拉萨、乌鲁木齐

表 3-5　2014 年城市文化竞争力综合指数城市聚类结果描述

类别	数量（个）	均值	标准差
第一类城市	3	66.97	14.75
第二类城市	8	41.65	2.29
第三类城市	15	28.52	3.55
第四类城市	10	19.86	4.02
总计	36	32.24	14.00

从聚类结果以及聚类结果的描述中可以看到，北上广三座城市的文化竞争力遥遥领先。北京、上海和广州作为国际化大都市，整体的经济和文化发展实力强，被聚为第一类城市，在城市文化竞争力综合指数上的得分均值也最高，为 66.97，标准差为 14.75，在全国 36 个城市的文化竞争力综合指数水平中名列前茅，领先于其他类别的城市，因此将其定义为强势地区。

第二类城市为天津、杭州、南京、深圳、武汉、重庆、成都、西安，8 个城市均为一线城市、直辖市或省会城市，均值得分为 41.65，虽然均值远低于北京、上海和广州强势城市，但相比其他城市仍比较高，体现出一线城市、直辖市或省会城市在城市文化竞争力方面的优势，属于优势地区。

第三类城市为石家庄、沈阳、福州、济南、大连、青岛、宁波、厦门、哈尔滨、太原、长春、南昌、郑州、长沙、昆明，这 15 个城市属于发展较强的二线城市，得分均值为 28.52，标准差为 3.55。虽然这些城市的文化优势处于全国中下游水平居中，但是其在国民经济和社会发展过程中享有的资源较多，发展潜力较大，是最有可能成为优势地区的城市，因此我们可以将其定义为潜力地区。

第四类为海口、合肥、兰州、南宁、银川、贵阳、西宁、呼和浩特、拉萨、乌鲁木齐 10 个城市，这类城市主要为我国中部和西部地区城市，得分均值低于总体平均水平，为 19.86，标准差为 4.02，表现一般，还有待在城市文化建设方面下足功夫，可以归为弱势地区。

三、发展情况

变异系数反映了一个城市文化竞争力综合指数下的各个指标的发展均衡性，对变异系数和文化竞争力综合指数进行相关分析并绘制折线图（如图3-3所示），可以发现二者呈现负相关且关系强度较大，相关系数$R=-0.73$。总体来看，文化竞争力较强的城市，其文化禀赋要素、文化经济要素、文化管理要素、文化潜力要素和文化交流要素各个水平间的发展也相对均衡。

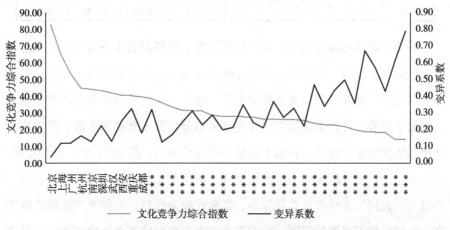

图3-3 2014年城市文化竞争力综合指数与变异系数❶

2014年城市文化竞争力综合指数变异系数如表3-6所示。

北上广地区文化竞争力不仅较为强势，而且发展极为均衡，短板效应较弱。以北京为例，文化竞争力综合指数最高，排位第一，同时其内部各二级要素之间的变异系数也最小，仅为0.04。这说明，北京既有丰富的历史文化资源和雄厚的硬件基础设施，同时在文化建设的经济、管理、科技、对外交流等各个方面都有强势表现，多个要素之间形成均衡发展、互相促进的良性循环发展态势。

---

❶ 图中"＊"代表位居第十一名至第三十名的城市，全书"＊"代表意义全同。

表 3-6　2014 年城市文化竞争力综合指数变异系数

城市	文化竞争力综合指数	文化禀赋要素	文化经济要素	文化管理要素	文化潜力要素	文化交流要素	变异系数
北京	82.59	86.44	79.39	84.44	85.51	79.41	0.04
上海	65.02	54.26	63.18	66.69	59.91	79.28	0.12
广州	53.29	46.98	55.27	46.17	53.14	64.69	0.12
杭州	44.83	51.80	39.78	53.55	33.31	45.95	0.16
南京	44.17	54.95	39.91	48.03	42.31	38.51	0.13
深圳	43.35	32.89	33.58	48.85	44.86	58.89	0.22
武汉	41.96	42.00	34.22	43.00	50.08	45.43	0.13
西安	40.58	48.92	25.49	43.21	53.60	42.18	0.25
重庆	40.21	40.35	21.33	56.21	40.94	48.37	0.32
成都	39.63	34.97	31.76	50.91	39.08	41.84	0.18

对于一些西部城市而言，由于地理位置、经济发展水平等因素，虽然城市文化竞争力较强，但各要素之间发展差异较大。作为 TOP10 城市之一的重庆人口众多，地缘广阔，文化资源丰富，城市文化竞争力综合指数在全国范围都属于强势，并且重庆的文化管理要素得分仅低于北京和上海；但重庆的文化经济要素得分较低，在前十名城市中排位最后，仅为 21.33。近些年来，重庆文化产业的发展虽然取得长足进步，但与北京、上海等城市相比，差距仍较大，表现为文化产业总量偏小、集聚效应未凸显、与相关产业融合度不高、区域发展不平衡等问题。这说明重庆在未来的城市文化发展中还应补齐短板，着力促进文化经济建设，壮大文化市场主体，加大和提升文化产品服务的供给，培育城市居民的文化消费意愿和能力，积极盘活重庆的文化资源，与其他各要素之间保持相对均衡的发展建设速度。

再以西安为例，作为世界四大古都之一，西安是中华文化的摇篮、中华文明的发祥地，有着"天然历史博物馆"的美誉，同时大雁塔、钟楼、鼓楼、明城墙、大明宫等著名旅游胜地每年也吸引着成千上万的海内外游客。西安的城市文化竞争力在很大程度上是基于其源远流长的历史文化资源，其文化禀赋要素（48.92）在全国排位第五。但对比鲜明的是，西安文化经济要素排名不在前十之列，这一反差导致西安的二级指标变异系数也较高，在 TOP10 城市中排名第二。

第一节　文化禀赋要素研究报告

文化禀赋要素是城市从古至今在发展过程中所积淀的基本文化素质的总和，由文化资源要素和城市综合要素两个指标加权构成，体现出一个城市的最原初、最直观的文化竞争力要素，是城市文化竞争力的第一硬要素，决定了城市文化竞争力的基本硬实力。

一、一级指标分析

（一）总体特征

2014 年，36 座城市的文化禀赋要素指标均值为 32.95，中值为 33.47，最大值为北京 86.44，最小值为西宁 3.63，标准差为 16.60，各个城市差异较为明显。文化禀赋要素综合得分位居前十位的城市分别为北京、南京、上海、杭州、西安、广州、长沙、济南、武汉、天津（如图 4-1 所示）。

从 2014 年文化禀赋要素城市排名 TOP10 的名单来看，文化禀赋要素的城市排名与城市文化竞争力综合排名存在一些差异。北京仍居首位，得分遥遥领先；南京凭借优厚的传统文化资源和优异的城市综合要素跃居第二位；上海则位居第三位。同时长沙、济南表现突出，较综合排名有所上升，进入前十；成都和深圳相较综合排名，在文化禀赋要素方面表现略差，未能进入前十。

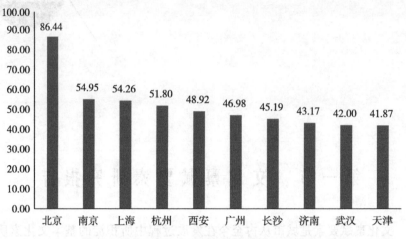

图4-1　2014年文化禀赋要素城市排名 TOP10

在文化禀赋要素前十名中，北京名列首位。北京作为我国的首都，是全国政治中心、文化中心以及国际交流中心，也是闻名世界的历史文化名城，历史文化悠久，文化底蕴深厚。北京是中华民族优秀传统文化和现代文明的展示窗口，也是我国文化人才、文化设施、文化企业总部和文化产业资本最集中的地区。北京在文化资源要素排名位居第一，是全国文化资源最为丰富的城市，全国重点文物保护单位数量和国家级非物质文化遗产数量都遥遥领先于其他城市。在文化禀赋要素方面，北京在文化发展的先天条件上拥有绝对的优势。而在城市综合要素排名中，北京得分66.09，列第六位，远远落后于南京、深圳等地。

南京作为江苏省省会，是南方文化重镇，有"六朝古都""十朝都会"之称，具有深厚的文化底蕴和丰富的文化资源。在文化禀赋要素前十的排名中，南京表现突出，列第二位亦在情理之中。南京的文化资源要素得分为39.55，位居第七。南京作为实力底蕴深厚的古都，在文化资源要素方面具有得天独厚的优势，尤其是国家级和省级文化保护单位数量众多。同时，在城市综合要素排名中，南京得分为78.06，位列首位，远超一线城市，可见近年来南京在城市建设中的发展迅速。

　　在文化禀赋要素前十位的排名中，杭州位居第四名。杭州是浙江省经济中心、文化中心、科教中心，长江三角洲副中心城市、华东地区中心城市之一，是中国重要的电子商务中心之一。杭州历史悠久，自古有"人间天堂"的美誉，拥有两个国家级风景名胜区，两个国家级自然保护区，7个国家森林公园，25个全国重点文物保护单位，9个国家级博物馆，自然资源和历史文化资源丰富。同时杭州在城市文化竞争力二级指标中表现优异，在文化资源要素和城市综合要素排名中都位列第五名，在国内处于领先水平。

　　西安作为陕西省省会，是副省级市、国家区域中心城市、中国西部地区重要的中心城市，是国家重要的科研、教育和工业基地，也是联合国教科文组织1981年确定的"世界历史名城"，历史文化积淀深厚。西安在全国城市文化竞争力综合排名中位居第八名，但在文化禀赋要素的两个指标中表现出明显的两级分化。在文化资源要素方面，西安得分54.62，在36个城市的文化竞争力二级指标排名中位列第三名，居全国前列。然而在城市综合要素排名中，却未进前十位，排名第十九位，远低于其综合排名。

　　长沙作为湖南省省会，是全国两型社会建设综合配套改革试验区核心城市，国家"十二五"规划确定的重点开发区域，也是湖南省的政治、经济、文化、科教和商贸中心。长沙是中国著名的历史文化名城，历史文化悠久，自然和人文资源丰富，风景名胜区数量和国家级非物质文化遗产数量众多。在全国城市文化竞争力综合排名中，长沙位列第十三名，但在文化禀赋要素中，长沙在城市综合要素排名中得分为70.03，位居第四名，居全国前列。

　　济南在全国城市文化竞争力综合排名中位列第十五名，未能进入前十。但作为山东省省会，济南是山东政治、文化、教育中心，也是山东半岛城市群和济南都市圈的核心城市。济南因境内泉水众多，被称为"泉城"，素有"四面荷花三面柳，一城山色半城湖"的美誉，是国家历史文化名城。济南在文化禀赋要素城市排名中位居第八名，也属实至名归。

　　通过对上述文化禀赋优质的城市进行分析，可见一个城市的历史文化资源是该城市进行文化建设、发展文化产业的根基，是文化创意的"源泉"和"土壤"，缺乏丰富的历史文脉、富裕的自然资源和扎实的城市基础建设，一切城市的文化创新、创意和创造都会失去灵魂和灵气。在上述文化禀赋的城市文脉的基础之上，进一步挖掘文化资源的潜力，提升文化发展的实力，切实让文化活起来和火起来。

（二）区域特征

1. 东、中、西部城市标准差分析

我们将36个城市按照前文中东部、中部、西部的标准，划分为三类城市进行比较，可见东、中、西部城市文化禀赋存在一定的差异，东、中、西部发展不均衡（如表4-1所示）。东部沿海经济带的城市文化禀赋要素较高且各城市差异较大，平均得分40.51，标准差16.66；中部地区文化经济竞争力次之，各城市发展相对均衡，平均得分31.67，标准差10.96；西部地区相对较弱，内部各城市差异较大，平均得分23.72，标准差16.60。

表4-1 东、中、西部城市文化禀赋要素比较

地区	城市	均值	标准差
东部地区	北京、上海、天津、石家庄、沈阳、杭州、福州、济南、广州、南京、海口、大连、青岛、宁波、厦门、深圳	40.51	16.66
中部地区	哈尔滨、武汉、太原、长春、合肥、南昌、郑州、长沙	31.67	10.96
西部地区	重庆、成都、昆明、兰州、南宁、银川、贵阳、西安、西宁、呼和浩特、拉萨、乌鲁木齐	23.72	16.60
总计		32.95	16.60

东部地区城市文化禀赋要素整体水平较高，在中国城市文化竞争力综合排名中，北京、上海、广州、杭州、南京、深圳6座城市位列排行榜前十名，该地区的城市文化竞争力的整体水平遥遥领先于中、西部城市。东部地区城市历史悠久，从古到今积累的文化资源和旅游资源数不胜数，例如北京位列一线大城市之首，也是世界著名的文化古都和国际大都市，是

享誉世界的历史文化名城。上海已经逐步发展成为一个融合多元文化、经济繁荣、科技创新、社区塑造、城乡互动等元素的国际化大都市。同时东部地区城市区域条件较为优越，经济基础雄厚，交通发达。杭州不仅有"上有天堂，下有苏杭"的文化品牌与文化底蕴，同时还处在我国经济最为发达、最具活力的长三角地区，消费需求旺盛、产业发展空间巨大，有着发达的民营经济和充足的民间资本。东部沿海经济带的城市文化禀赋要素高但各城市差异较大，发展不平衡。

与东部地区城市相比，中部地区城市文化禀赋要素较弱，但标准差小，各城市发展相对均衡。该地区城市多为国家历史文化名城。以武汉为例，武汉拥有丰富的非物质文化遗产资源，汉绣最早可以追溯到春秋战国时期；汉剧旧名楚调、汉调，有"京剧之母"的美誉；还有木雕船模制作技艺等传统工艺。中部地区城市属于二线城市，经济发展水平低于东部沿海经济带城市，城市文化建设稍显滞后，城市文化竞争力表现相对较弱。由于中部城市现今开发程度有限，开发与发展潜力较大，其城市文化禀赋要素竞争力在未来还有很大的提升空间，是最有可能成为优势地区的城市。

西部地区城市文化禀赋相对较弱，均值23.72，标准差16.60，内部各城市差异较大，两级分化严重。如西部地区城市重庆、成都、西安、昆明凭借自身丰富的自然资源和人文资源、健康的经济发展状况以及良好的城市文化建设在全国城市文化竞争力综合排名中列前十位。成都自古以来就有"天府之国"的美誉，拥有都江堰、武侯祠、杜甫草堂、金沙遗址等众多名胜古迹，是国家首批历史文化名城和中国最佳旅游城市。昆明有"春城"之美誉，由于地处低纬高原而形成"四季如春"的气候，使这里阳光明媚、鲜花常开，风景秀丽，自然资源众多。有石林世界地质公园、滇池、安宁温泉、九乡、阳宗海、轿子雪山等国家级和省级著名风景区，还有世界园艺博览园和云南民族村等重点风景名胜。而西宁、拉萨、乌鲁木齐城市虽然资源丰富，地域文化特征比较典型，但由于社会经济条件的限制、城市文化建设的滞后，城市文化竞争力表现相对较弱，与西安、重庆等其他西部城市相比，具有较大差距。在今后的发展过程中，这些城市应加强文化建设力量，积极布局，用心谋划，不断提高城市综合水平。

2. 聚类结果分析

我们在 SPSS 中按照一级指标中的文化禀赋要素进行城市的聚类，采用 SPSS 系统聚类中的 Ward 离差平方和法（Ward's Method）进行聚类，根据计算将 36 个城市分成了 3 个类别，文化禀赋要素城市聚类情况如表 4-2 所示，聚类分析结果及聚类结果描述如表 4-3 所示。

表 4-2　2014 年文化禀赋要素城市聚类

类别	城市
第一类城市	北京、上海、杭州、广州、西安、南京、长沙、济南、武汉、天津、深圳
第二类城市	重庆、沈阳、哈尔滨、福州、成都、昆明、银川、太原、南昌、郑州、海口、拉萨、青岛、宁波、长春、呼和浩特、大连、厦门
第三类城市	石家庄、兰州、南宁、合肥、贵阳、西宁、乌鲁木齐

表 4-3　2014 年文化禀赋要素城市聚类结果描述

类别	数量（个）	均值	标准差
第一类城市	11	44.50	18.00
第二类城市	18	34.82	7.70
第三类城市	7	9.98	5.42
总计	36	32.95	16.60

在文化禀赋要素的城市聚类中，北京、上海、杭州和广州等 11 个城市划归为文化禀赋要素的第一类城市，属于文化禀赋最高的一类城市。该类城市均值为 44.50，标准差为 18.00，均高于其他类别的城市。以深圳为例。深圳是中国改革开放后建立的第一个经济特区和最早的计划单列市，是中国改革开放的窗口，如今已发展成为有一定影响力的国际化城市。深圳虽然在城市文化竞争力要素排名中居第六位，但是在文化禀赋要素方面表现略显不足，文化禀赋要素的内部支撑要素之间的差距明显。可见深圳作为中国城市发展的"后起之秀"，经济发达，人均收入颇高，它的发展

模式奠定了其在文化管理、文化经济、文化潜力、文化交流等方面的突出实力，使其城市文化综合竞争力仍处于优势地位，城市综合发展实力较强。但因为其历史较短，自然资源和文化资源相对薄弱。与深圳相同，同样归属文化禀赋第一类城市的广州、济南等城市自然文化资源储备就相对较弱，但这类城市凭借良好的城市文化建设，在城市综合实力上表现突出，城市经济水平、城市综合发展环境对城市文化发展具有一定的影响力。

重庆和沈阳等18个城市在文化禀赋要素上的表现也较好，属于第二类城市，第二类城市在文化禀赋要素上的均值为34.82，标准差为7.70。这类城市在文化禀赋上的得分与总体的平均水平相当，文化禀赋要素一般，属于有发展潜力的城市。以重庆为例，重庆是我国四个直辖市之一、五大国家中心城市之一、长江上游地区经济中心，是国家历史文化名城，也是国家重要的制造业基地。重庆城市文化特色明显，风景名胜区数量、国家级非物质文化遗产数量等文化资源指标都名列前茅。从总体来看，重庆已成为西南地区文化资源、文化综合实力均较强的"文化大市"。

第三类城市包括石家庄、兰州、南宁、合肥、贵阳、西宁、乌鲁木齐7个城市，文化禀赋要素的均值为9.98，标准差为5.42，远低于总体的平均水平，在文化禀赋要素方面的表现相对较弱。这些城市多处于我国的中西部地区，相较其他地区而言，城市所占的文化资源较少，城市发展的综合实力也相对弱于其他城市。以石家庄为例，石家庄作为河北省省会，是全省的政治、经济、科技、金融、文化和信息中心，是国务院批准实行沿海开放政策和金融对外开放的城市。但总体来说，石家庄发展时间较短，仅有一百多年的建城历史，文化底蕴与北京、西安、杭州等千年古城相比存在不小的差距，城市文化资源相对比较匮乏。这些城市或地区在今后的发展过程中，应加强文化建设顶层设计，加大文化资源开发力度，丰富文化资源开发手段，实现文化繁荣和经济发展相互促进的良好局面。

（三）发展情况

我们通过计算城市文化禀赋要素下的二级要素数据间的离散程度，来测量每个城市在各二级要素上的发展均衡程度。

文化禀赋要素变异系数如表4-4所示。

表4-4　2014年文化禀赋要素变异系数

城市	文化禀赋要素	文化资源要素	城市综合要素	变异系数
北京	86.44	100.00	66.09	0.19
南京	54.95	39.55	78.06	0.34
上海	54.26	50.15	60.43	0.09
杭州	51.80	41.49	67.27	0.24
西安	48.92	54.62	40.38	0.14
广州	46.98	31.54	70.14	0.40
长沙	45.19	28.63	70.03	0.45
济南	43.17	34.75	55.80	0.24
武汉	42.00	36.62	50.08	0.16
天津	41.87	37.84	47.91	0.19

北京不仅文化禀赋要素得分较高，发展均衡性也较好，文化资源要素和城市综合要素分列排名第一位和第四位，变异系数为0.19，具有得天独厚的优势。上海是我国国家级中心城市，现代化程度高，城市建设无论在经济、文化还是社会等各方面都表现优异，因此变异系数最小，仅为0.09，发展最为均衡。综合来看，同样为发达城市，广州的发展均衡程度相较略差，南京、长沙等城市文化禀赋要素发展均衡性也有待提高。

对变异系数和文化禀赋要素做相关分析（如图4-2所示），发现二者呈中等程度的负相关（$R = -0.50$），即文化禀赋要素得分高的城市，在文化禀赋要素各构成要素之间的发展也更为均衡。

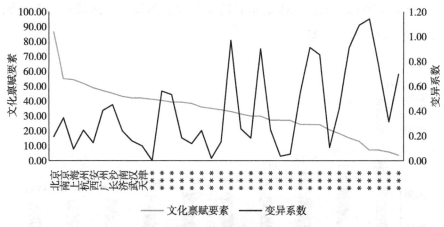

图4-2 2014年文化禀赋要素与变异系数

二、二级指标分析

（一）B1 文化资源要素

在文化禀赋要素中，二级指标B1文化资源要素所占的比重较大，占60%。文化资源要素是一个城市在所有历史时期所积累的文化财富，具体表现形式包括物质层面和非物质层面，城市丰富的文化资源是城市文化竞争力的基础要素，是提升文化竞争力的重要源泉。

2014年36个城市的文化资源要素平均得分27.23，中位数28.19，最大值为北京100.00，最小值为贵阳0.48，平均水平较低，而且各城市发展不平衡，两级分化严重。综合得分位居前十的城市分别为：北京、重庆、西安、上海、杭州、郑州、南京、天津、武汉、成都10城（如图4-3所示）。

1. 总体特征

在文化资源要素城市排名TOP10中，北京凭借悠久的城市发展历史和丰富的历史文化资源占据榜首位置，遥遥领先于其他城市。而其他文化资源要素排名靠前的城市，如重庆、杭州、南京等，都是国家历史文化名城，拥有上百年乃至上千年的发展历史，积累了大量的历史文化遗产，文化底蕴深厚，可见一个城市的文化资源要素得分的高低与城市的发展历史和文化底蕴密切相关。而排名靠后的城市大多为发展时间较短的新兴城市，如深圳、石家庄等。

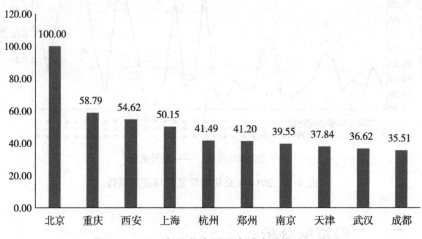

图4-3　2014年文化资源要素城市排名 TOP10

2. 区域特征

（1）东、中、西部城市标准差分析

我们将36座城市按照东部、中部、西部划分为3类城市比较如表4-5所示。东部地区文化资源要素远高于中、西部地区，均值达32.02，但是各城市发展不平衡，标准差达22.47，中部和西部地区文化资源要素差异较小，均低于平均水平，均值分别为24.29和22.81，文化资源相对集中于东部地区。

表4-5　东、中、西部城市文化资源要素比较

地区	城市	均值	标准差
东部地区	北京、上海、天津、石家庄、沈阳、杭州、福州、济南、广州、南京、海口、大连、青岛、宁市、厦门、深圳	32.02	22.47
中部地区	哈尔滨、武汉、太原、长春、合肥、南昌、郑州、长沙	24.29	13.73
西部地区	重庆、成都、昆明、兰州、南宁、银川、贵阳、西安、西宁、呼和浩特、拉萨、乌鲁木齐	22.81	20.27
总计		27.23	20.06

东部地区城市文化资源丰富，城市文化资源要素得分高于全国平均得分，同时标准差也最高。以东部城市石家庄为例，石家庄作为河北省省会，城市发展历史较短，历史文化积淀较浅，在文化资源要素城市排名中，石家庄位列第二十六名，区域内发展不均衡。同时在城市文化资源贫乏的西部地区，重庆、西安却凭借自身丰富的文化资源，位列城市文化资源要素排名前十。

（2）聚类结果分析

我们在 SPSS 中对二级指标 B1 文化资源要素进行城市的聚类，聚合为3 类时达到较好的组间区隔，下面是聚类分析结果及聚类结果描述（如表4-6 和表 4-7 所示）。

表 4-6 2014 年文化资源要素城市聚类

类别	城市
第一类城市	北京、重庆、西安、上海
第二类城市	杭州、郑州、南京、天津、武汉、成都、拉萨、济南、沈阳、宁波、广州、太原、青岛、长沙、哈尔滨、昆明、福州、银川、海口、呼和浩特、南昌
第三类城市	石家庄、大连、长春、深圳、厦门、西宁、南宁、乌鲁木齐、兰州、合肥、贵阳

表 4-7 2014 年文化资源要素城市聚类结果描述

类别	数量（个）	均值	标准差
第一类城市	4	65.89	23.01
第二类城市	21	31.35	6.28
第三类城市	11	5.35	3.25
总计	36	27.23	20.06

第一类城市包括北京、重庆、西安、上海四个城市，均值达到 65.89，远高于其他城市，文化资源最为丰富，优势明显，属于文化资源优势城市；第二类包含杭州、郑州、南京、天津等 21 个城市，均值为 31.35，略高于整体平均水平；第三类包含石家庄、大连、长春和深圳等 11 个城市，这一类城市文化资源要素稍低，均值为 5.35，文化资源的储备都相对较低。

3. 发展情况

变异系数反映了城市文化资源要素在各三级指标上发展是否均衡，变异系数越小，发展越均衡。从变异系数分析结果（如表 4-8 所示）可以看出，北京不仅文化资源要素较高，文化资源丰富，而且发展较为均衡。从文化资源要素和变异系数的相关分析（如图 4-4 所示）可以看出，二者呈负相关关系（$R=-0.75$）。

表 4-8　2014 年文化资源要素变异系数

城市	文化资源要素	变异系数
北京	100.00	0.00
重庆	58.79	0.54
西安	54.62	0.47
上海	50.15	0.84
杭州	41.49	0.83
郑州	41.20	0.93
南京	39.55	0.89
天津	37.84	0.94
武汉	36.62	1.05
成都	35.51	1.03

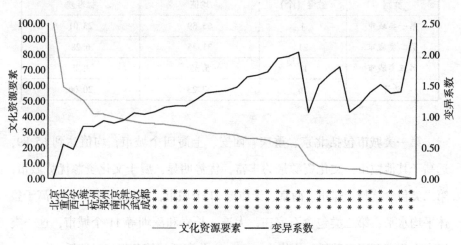

图 4-4　2014 年文化资源要素与变异系数

（二）B2 城市综合要素

在文化禀赋要素中，二级指标 B2 城市综合要素所占的权重为 40%，城市综合要素是指一个城市发展的总体状况和基本条件。与文化资源要素相比，城市综合要素更关注城市借以发展的硬件条件、综合环境、社会发展水平，属于文化禀赋要素中的硬指标。2014 年城市综合要素得分位居前十名的城市分别为南京、深圳、广州、长沙、杭州、北京、呼和浩特、大连、上海、济南（如图 4-5 所示）。

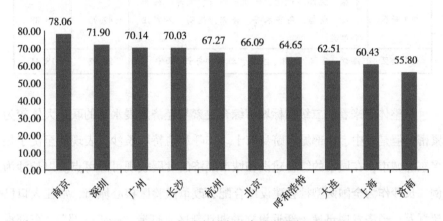

图 4-5　2014 年城市综合要素城市排名 TOP10

1. 总体特征

从城市综合要素的得分排名来看，一线、二线城市以及东部沿海城市的排名均比较靠前，说明城市综合要素的得分与城市自身的经济发展水平有一定的联系。城市综合要素 TOP10 的名单中，南京位列第一名，其次是深圳、广州、长沙，得分均在 60 分以上。南京跃居城市综合要素第一名，可见城市的综合发展环境较好。作为中、西部城市，长沙及呼和浩特也在这一指标表现优异。

此外，西宁、南宁、拉萨、重庆、兰州、贵阳的城市综合要素较低，排名靠后，位于 30 名以外。6 个城市大多位于中、西部城市带，区位条件没有东部沿海地区的城市好，经济基础也较为薄弱，有待进一步提升城市综合要素的竞争力。

2. 区域特征

(1) 东、中、西部城市标准差分析。

东、中、西部城市标准差分析如表 4-9 所示。

表 4-9　东、中、西部城市文化综合要素比较

地区	城市	均值	标准差
东部地区	南京、深圳、广州、长沙、杭州、北京、呼和浩特、大连、上海、济南、厦门、武汉、天津、宁波、青岛	53.26	16.58
中部地区	长春、沈阳、郑州、银川、西安、太原、福州、南昌、成都、乌鲁木齐、合肥、昆明、石家庄、哈尔滨	42.73	13.88
西部地区	海口、贵阳、兰州、重庆、拉萨、南宁、西宁	25.08	18.41

从整体上来看，二级指标城市综合要素与经济发展水平的联系大体较为紧密，但是有中、西部城市跻身前十。如呼和浩特和长沙，表现甚至优于很多东部城市，在城市的综合建设和城市经济的发展表现可圈可点。以长沙为例，长沙作为全国两型社会建设综合配套改革试验区核心城市，常住人口已超百万，经济发展迅速。新近设立的湘江新区，打造"一带一部"（东部沿海地区和中西部地区过渡带、长江开放经济带和沿海开放经济带结合部）的核心增长极和长江经济带的重要区域，城市综合要素发展水平较高。

(2) 聚类结果分析。

聚类分析结果将 36 个城市分成了 3 个类别，聚类分析结果及聚类结果描述如表 4-10 和表 4-11 所示。

表 4-10　2014 年城市综合要素城市聚类

类别	城市
第一类城市	宁波、青岛、厦门、上海、北京、济南、武汉、天津、深圳、广州、南京、杭州、长沙、呼和浩特、大连
第二类城市	长春、沈阳、郑州、银川、西安、太原、福州、南昌、成都、乌鲁木齐、合肥、昆明、石家庄、哈尔滨
第三类城市	海口、贵阳、兰州、重庆、拉萨、南宁、西宁

表 4-11 2014 年城市综合要素城市聚类结果描述

类别	数量（个）	均值	标准差
第一类城市	15	60.68	10.19
第二类城市	14	36.18	6.65
第三类城市	7	11.14	6.07
总计	36	41.52	20.46

第一类城市包括宁波、青岛、厦门、上海等 15 个城市，在城市综合要素指标上的表现优势非常明显，均值为 60.68，高于总体的平均水平 19.16，但是第一类城市之间差异较二、三类城市更大，说明这类城市中发展参差不齐。

长春、沈阳、郑州、银川等 14 个城市归为第二类城市，均值为 36.18。相对于第一类城市，第二类城市的整体水平已经拉开了距离。从城市文化竞争力综合排名结果来看，处于第二类城市的这些城市，在综合排名上也有优势，排名比较靠前，说明城市综合要素是城市文化竞争力提升的重要方面，这项硬指标，为城市文化竞争力的提升贡献了较大的力量。

第三类城市主要包括海口、贵阳、兰州、重庆等 7 个城市，城市综合要素相对较弱，在城市综合实力上竞争力较弱，低于全国平均水平，城市综合要素均值为 11.14，标准差为 6.07，此类城市在城市总体发展上处于弱势。可见一座城市文化竞争力的提升离不开经济社会的整体发展，城市综合要素指标的提升将会对文化竞争力的提升产生反作用，"反哺"文化竞争力的建设。

3. 发展情况

变异系数反映单位均值上的离散程度，计算各城市构成 B2 城市综合要素的各个指标的变异系数（如表 4-12 所示），并对变异系数和城市综合要素进行相关分析（如图 4-6 所示），可以看出各城市综合指标的排名高低与变异系数之间存在负相关关系（$R = -0.707$）。即排名靠前的城市，城市综合要素的各指标的发展更均衡。

表 4-12　2014 年城市综合要素变异系数

城市	城市综合要素	变异系数
南京	78.06	0.57
深圳	71.90	1.36
广州	70.14	1.13
长沙	70.03	0.71
杭州	67.27	0.35
北京	66.09	0.85
呼和浩特	64.65	1.18
大连	62.51	0.77
上海	60.43	2.01
济南	55.80	0.99

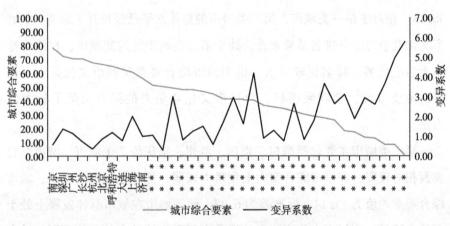

图 4-6　2014 年城市综合要素与变异系数

第二节　文化经济要素研究报告

　　文化与经济关系密切，在城市化发展的进程中，二者呈现一体化的发展趋势。经济实力是国家文化发展的强劲动力，而文化创意产业的发展水平又往往成为一个城市文化活力的标志。因此，有必要从产业经济的角度对城市的文化竞争力进一步考察。文化经济要素是评价指标体系中文化在经济能力方面的集中体现，文化经济要素由文化生产要素、文化消费要素及文化企业要素 3 个二级指标构成，文化经济要素在一级指标中，权重值也是最大的，属于城市文化竞争力评价指标体系中的第二硬要素。可见，文化经济要素在评估城市文化竞争力方面扮演着十分重要的角色。

一、一级指标分析

（一）总体特征

2014 年，36 城的文化经济要素指标平均得分 24.71，中位数 20.89，平均水平较低；最大值为北京 79.39，最小值为拉萨 7.51，标准差为 17.83，各城市之间得分差异十分明显。综合得分居前十位的城市分别为北京、上海、广州、南京、杭州、长沙、武汉、深圳、成都、沈阳 10 城（如图 4-7 所示），其中北京、上海和广州不仅在城市文化竞争力上总体表现强势，在城市文化经济要素这一指标上也稳居前三，分别为 79.39、63.18 和 55.27，保持着绝对优势。而其他城市在文化经济要素上的得分均在 40 以下。长沙和沈阳以较强的经济优势进入前十。

北上广依旧凭借强大的文化供给水平与文化消费能力位居前沿，优势明显。这是因为"北上广"文化产业的发展水平高，文化产品、文化服务都十分齐全，同时城市居民也具有较强的文化消费意识和文化消费能力。

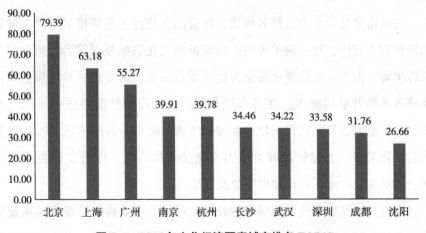

图 4-7　2014 年文化经济要素城市排名 TOP10

　　上海、南京、杭州处于长三角地区，本身就具有协同发展的优势。3个城市作为该经济带的支柱城市，文化产业发达，经济效益显著，不论是文化竞争力总排名还是文化经济要素排名均比较突出。上海随着自贸区建设不断深化，文化市场开放政策得到落实，管理方式不断创新，吸引了多家文化企业入驻，使文化贸易规模不断扩大。南京通过颁布相关政策，对文化产业重点项目、产品与服务进行扶持，积极构建文化企业融资推手，使得文化产业在国内生产总值的比重逐年上升。杭州市文化创意产业作为加快产业转型升级的战略突破口和新增长点，已成为杭州经济增长的主支撑、税收增量的主来源、投资增长的主平台、创新驱动的主引擎和人才引进的主力量。

　　长沙与沈阳在文化经济要素方面表现突出，相比城市文化竞争力总排名与文化禀赋要素排名均有所提升。长沙的文化产业发展在 2014 年呈现出产业贡献提高、文化湘军壮大、上市文化企业和公共文化服务规模扩大以及文化消费稳增等态势，"文化+"融合发展稳步推进，先进制造、传统文化、工艺设计与现代科技等日益交融，相关产业规模不断扩大。沈阳在"十二五"规划期间迎来了发展的黄金机遇期，加快文化产业发展，通过明晰产业定位、加速产业融合、提高产业集中度、优化产业结构和布局，发挥地域产业优势，吸引优质资源集聚，立足载体和产业链，实现跨越式发展。

　　与城市文化竞争力总排名相比，西安的文化经济要素排名下滑，没有出现在前十名内。这一现象表明，西安虽然文化禀赋要素排名较高，文化资源丰富，但是在文化资源转化为经济效益方面还需要进一步加强，文化经济方面提升空间很大。在未来的几年内，西安仍然需要进一步深化改革，从供给侧出发，把握文化产业发展的黄金时期，鼓励居民进行各种形式的文化消费，通过优惠政策吸引文化企业的入驻、促进文化企业的发展，激活文化产业在城市建设中的经济活力。

　　通过对上述表现优异的城市的分析，可见经济效益能够很好地衡量文化产业的发展水平。当今世界经济已经步入创新驱动阶段，文化产业正成为一个国家和地区社会经济发展的重要引擎。各个城市应当继续为文化经济的发展创造良好的空间和机遇，加快文化走出去的步伐，为塑造富于生机活力的城市文化提供坚实的基础。

（二）区域特征

1. 东、中、西部城市标准差分析

我们在SPSS中将东部、中部、西部城市的文化经济要素进行分类比较，表4-13是分类比较的结果及分类结果的描述。

表4-13 东、中、西部城市文化经济要素比较

地区	城市	均值	标准差
东部地区	北京、上海、天津、石家庄、沈阳、杭州、福州、济南、广州、南京、海口、大连、青岛、宁波、厦门、深圳	30.73	20.05
中部地区	哈尔滨、武汉、太原、长春、合肥、南昌、郑州、长沙	23.27	7.06
西部地区	重庆、成都、昆明、兰州、南宁、银川、贵阳、西安、西宁、呼和浩特、拉萨、乌鲁木齐	17.64	7.90
总计		24.71	15.36

将36个城市按照东、中、西部划分为3类城市比较，可见东、中、西部城市文化经济要素存在一定差异：东部地区城市文化经济虽然水平较高，平均得分30.73，但是各城市差异较大，标准差达到20.05。这说明东部城市相对全国来说，文化产出和供给能力强，居民的文化消费能力也较强。同时，东部城市充分利用地理区位优势，建设经济特区、沿海开放城市和经济开放区，使这一地带逐步成为中国对外文化贸易的基地，开放程度高。但是东部地区的标准差远远高于中部、西部地区，说明东部各个城市发展程度不平衡，除了资源分布不均衡的因素之外，各个城市的经济水平也参差不齐，没有做到很好地协同发展。中部和西部地区城市虽然发展较为均衡，标准差分别为7.06和7.90，均低于全国平均水平，但是均值也低于全国平均水平，平均得分分别为23.27和17.64。这说明中、西部

城市应该在文化经济方面继续加大投入，提高居民的受教育程度与文化消费的意识，加大文化产品的产出与文化服务的供给。政府出台相关政策，扶持本地区文化企业与文化单位的成长，增加文化行业的就业机会，拉动经济增长。同时，中、西部地区应该加强与东部地区的联系，采取东西结合、沿海与内地互相支援、互相促进的发展战略，使各个地区的资源优势或者技术优势得到充分发挥，提高文化经济的整体效益，促进共同繁荣。

2. 聚类结果分析

根据计算将36个城市分成了3个类别，下面是聚类分析结果及聚类结果描述（如表4-14、表4-15所示）。

表4-14　2014年文化经济要素城市聚类

类别	城市
第一类城市	北京、上海、广州
第二类城市	杭州、武汉、成都、南京、长沙、深圳
第三类城市	天津、重庆、石家庄、沈阳、哈尔滨、福州、济南、昆明、兰州、南宁、银川、太原、长春、合肥、南昌、郑州、海口、贵阳、西安、西宁、呼和浩特、拉萨、乌鲁木齐、大连、青岛、宁波、厦门

表4-15　2014年文化经济要素城市聚类结果描述

类别	数量（个）	均值	标准差
第一类城市	3	65.95	12.30
第二类城市	6	35.62	3.41
第三类城市	27	17.70	5.40
总计	36	24.71	15.36

在文化经济要素的城市聚类中，北京、上海和广州3个城市凭借强劲的经济发展优势划归为文化经济要素的第一类城市，属于文化经济要素得分最高的一类城市，均值为65.95，标准差为12.30，远远高于其他类别的城市。第二类城市以经济水平较高的城市为主，包括杭州、武汉、成都、南京、长沙、深圳6个城市，均值为35.62，是发展程度最均衡的一类城市，标准差只有3.41。其余27个城市属于第三类城市，大部分位于中、

西部地区，均值为 17.70。

从聚类结果来看，在文化经济要素中处于第三类的城市数量最多，占比共计75%。说明我国文化经济总体发展水平还有很大的提升空间。要解决这一问题，需要促进这3类城市在文化人才、投资、技术、管理、企业和贸易等方面的对接。那种临时性、无偿地以硬件和基础设施建设为主的援建模式往往不可持续。"授人以鱼，不如授人以渔"，应通过资金支持和政策倾斜等，使到第三类城市投资开发的企业，包括民营企业、中小企业和在"双创"热潮中不断生长的小微企业在文化产业开发中获得经济利益。从而拉动我国文化经济整体水平的上升。经济水平的总体上升又可以"反哺"文化产业的发展，形成良性循环。

（三）发展情况

我们在 SPSS 中将每个城市的文化经济要素下 3 个二级指标的数据离散程度进行计算。表4-16 是数据计算的结果及计算结果的描述。

表4-16　2014 年文化经济要素变异系数

城市	文化经济要素	文化生产要素	文化消费要素	文化企业要素	变异系数
北京	79.39	65.89	72.14	100.00	0.18
上海	63.18	61.28	71.25	56.16	0.10
广州	55.27	51.08	87.84	23.68	0.48
南京	39.91	35.99	64.73	16.52	0.51
杭州	39.78	22.59	49.26	45.59	0.29
长沙	34.46	15.31	52.07	33.23	0.44
武汉	34.22	26.38	47.16	27.47	0.28
深圳	33.58	29.81	53.76	15.10	0.48
成都	31.76	23.05	46.80	23.54	0.36
沈阳	26.66	17.61	46.46	13.57	0.56

变异系数反映了一个城市的文化经济要素在文化生产要素、文化消费要素、文化企业要素 3 个指标上的均衡程度。从表4-16 中可以看出，上海不仅得分较高，而且发展较为均衡，优势明显。这说明上海市文化产品

丰富、企业众多，文化市场体系完善，市场活力得到很好的释放。广州、南京和深圳3个城市虽然城市文化经济得分较高，但均衡性较差，文化消费水平较高，在文化生产和文化企业上表现出相对弱势。说明文化产品的供给与居民的文化消费需求并不平衡。政府在对大型骨干企业进行扶持的同时，也要重视对小微企业的培育，丰富市场供给。

此外，相关分析结果（如图4-8所示）表明，城市文化经济得分与变异系数具有一定的相关性（$R=-0.41$），文化经济水平越高，稳定性越强。因此，城市文化经济要素中供给、消费、企业需要几个核心环节实现均衡提升，才能带动城市文化经济的发展与城市文化竞争力的升级。

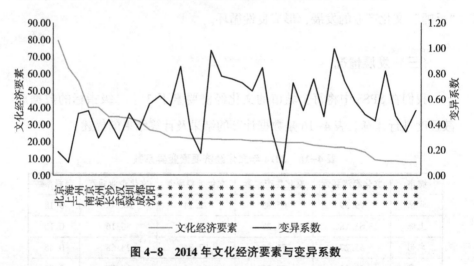

图4-8　2014年文化经济要素与变异系数

二、二级指标分析

（一）B3文化生产要素

文化经济要素中，二级指标B3文化生产要素所占的权重为31%，文化生产要素主要是指城市文化的产出供给能力和价值创造能力。这一指标涵盖了文化生产环节中的各种产品和服务，如广播、电视、报纸、期刊、图书、展会等各个分项指标的发展状况，是城市文化竞争力最核心组成要素之一，是刺激文化消费、促进文化发展繁荣的前提条件，也是城市文化活力的源泉所在。

文化生产要素综合得分居前十位的城市分别为北京、上海、广州、南京、深圳、重庆、武汉、成都、杭州、济南（如图4-9所示）。

1. 总体特征

文化生产要素能够准确地反映一座城市的文化产品与公共文化服务的供给情况，是文化消费的基础。通过对文化生产要素进行优化升级，能够刺激居民的文化消费需求，拉动文化经济的发展，促进城市整体文化竞争力的提升。

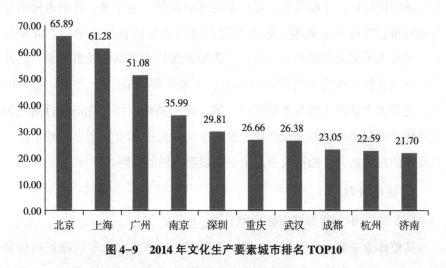

图4-9　2014年文化生产要素城市排名TOP10

从图4-9可知，北京的文化生产要素得分最高，领先于其他城市，说明北京、上海这样的大都市文化产品的丰富程度很高，拥有丰富多彩的文化商品和种类众多的文化服务。除了一线大都市之外，在文化生产要素方面表现良好的城市还有广州、南京、深圳、重庆、武汉等，都是经济较发达的城市。而排名靠后的大部分为中、西部欠发达的城市，比如拉萨、西宁、呼和浩特、海口、贵阳、兰州、石家庄，均位于第三类城市中，且这些城市与排名前十的城市得分差距巨大。这说明经济发展水平能够在很大程度上影响文化生产要素的得分，经济情况对文化生产的协同拉动作用明显。

相比文化经济要素的排名，济南市在文化生产要素方面表现优异，排进前十名。可见济南市大力发展文化产业，着力推进文化产业发展创新，强力推进民间资本投资文化产业，促进产业经济提升已经颇具成效。2014年，济南市圆满承办了第五届山东文博会，通过全媒体宣传、全民参与促使文博会真正成为文化的盛会和人民的节日，利用举办展会的契机提升了自身的文化经济实力。

杭州市的文化生产要素排名与总排名和文化经济要素排名相比，均有所下滑，说明杭州市还需要在文化产品供给方面多下功夫，丰富文化产品及公共文化服务的种类和数量，通过创意设计打造时代文化精品，促进文化发展的国际化，才能推动文化产业的持续蓬勃。近年来，杭州市凭借独特的城市特性和人文氛围，确立了打造全国文化创意产业中心的战略目标，充分展示文化创意产业中心、工艺和民间艺术之都的城市形象，提升了杭州在文化领域的知名度和影响力，未来杭州市在"十三五"发展时期，更需要主动融入和服务国家"一带一路"战略，把文化产业打造成为杭州经济的新动能，用文化产业大发展来支撑促进城市软实力和城市国际化程度的持续提升，助推杭州走出一条创新发展的新路。

2. 区域特征

（1）东、中、西部城市标准差分析。

从整体上来看，二级指标文化生产要素与经济发展水平的联系比较紧密，表 4-17 显示东、中、西部城市在该指标上的差异比较明显，东部城市的文化生产要素平均得分 24.94，优于中部城市，且遥遥领先于西部城市。但是东部地区的各个城市发展不均衡，标准差达到 19.02，西部地区带次之，标准差为 7.15。说明东部地区文化创意引擎作用正在逐步增强，文化产品与服务的种类与数量在全国普遍处于领先位置。西部地区文化生产能力比较欠缺，需要在这方面继续发力。

表 4-17 东、中、西部城市文化生产要素比较

地区	城市	均值	标准差
东部地区	北京、上海、天津、石家庄、沈阳、杭州、福州、济南、广州、南京、海口、大连、青岛、宁波、厦门、深圳	24.94	19.02

（续表）

地区	城市	均值	标准差
中部地区	哈尔滨、武汉、太原、长春、合肥、南昌、郑州、长沙	15.64	4.70
西部地区	重庆、成都、昆明、兰州、南宁、银川、贵阳、西安、西宁、呼和浩特、拉萨、乌鲁木齐	11.11	7.15

在西部经济地区，重庆和成都作为西部地区的"后起之秀"，文化产品丰富，表现甚至优于很多东部城市。重庆和成都在文化产品生产和文化服务方面的经验值得相关部门研究并加以推广，重视品牌塑造，实现整体效益的提升。重庆以新闻出版业、广播影视业、文化艺术业为主的传统文化产业初具规模，以数字化为特征的动漫、网络、数字出版、创意设计、信息传输等新兴行业正在崛起，因此，提供的文化产品、文化服务种类丰富且能够与时俱进。另外，作为文化生产的主体，文化企业的发展功不可没。重庆市国有文化企业发展迅速，股改上市步伐加快；民营文化企业展现活力，一批优质民营企业脱颖而出。而成都在动漫产业、旅游观光、会展广告、新闻出版、文物博物、电子娱乐等行业显示出独特的行业竞争力，具有巨大的发展潜力。而且成都文化底蕴深厚，类型多样，针对不同资源又能采取不同开发模式，利用差异化竞争策略，开发出极具区域特色的文化产品。

（2）聚类结果分析。

分析结果将36个城市分成了3个类别，聚类分析结果及聚类结果的描述如表4-18和表4-19所示。

北京和上海为第一类城市，得分均值为63.58，都是文化生产能力较高的"超级城市"。这两座城市经济发展势头强劲，文化产业的发展水平优于全国其他城市，且标准差只有3.26，发展水平非常接近。广州为第二类城市，均值为51.08，说明广州市的文化生产能力在全国处于领先位置，但是相比北京和上海还有一定的差距。第三类城市包括贵阳、呼和浩特、西宁等33个城市，均值为14.53，与36座城市总体的平均水平最为接近。此类城市多为中、西部经济文化发展程度较低的城市，文化生产能力不强，在这一要素上属于弱势地区。

从聚类结果来看，在文化生产要素中处于第三类的城市数量最多，说明我国文化生产总体发展水平不高，还有很大的进步空间。要解决这一问题，首先需要同类别城市的协同发展、优势互补，继续保持全国领先的优势，才能有效地拉动全国文化经济水平的提升。处于第二类和第三类的城市应当奋起直追，学习借鉴先进城市的发展经验，根据自身文化特色开发大众喜闻乐见的文化产品，通过报纸、广播、电视、互联网进行多渠道的宣传，促进内部文化资源有效而快速地流动。政府应当在一定程度上进行宏观调控，给予适当的政策福利。

表4-18 2014年文化生产要素城市聚类

类别	城市
第一类城市	北京、上海
第二类城市	广州
第三类城市	贵阳、呼和浩特、西宁、银川、拉萨、海口、太原、兰州、乌鲁木齐、哈尔滨、郑州、福州、石家庄、昆明、宁波、成都、重庆、西安、沈阳、青岛、南昌、济南、厦门、天津、杭州、武汉、南宁、大连、长沙、合肥、长春、南京、深圳

表4-19 2014年文化生产要素城市聚类结果描述

类别	数量（个）	均值	标准差
第一类城市	2	63.58	3.26
第二类城市	1	51.08	0.00
第三类城市	33	14.53	7.64
总计	36	18.26	14.66

3. 发展情况

我们在SPSS中将每个城市文化生产要素的数据离散程度进行计算。表4-20与图4-10是数据计算的结果及计算结果的描述。

表4-20 2014年文化生产要素变异系数

城市	文化生产要素	变异系数
北京	65.89	0.43
上海	61.28	0.55
广州	51.08	0.78

（续表）

城市	文化生产要素	变异系数
南京	35.99	0.81
深圳	29.81	1.08
重庆	26.66	0.87
武汉	26.38	0.58
成都	23.05	0.83
杭州	22.59	0.54
济南	21.70	0.63

　　变异系数反映单位均值上的离散程度，计算各城市构成文化生产要素的各个三级指标的变异系数，并对变异系数和文化生产要素进行相关分析，可以看出各城市综合指标的排名高低与变异系数之间存在负相关关系（$R = -0.32$）。即排名越靠前的城市，文化生产要素下面的各个三级指标发展更均衡。在所有城市中，北京的变异系数最低约为 0.43，这反映出北京不仅在文化生产能力上表现突出，而且组成文化生产要素的各指标发展均衡，文化产品与文化服务种类齐全，从而能够激发人们的消费欲望，为市场运行提供原始动力。深圳虽然得分优于重庆、武汉、成都等，但是变异系数是前十名里最高的，说明深圳市在文化产品的供给方面存在短板，需要政府和企业共同努力，在原有文化产品和公共服务的基础上进行创新性开发，吸引更多的文化消费行为。

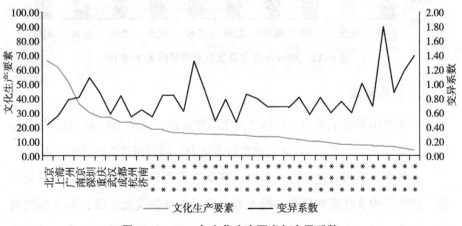

图 4-10　2014 年文化生产要素与变异系数

（二）B4 文化消费要素

在文化经济要素中，二级指标 B4 文化消费要素所占的权重为 36%。文化消费要素是指人们为了满足精神需求，对文化产品和服务的占有、享受、使用，以及评价这些行为的过程，如居民的文化娱乐消费支出、电影票房的收入等。促进整个文化市场良性发展既离不开文化生产要素的完善，也离不开文化消费水平的提高，文化消费是整个产业链条健康发展的动力和可持续发展的基础。随着文化产业快速发展，文化消费市场已呈个性化、多元化趋势，在满足居民文化消费需求的同时，也成为拉动经济增长的新亮点。

文化消费要素综合得分居前十位的城市分别为广州、北京、上海、南京、深圳、长沙、杭州、贵阳、昆明、武汉（如图 4-11 所示）。

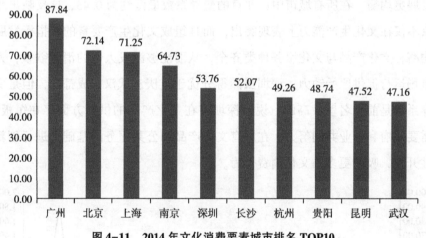

图 4-11　2014 年文化消费要素城市排名 TOP10

1. 总体特征

从 TOP10 的排名来看，广州在文化消费要素上以 87.84 的得分领先其他城市，说明广州已成为国内文化消费最有活力、消费需求最旺盛的城市。

近年来，广州通过举办一系列以群众需求为导向的惠民活动和文化会展，积极搭建文化消费平台，极大地丰富了群众的文化生活，加大惠民力度，激发了居民文化消费的热情。北京以 72.14 的得分居第二位，说明北京市在文化消费要素方面存在相对的短板。上海居第三位，得分为 71.25，与北京得分十分接近。

南京、深圳、长沙、杭州、贵阳、昆明、武汉在文化消费要素方面也比较突出，跻身前十。但是重庆作为综合排名能够排进前十的城市，在文化消费要素方面排到了 30 以外，说明重庆虽然文化生产能力强，但是文化消费仍然是偏弱的、相对不积极的。

贵阳和昆明作为中、西部地区城市，在文化消费要素中排进前十名，表现较好。这两座城市经过多年的文化体制改革发展，改革红利逐步释放，文化产业发展呈现出态势好、增速快的总体特征。居民的文化消费逐渐多元化、多样化。同时，近年来居民收入水平得到提升，生活质量得到改善，也有了更多的闲暇时间去享受文化消费带来的精神满足感，带动了居民用于教育、文化、娱乐、服务方面的支出不断攀升。

天津、厦门、重庆、拉萨、石家庄、西宁、南宁、兰州的文化消费要素排名较为靠后，说明城市的文化消费需求不旺盛，需要政府部门采取一定的措施刺激文化消费，促进城市文化市场的健康发展和繁荣。文化产业的发展不能只强调文化产业数量上的增长，还要强调文化产业在质上的内涵式发展，凭借优质的内容供给吸引文化消费。未来这些城市还需要创新文化市场机制，让市场资源有更便捷、更高效的配置渠道，完善公共文化服务体系，让更多群体享受到优质文化产品。

2. 区域特征

(1) 东、中、西部城市标准差分析。

我们在 SPSS 中将东部、中部、西部城市的文化消费要素进行分类比较。下面是分类比较的结果及分类结果的描述。

将 36 个城市按照东部、中部、西部划分为 3 类城市比较，东部经济带沿海地区的城市大多文化消费要素得分较高，因此均值也最高，说明东部城市居民的文化消费水平和能力较高，但是中部和西部的长沙、昆明、贵阳也能跻身前十，说明在文化消费要素的比较中，地缘差异并不十分绝对。在本次比较中，西部地区是均值最低的，得分仅为 31.96，均衡性也相对较差，标准差高达 15.86。说明西部地区的大部分城市文化供给不足，文化消费需求不旺盛。解决这一问题首要的就是发展地区经济，加强与周边地区的交流，提高开放程度。西部地区的城市大多都具有独特的文化资源与厚重的历史文化气息，因此，在打造文化消费产品时要根据区域历史文化、资源禀赋和行业特点打造特色品牌，促进多样化、差异化发展。

表 4-21　东、中、西部城市文化消费要素比较

地区	城市	均值	标准差
东部地区	北京、上海、天津、石家庄、沈阳、杭州、福州、济南、广州、南京、海口、大连、青岛、宁波、厦门、深圳	44.64	21.10
中部地区	哈尔滨、武汉、太原、长春、合肥、南昌、郑州、长沙	36.42	8.99
西部地区	重庆、成都、昆明、兰州、南宁、银川、贵阳、西安、西宁、呼和浩特、拉萨、乌鲁木齐	31.96	15.86

（2）聚类结果分析

聚类结果分析将 36 个城市分成了 3 个类别，聚类分析结果及聚类结果描述如表 4-22、表 4-23 所示。

表 4-22　2014 年文化消费要素城市聚类

类别	城市
第一类城市	广州、北京、上海、南京、深圳、杭州、贵阳、长沙、昆明、武汉
第二类城市	成都、西安、沈阳、海口、银川、乌鲁木齐、宁波、长春、呼和浩特、大连、太原、济南、福州、南昌、郑州、合肥、哈尔滨、青岛
第三类城市	天津、厦门、重庆、拉萨、石家庄、西宁、南宁、兰州

表 4-23　2014 年文化消费要素城市聚类结果描述

类别	数量（个）	均值	标准差
第一类城市	10	59.44	13.87
第二类城市	18	37.12	6.69
第三类城市	8	15.78	4.11
总计	36	38.58	17.85

　　第一类城市包括广州、北京、上海、南京等 10 个城市，这 10 个城市在文化消费要素上的表现优势非常明显，均值为 59.44，高于总体的平均水平 38.58，但是第一类城市之间标准差较第二类、第三类城市更大，说明第一类城市中的城市发展水平差异明显，参差不齐。

　　成都、西安、沈阳、海口等 18 个城市归为第二类城市，均值为 37.12。相对于第一类城市，第二类城市的整体水平已经拉开了差距。但是第二类城市的水平与全国总体水平是最接近的，说明我国整体的文化消费市场依旧有些"不温不火"，与文化产业财政收入形成反差。各城市可以开展特色文化消费，扩大文化服务消费，积极提供个性化、分众化文化产品和文化服务，着力培育新的文化消费增长点，提高基层文化消费水平。还可以推出一系列措施，如引导文化企业投资兴建更多适合基层群众需求的文化消费场所，鼓励出版适应群众购买能力的图书报刊，在商业演出和电影放映中安排一定数量的低价场次或门票，网络文化运营商开发低收费业务等。总之，补齐短板、兜好底线，提振文化消费需求，不但需要筑牢基础，还需要在品质上下功夫。

　　第三类包括天津、厦门、拉萨等 8 个城市，城市文化消费要素相对较低，总体上竞争力较弱，远低于全国平均水平。第三类城市的文化消费要素均值为 15.78，标准差为 4.11。此类城市在城市总体文化发展上处于劣势，且下属指标分布均衡，各项均有欠缺，影响了整体文化消费能力的提升。文化消费滞后的背后是社会经济实力的滞后，上述城市在实现经济快速发展、产业结构转型之路上任重而道远，文化"软实力"的提升亦十分重要。

3. 发展情况

　　我们在 SPSS 中将每个城市文化消费要素的数据离散程度进行计算。表 4-24 是文化消费要素变异系数数据计算的结果及计算结果的描述。

表 4-24　2014 年文化消费要素变异系数

城市	文化消费要素	变异系数
广州	87.84	0.18
北京	72.14	0.18
上海	71.25	0.43
南京	64.73	0.37
深圳	53.76	0.33
长沙	52.07	0.53
杭州	49.26	0.14
贵阳	48.74	0.81
昆明	47.52	0.68
武汉	47.16	0.29

变异系数反映单位均值上的离散程度，计算各城市构成 B4 的各个指标的变异系数，并对变异系数和文化消费要素进行相关分析（如图 4-12所示），可以看出各城市综合指标的排名高低与变异系数之间存在负相关关系（$R = -0.68$）。即排名靠前的城市，B4 文化消费要素下面的各指标的发展较均衡，且指标优异程度和发展的均衡性有极强的相关关系。

在所有城市中，杭州的变异系数最低，约为 0.14，说明组成杭州的文化消费要素下面的各个要素发展最为均衡。一方面，杭州市近年来借"互联网+"的"东风"实现了经济的快速发展，居民生活水平不断提升，看电视、买书、看电影等文化消费已成为市民日常生活的组成部分，而且杭州市每年音乐、歌舞、相声、小品等各类演出都在千场以上，文化产品与文化服务供给非常丰富。随着互联网进入千家万户，网络电影电视、网络图书消费更是轻松便捷。这一点是拉动文化消费增长最直接的原因。另一方面，近年来，杭州市区新建、改建了一批文化设施，市民文化消费的硬件环境得到改善。这一切都为杭州市的文化消费市场赋予了无穷的活力。

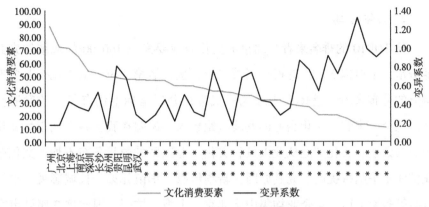

图 4-12 2014 年文化消费要素与变异系数

(三) B5 文化企业要素

在文化经济要素中，二级指标 B5 文化企业要素所占的权重为 33%，是指城市中所拥有的生产、经营和销售文化产品和服务的企业。企业是文化经济领域中直接的生产者，为社会提供一系列文化产品和文化服务。对于提升城市文化竞争力，文化企业的数量和质量起着关键性的作用。作为文化市场能动性最强的主体，文化企业的活跃为文化市场创造了更多的就业机会。有人才就有活力，文化产业商业模式得到创新，大众文化消费市场也得到了拓展。

文化企业要素综合得分居前十位的城市分别为北京、上海、杭州、长沙、武汉、广州、成都、天津、重庆、郑州（如图 4-13 所示）。

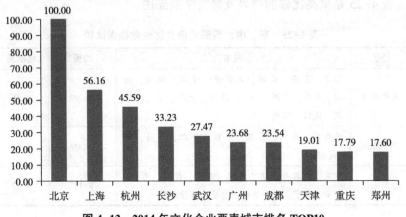

图 4-13 2014 年文化企业要素城市排名 TOP10

1. 总体特征

从 TOP10 的排名来看，北京的文化企业要素以 100.00 的成绩领先其他城市，上海以 56.16 的得分居第二位，杭州居第三位。从文化企业要素得分的分布来看，整体表现最优的城市在分层指标上仍有很大的发展空间。从全国来看，文化企业的发展差距较大，说明在我国各个城市的文化企业的数量、文化产业从业人员和文化产业园区的数量分布不均，文化企业整体水平亟待提高。究其原因，新华传媒、华谊兄弟、长城影视、华录百纳等多家上市文化企业均集中于北京、上海、杭州，因此这 3 座城市在文化企业要素方面的优势不言而喻。相应地，其他城市同规模的文化企业数量偏少，企业实力比较薄弱，因此排名比较靠后。

广州的文化企业要素排名相比文化生产要素与文化消费要素的排名均有下降，说明广州需要加大培育文化企业与文化园区的力度，提高企业实力，培养出更多的大型上市文化企业。同时也不能忽视小微文化企业的贡献，政府要通过政策的倾斜和资金的扶持，吸引更多的人才加入，力争使小微企业及个人成为新的经济增长引擎，促进经济结构战略性调整，转变经济发展方式。

2. 区域特征

（1）东、中、西部城市标准差分析。

我们在 SPSS 中将东部、中部、西部城市的文化企业要素进行聚类比较。表 4-25 是聚类比较的结果及聚类结果描述。

表 4-25　东、中、西部城市文化企业要素比较

地区	城市	均值	标准差
东部地区	北京、上海、天津、石家庄、沈阳、杭州、福州、济南、广州、南京、海口、大连、青岛、宁波、厦门、深圳	20.99	25.96
中部地区	哈尔滨、武汉、太原、长春、合肥、南昌、郑州、长沙	16.09	9.69
西部地区	重庆、成都、昆明、兰州、南宁、银川、贵阳、西安、西宁、呼和浩特、拉萨、乌鲁木齐	8.17	6.67

　　将36个城市按照东部、中部、西部划分为3类城市比较，东、中、西部的城市之间的地域发展差异并不显著，东部城市均值和标准差分别为20.99和25.96，发展水平高，相对来说表现优于中部城市和西部城市。但是中部地区的长沙、武汉和郑州，均能位列前十，表现优异，值得其他文化企业要素落后的西部城市研究和借鉴。

　　长沙作为享誉全国的"娱乐之都"，文化企业种类丰富、数量众多，出版企业、广电企业、动漫企业各放异彩，这些企业作为文化产业的重要引擎拉动了文化产业的转型升级，为全市文化产业的长远发展奠定了坚实的基础。而武汉市拥有几十家不同规模的文化创意产业园，涵盖创意设计、艺术交易、文化旅游、动漫网游、现代传媒等多个行业，艺术、文娱及休闲设施汇聚一起，吸引着更多人流、汇聚艺术人才，给市场提供更多活力的同时，也获取了社会和经济的双重效益。郑州本身历史文化资源比较丰富，因此，从事文化产业相关工作的人员数量较多。另外，郑州市坚持园区带动的发展策略，登封文化产业示范区、国家动漫产业发展基地、华强文化科技产业基地等多个园区（基地）发展前景良好，促进了文化产业的规模化发展。

　　（2）聚类结果分析。

　　为了更好地理解上述城市文化企业要素的排名结果和区域发展差异，我们对36个城市文化企业要素得分在统计软件中进行了聚类分析（如表4-26所示）。

　　分析结果将36个城市分成了3个类别，聚类分析结果及聚类结果描述如表4-27所示。

表4-26　2014年文化企业要素城市聚类

类别	城市
第一类城市	北京
第二类城市	上海、杭州、长沙
第三类城市	天津、厦门、重庆、拉萨、石家庄、西宁、南宁、兰州、成都、西安、沈阳、海口、银川、乌鲁木齐、宁波、长春、呼和浩特、大连、太原、济南、福州、南昌、郑州、合肥、哈尔滨、青岛、南京、深圳、贵阳、昆明、武汉、广州

表 4-27　2014 年文化企业要素城市聚类结果描述

类别	数量（个）	均值	标准差
第一类城市	1	100.00	0.00
第二类城市	3	44.99	11.48
第三类城市	32	12.95	17.04
总计	36	15.62	18.81

可以看出本次聚类结果比较集中，第一类城市仅有北京一个文化中心城市，北京市文化企业的数量和质量均高于其他城市，可以说具备绝对优势。上海、杭州和长沙 3 个城市归为第二类城市，均值为 44.99。第二类城市的平均水平相对来说差异不太大，标准差为 11.48，各个城市的发展比较均衡。第三类城市则包含了哈尔滨、青岛、南京、深圳、贵阳等 32 个城市，城市文化企业要素相对较低，总体上竞争力较弱，远低于全国平均水平，城市综合要素均值为 12.95，标准差为 17.04，此类城市在城市总体发展上处于劣势，文化企业数量和质量有待提高。在今后的发展中，各城市既要发展跨行业领域、实力雄厚、集团化经营的文化产业"航空母舰"，又要发展具备行业领先优势、实体化运营的中小文化企业，特别是要重视发展以创意为核心竞争力、特色鲜明、网络化经营的微型文化企业。行业方面，既要扶持发展新闻出版发行、影视动漫、演艺娱乐等传统产业，也不能忽视文化创意和设计服务、互联网信息服务、文化旅游等新型文化产业。另外，一些文化基地、"重大文化产业项目"因同质化重复建设、研发活力不强，长期依靠当地政府"输血"，生存举步维艰。各城市要想方设法盘活文化园区的生命力，改善"硬件错位"的现状，不再"唯 GDP"论，造成资源浪费。

3. 发展情况

我们在 SPSS 中将每个城市文化企业要素的数据离散程度进行计算。表 4-28 是数据计算的结果及计算结果的描述。

表 4-28 2014 年文化企业要素变异系数

城市	文化企业要素	变异系数
北京	100.00	0.00
上海	56.16	0.24
杭州	45.59	1.05
长沙	33.23	0.63
武汉	27.47	0.24
广州	23.68	0.92
成都	23.54	0.26
天津	19.01	0.92
重庆	17.79	0.87
郑州	17.60	0.38

变异系数反映单位均值上的离散程度，通过计算各城市构成 B5 文化企业要素的各个指标的变异系数，并对变异系数和文化企业要素进行相关分析（如图 4-14 所示），可以看出各城市文化企业要素的排名高低与变异系数之间存在负相关关系（$R = -0.608$）。即排名越靠前的城市，B5 文化企业要素下面的各指标越倾向于均衡的发展，且指标优异程度和发展的平衡度有极强的相关关系。在所有城市中，北京的变异系数最低为 0.00，这反映出组成北京的文化企业要素下面的各个要素非常均衡，且下属要素均优于其他城市。这给其他城市的发展提供了一定的借鉴。文化企业要素的改善，既需要培植壮大一批有规模、效益好、科技含量高、发展后劲足的文化企业集团和大中型文化企业，也需要建设一批特色突出、内涵丰富、文化品位高、创意力和聚集力强的文化产业园区，力争部分园区跻身全国和全省文化产业示范园区（基地），加快构建现代文化产业体系。既要改造提升传统文化产业，又要培育新兴文化产业，壮大文化市场主体。同时，政府应当设立专项资金，为文化企业、文化园区的发展提供支持。

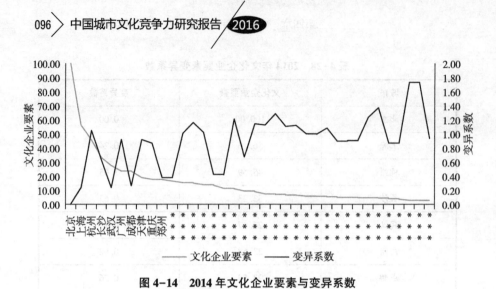

图4-14 2014年文化企业要素与变异系数

第三节 文化管理要素研究报告

文化管理要素主要是指一个城市或地区以政府为主体，在促进地区文化发展方面所给予的政策支持、制度保障以及设施投入等的相关管理要素的整合，包括文化组织要素和文化设施要素。这一指标属于城市文化竞争力的第一软要素，是城市文化竞争力"软实力"的体现，包括政府关于地区文化发展进行的政策保障、行政管理、市场规范以及相关文化发展机构和公共文化基础设施的建立，是对地区文化发展积极性和发展能力的评测。

一、一级指标分析

（一）总体特征

2014年36城的文化管理要素平均得分40.50，中位数37.20，最大值为北京84.44，最小值为拉萨23.57，标准差为11.39，城市之间的科技和教育水平发展较不平衡，两级分化较为严重。文化管理要素指标综合得分居前十位的城市分别为北京、上海、重庆、杭州、成都、深圳、南京、广州、天津、西安十城（如图4-15所示），与2013年相比，TOP10排行中新入榜的城市是天津，而2013年入榜的武汉则跌出前十位。

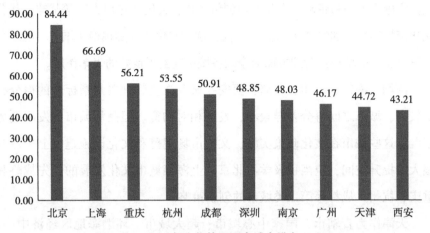

图4-15　2014年文化管理要素城市排名TOP10

从城市文化管理要素指标的得分排名来看，位居前十的城市全部为一线城市，还包括北上广深这类超一线城市，这些城市在对文化政策、行政管理、文化设施建设等方面的重视程度都位居全国前列，能够在全国层面上起到引领带动和辐射作用。在具有中国特色的文化发展过程中，政策条件、宏观环境的影响相对较大。在文化管理要素排名前十位的城市中，北京、上海、重庆、杭州、成都、深圳、南京、广州、西安9城在城市文化综合竞争力排名前十位。由此可见，文化管理要素是影响城市文化综合竞争力的重要因素，这两个指标具有很高的一致性。其中，北京市在城市文化管理要素排名中的得分居第一位。近年来，北京市立足全国文化中心的定位，按照融合式发展、内涵式发展、集约化发展、品牌化发展的思路，逐渐步入文化体制改革的深水区和文化产业发展的繁荣期，从相关政策的密集出台到文化氛围的日益浓厚，北京市在文化管理方面为全国各城市做出示范带头作用，在文化政策制定管理和文化设施建设方面在全国范围内拥有绝对优势。

紧随其后的上海、重庆、杭州、成都列入第二类，这些城市虽与北京有一定的差距，但是也已经能在文化管理方面领先于其他城市。其中，上海的得分较2013年有较大提升，说明上海市对文化管理政策的重视和对文化设施建设的大力支持。2014 年是上海市"创新驱动发展、经济转型升级"的重要之年，上海以中国（上海）自由贸易试验区建设为契机，推进改革创新试点，实施重大项目带动、文化产业创新融合、文化"走出去"等战略，优化文化市场环境，加快"走出去"步伐，推动文化产业实现稳步增长，在文化政策落实、市场规范管理方面为全国各城市起到了良好的表率作用。

深圳、南京、广州、天津、西安 5 城在文化管理要素指标中的得分相对较高，城市之间得分差异较小，发展相对均衡。但是从城市的发展趋势来看，这些城市在文化政策实施、文化市场规范和文化设施建设上仍然有很大的提升空间，应当积极学习北京、上海等城市文化发展的领先战略和重庆、杭州、成都等第二类城市的创新策略。

天津作为直辖市、国家中心城市、超大城市、环渤海地区经济中心、首批沿海开放城市，全国先进制造研发基地、北方国际航运核心区、金融创新运营示范区和改革开放先行区，2014 年在文化管理方面的表现可圈可点，以 44.72 的得分位列文化管理要素排行榜第九位，第一次进入前十位。这与天津市对文化政策的重视和对文化服务设施的积极建设有直接关系。2014 年，天津市文化发展目标为提升公共文化服务水平，加快发展文化产业，加强非物质文化遗产传承保护，扩大对外文化交流，继续深化文化体制改革，不断开创天津文化改革发展新局面，为实现中央对天津定位创造良好条件。据不完全统计，2014 年天津市出台了 5 项相关政策，以实现该发展目标。《天津市文化服务、文化产业转型升级工程》包括 95 个重点文化项目，其中公共文化服务项目 23 个，为天津市的文化服务相关指标争取了提升机会。《中共天津市委天津市人民政府关于加快服务业发展的意见》指出推进文化创意和设计服务与相关产业融合发展，打造独具特色的文化强市、北方创意之都。《天津市现代服务业重点产业三年行动计划汇编》提出努力将天津市的文化产业建设成为支柱性产业，每年推出一批文化大发展大繁荣攻坚战重点项目，着力推动项目建设、基础服务设施建设。同时，还出台了《关于促进天津市文化贸易发展的实施意见》《天津市关于推进文化和旅游融合发展的实施意见》等政策。

（二）区域特征

1. 东、中、西部城市标准差分析

标准差分析揭示的是城市间在文化管理要素指标方面的均衡性。标准差越大说明该区域内各城市文化管理要素指标越不均衡，得分最高和得分最低的城市之间差距较大；标准差越小说明该区域内城市文化管理要素指标水平比较接近，或集中在某个数值范围之内。东、中、西部城市文化管理要素比较情况如表4-29所示。

表4-29　东、中、西部城市文化管理要素比较

地区	城市	均值	标准差
东部地区	北京、上海、天津、石家庄、沈阳、杭州、福州、济南、广州、南京、海口、大连、青岛、宁波、厦门、深圳	45.04	13.99
中部地区	哈尔滨、武汉、太原、长春、合肥、南昌、郑州、长沙	36.80	3.41
西部地区	重庆、成都、昆明、兰州、南宁、银川、贵阳、西安、西宁、呼和浩特、拉萨、乌鲁木齐	36.90	9.21
总计		40.49	11.39

我们将36个城市按照东部、中部、西部划分为3类城市比较，东部地区在文化管理要素方面遥遥领先，均值达45.04，但东部各城市差异较大，发展不均衡，标准差达13.99。东部地区中，北京得分最高为84.44，海口最低。北京、上海作为我国的经济文化中心，文化管理要素指标在排行榜中领跑。这两座城市的文化竞争力与"软实力"在政策保障、行政管理、市场规范以及相关文化发展机构和公共文化基础设施建设上有着较大的优势。纵观其他东部城市，得分在40以上的第二类城市在剩下的14个城市中占比约50%，有近一半的东部城市在文化管理要素方面处于相对落后的第三类城市，与表现突出的北京、上海差距较大。中部地区各城市的文化管理要素水平较为接近，均值为36.80，接近全国平均水平。中部地区城市中，A3文化管理要素中的指标最高分为武汉43.00，最低分为南昌

31.78，中部地区的 8 个城市得分虽有差异，但分值相对接近，不同于东部地区的差异明显。A3 文化管理要素中，深圳、南京、广州和天津得分排名相连，体现了一定的相似性。

西部地区的城市文化管理要素得分较为接近，均值为 36.90，接近全国平均水平。重庆、成都、昆明、兰州、南宁、银川、贵阳、西安、西宁、呼和浩特、拉萨、乌鲁木齐这 12 个城市的 A3 文化管理要素指标得分标准差为 9.21，不同于东部地区的差异明显，也不同于中部地区的差异较小，而是处于有一定差异的中等地位。其中，重庆排名 A3 指标排行榜第三位，而拉萨市则位于排行榜尾部，西部地区中最高与最低的城市差异大于东部地区，说明西部地区城市的发展更加不平衡。造成这一现象的原因众多，基本上与西部作为内陆地区的经济发展情况有一定相关性。以最高分重庆与最低分拉萨为例。这两座城市在自身经济、政治、社会、城市发展水平方面一直存在着较大的差异，城市文化综合情况也差异较大。重庆是我国的直辖市、国家中心城市，也是超大城市，处于长江上游地区的经济中心，是金融中心和创新中心，是西部地区门户城市和西南地区最大的工业城市，同时也是国家实施西部大开发和长江经济带西部地区的核心增长极。一系列地域优势和政策支持使得重庆市有着较为优秀的经济发展基础，是发展文化城市的良好条件。在文化政策的引领下，伴随着文化活动的发展，文化设施建设更加完善，重庆市在 2014 年 A3 文化管理要素指标排行中取得西部地区第一的成绩。再看拉萨，虽然拉萨市是西藏自治区的首府，是西藏的政治、经济、文化和宗教中心，但是拉萨在 A3 文化管理要素指标排行榜中的表现并不突出，这与拉萨的地理位置高原气候和民族宗教信仰等因素有一定的关系。相比较于东部沿海城市和一线发达城市，拉萨市在文化管理要素方面有很大的发展空间。首先，从政府到企业都应积极转变观念，加强对文化建设的认识，提升管理水平与能力。其次，认清城市自身特色，逐步发展文化成为拉萨的新型特色支柱产业，努力实现由文化资源丰富到文化发展强力的转变。

综合东部、中部、西部城市 A3 文化管理要素排名来看，东部地区整体表现优异，中部、西部地区紧随其后且差异不大。中、西部地区城市应当积极学习东部城市的优秀发展策略、吸取发展经验，在政策上敢为人先，在设施上加大投入，争取进一步提升文化发展水平。

2. 聚类结果分析

根据计算将 36 个城市分成了 3 个类别，最终得到的聚类结果如表 4-30、表 4-31 所示。

表 4-30　2014 年文化管理要素城市聚类

类别	城市
第一类城市	北京、上海、重庆、杭州、成都、深圳、南京、广州、天津
第二类城市	西安、武汉、济南、沈阳、哈尔滨、宁波、南宁、青岛、长沙、长春
第三类城市	石家庄、合肥、呼和浩特、郑州、大连、福州、昆明、太原、银川、兰州、厦门、南昌、贵阳、西宁、乌鲁木齐、海口、拉萨

表 4-31　2014 年文化管理要素城市聚类结果描述

类别	数量（个）	均值	标准差
第一类城市	9	55.51	12.71
第二类城市	10	39.93	2.31
第三类城市	17	32.87	3.40
总计	36	40.49	11.39

在文化管理要素中，第一类城市包括北京、上海、重庆、杭州、成都、深圳、南京、广州、天津，这 9 个城市以 55.51 的均值领先于其他城市，在政府文化管理方面较为完善高效。这一类城市有着良好的政策环境，文化产业发展的政策、配套资金扶持力度较大，为城市文化产业的发展创造了先天优势，也造就了这几座城市在文化竞争力方面的优势地位。

第二类城市包括西安、武汉、济南、沈阳、哈尔滨等 10 个城市，平均得分 39.93，与总体均值最为接近，各城市间的差异也相对较小，发展比较均衡。这类城市政府对文化建设的投入高，管理和组织的效率更高效，有很大的发展潜力，有望跻身优势地区。

第三类城市包含石家庄、合肥、呼和浩特、郑州等 17 个城市，文化管理要素平均得分为 32.87，与前两类城市差距较小。聚类分析结果说明第三类城市在文化管理要素方面相对均衡，两极分化较小。这类城市在文化管理有很大的提升空间，在政策支持、制度保障以及设施投入等方面还需增强相关的管理水平。

与 2013 年相比，第一类城市的个数有所提升但得分均有所下降，第二类城市个数和均值都有所提升，相较之下，第三类城市虽个数减少，但得分均值有所上升，这说明大多数样本城市的文化管理水平较之前有显著提升。

文化管理要素各项指标展示了城市或地区以政府为主体，在促进地区文化发展方面所给予的管理支持要素的组合，是城市文化竞争力与文化"软实力"的体现，该项指标的提升有助于提升文化发展积极性、主动性和发展能力。该项指标与文化产业发展的政策、配套资金扶持力度有密切关系，无论是第一类文化管理较有优势的城市，还是第二类文化管理发展良好的城市或者第三类文化管理有待提高的城市，都应该以经济、社会发展为基础，为文化管理相关投入创造条件。一方面，提升管理与服务水平，优化发展环境，为城市文化建设与发展创造优越的宏观环境，提供完善的配套设施，从实现治理能力现代化的战略角度来不断推进、强化文化管理的相关方面。另一方面，还需要逐步完善公共服务体系，扎实推进文化事业与文化产业的发展步伐，健全文化服务网络。

（三）发展情况

变异系数反映了一个城市的文化管理要素在文化组织要素和文化设施要素的发展水平的均衡程度，变异系数越小，发展越为均衡。2014 年文化管理要素下的两个二级指标的发展均衡程度如表 4-32 所示。

表 4-32　2014 年文化管理要素变异系数

城市	文化管理要素	文化组织要素	文化设施要素	变异系数
北京	84.44	100.00	67.95	0.19
上海	66.69	65.52	67.59	0.02

（续表）

城市	文化管理要素	文化组织要素	文化设施要素	变异系数
重庆	56.21	51.47	61.35	0.09
杭州	53.55	59.38	39.25	0.11
成都	50.91	59.96	41.10	0.19
深圳	48.85	62.41	47.23	0.29
南京	48.03	62.97	61.35	0.32
广州	46.17	52.56	39.25	0.14
天津	44.72	56.24	31.84	0.27
西安	43.21	57.82	32.23	0.35

　　上海不仅文化管理要素指标较高，而且发展较为均衡，变异系数达到
0.02，在城市中更具有优势。北京在文化管理要素的发展相对失衡，在文
化组织要素有明显优势，但是在文化设施要素方面的表现没有文化组织那
么突出，在文化设施建设方面仍需加强。其他城市在文化设施要素上的表
现均逊色于文化组织要素，这说明为了提高文化管理水平，需要在文化设
施上加大投入，尤其是南京和西安两座前十强城市。对变异系数和文化管
理要素指标的相关分析可以看出，二者呈现较强的负相关关系（$R = -0.77$），文化管理要素得分越高的城市，发展越为均衡（如图 4-16 所示）。

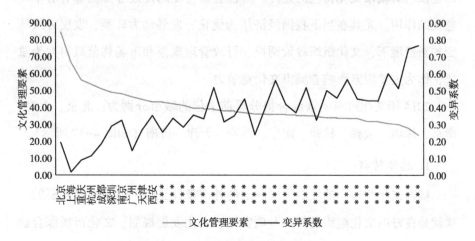

图 4-16　2014 年文化管理要素与变异系数

二、二级指标分析

（一）B6 文化组织要素

所谓文化组织要素，主要指的是城市对地区文化发展进行的相关政策调控、行政管理以及市场规范等，是较为宏观的指标因素。该指标中的影响因素包括政府设立的与文化相关的政府机构、各种由政府或者是民间团体自发组织的非政府组织、文化产业专项资金、文化发展规划制定情况等方面的保障政策。B6 文化组织要素在一级指标文化管理要素中所占权重较大，占比 52%。

随着社会主义市场经济的发展，文化市场的种类逐渐增多，社会性越来越强，在繁荣社会文化、推动经济增长、促进社会进步及全面提高人的素质等方面起到了积极作用，所以文化市场规范是评判一个城市文化组织要素的重要指标。而在当今社会，以文化为核心内涵的"软实力"竞争越发激烈，文化贯穿于经济社会的各领域、各行业，促进文化产业的结构创新、链条创新与形态创新，提升原有产业的文化品位，创造消费需求，在此方面文化产业政策作为影响文化"软实力"的重要因素，在对城市文化的建设、对城市文化特色的宣传、对社会参与度的促进等方面都有着不可忽视的作用。尤其在当下我国经济结构优化、发展动力转换、发展方式转变的新情境下，文化组织政策调控、行政管理规范和市场规范显得尤为重要，作为主要因素影响着城市文化竞争力。

2014 年文化组织要素综合得分居前十位的城市分别为：北京、上海、南京、深圳、成都、杭州、南宁、西安、天津、济南（如图 4-17 所示）。

1. 总体特征

城市文化竞争力的发展需要一定的外部条件支持，这其中较重要的一项就是良好的文化组织条件。专项资金、文化发展规划、文化市场综合执法等方面都能从制度上对文化发展起到支撑和保障的作用。

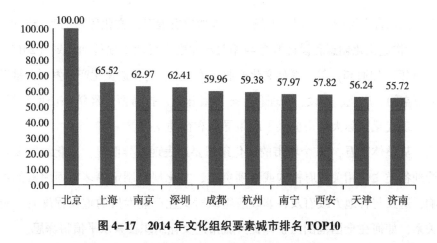

图 4-17　2014 年文化组织要素城市排名 TOP10

　　总体上从 TOP10 的得分和排名情况来看，北京市以 100.00 的成绩，遥遥领先于其他城市，北京市的优异表现得益于北京的政治、文化中心的重要地位，凸显了首都城市的优越条件。北京市人民政府于 2014 年下发《关于加快国家对外文化贸易基地（北京）建设发展的意见》，指出要将基地建设基本完成，文化贸易口岸初步形成，文化贸易体制机制更加完善，发展环境日趋优化等，从政策上促进文化产业积极发展。北京市还下发了《关于促进文化与商务融合加快发展新型文化业态的实施意见》《北京市文化创意产业提升规划（2014—2020）年》等一系列文化产业相关政策，以确保北京作为首都发挥文化产业发展带头作用。

　　上海、南京和深圳得分高于 60.00，属于第二类城市。值得一提的是，上海 2013 年文化组织要素得分仅为 33.70，排名第六位。经过一年的发展，上海市不断优化产业结构，落地实施了自贸区文化市场开放的优秀政策，试点任务不断有序推进，提升跨产业融合的新型发展模式，不断促进传统文化产业转型升级，以政策为基本导向，坚持发挥文化组织要素的重要作用，在 2014 年实现较大跨越式发展。在文化组织要素提升的问题上，上海市需要建立充足的资金保障体系和完善的组织制度条件，进行有强规划性的、结合实际的、各具特色的文化发展模式。

　　成都、南宁、西安、济南首次进入城市文化组织要素排行榜前十，成都更是以 59.96 列第五位。成都于 2014 年实施成都市文化创意和设计服务与相关产业融合发展行动计划，下发《关于加快发展对外文化贸易的实施意见》《印发推进文化创意和设计服务与相关产业融合发展专项行动计划（2014—2020年）的通知》等一系列文化产业相关政策，为促进文化产业发展，推动城市空间、产业、建设、管理和生态转型升级，打造西部经济核心增长极，建设现代化国际大都市提供了政策导向和行动支持。

从整体来看，36个城市的文化组织要素表现差异明显。文化组织要素受到各类文化相关政府机构或专项资金、文化规划制定等多方面因素的影响，这又与各地方政府及各非政府组织对文化产业发展的重视程度有一定关系，如何在全国范围内整体提升城市的文化组织要素水平值得深思。

2. 区域特征

（1）东、中、西部城市标准差分析。

我们将36个城市按照东部、中部、西部划分为3类城市比较，通过标准差分析方法来比较二级指标B6文化组织要素的区域结构。

分析结果显示，东、中、西部的城市之间，在文化组织要素方面的均值差异不大，发展差异并不显著。说明按照东、中、西部划分的城市区，在文化组织要素上并没有明显的地域差异。各城市文化组织要素方面发展均衡。

但是在东部地区各城市之间得分的差值较大，标准差达到了13.05，说明东部地带在文化组织要素上发展层次不齐，并不平衡。西部地区城市文化组织要素发展标准差为37.91，相对差异较大，而中部地区各城市之间的差异更为微小，标准差仅为7.00。东、中、西部各地区文化组织要素比较如表4-33所示。

表4-33 东、中、西部城市文化组织要素比较

地区	城市	均值	标准差
东部地区	北京、上海、天津、石家庄、沈阳、杭州、福州、济南、广州、南京、海口、大连、青岛、宁波、厦门、深圳	56.78	13.05
中部地区	哈尔滨、武汉、太原、长春、合肥、南昌、郑州、长沙	50.59	7.00
西部地区	重庆、成都、昆明、兰州、南宁、银川、贵阳、西安、西宁、呼和浩特、拉萨、乌鲁木齐	50.58	37.91

其中，东部地区集中了城市文化管理要素 TOP10 排名中的 7 个城市，中部地区没有城市上榜，西部地区则有成都、南宁和西安 3 个城市位居前十。根据统计结果，我们也可以看出，东部地区的文化组织要素能力在全国范围内处于领先阶段。而西部地区中，成都以较为优秀的文化组织要素能力位列第五，成为西部地区的杰出代表。

目前，我国正处于经济转型、结构优化、动力转换的新形势之下，在大力提倡供给侧改革的发展过程中，如何协调不同地区城市之间的文化组织能力发展情况，如何做到重点针对、特色掌握，是值得深入探讨的问题。

（2）聚类结果分析。

为了更好地理解上述城市文化组织要素的排名结果和区域发展差异，我们对 36 个城市文化组织要素得分在 SPSS 统计软件中进行了聚类分析。

聚类分析结果将 36 个城市分成了 3 个类别，聚类分析结果及聚类结果描述如表 4-34、表 4-35 所示。

表 4-34　2014 年文化组织要素城市聚类

类别	城市
第一类城市	北京
第二类城市	上海、南京、深圳、成都、杭州、南宁、西安、济南、天津
第三类城市	呼和浩特、厦门、重庆、拉萨、石家庄、西宁、兰州、沈阳、海口、银川、乌鲁木齐、宁波、长春、大连、太原、福州、南昌、郑州、合肥、哈尔滨、青岛、贵阳、昆明、武汉、广州、长沙

表 4-35　2014 年文化组织要素城市聚类结果描述

类别	数量（个）	均值	标准差
第一类城市	1	100.00	0.00
第二类城市	9	59.67	3.43
第三类城市	26	49.39	3.63
总计	36	53.34	9.80

第一类城市仅有北京一个文化中心城市，文化组织要素指标 100.00，

标准差为 0.00。说明北京在文化政策上给予文化发展以有力的支持，这必然有助于一个城市文化"软实力"的发展。第二类城市包括上海、南京、深圳、成都、杭州等 9 个城市，均值为 59.67，稍高于全国平均水平。标准差为 3.43，属于普通地区。第三类城市包括厦门、重庆、拉萨、石家庄等 26 个城市，城市文化组织要素得分相对较低，总体上竞争力较弱，均值为 49.39，低于全国平均水平。标准差为 3.63，内部差异较小。此类城市在城市文化组织方面处于劣势，有待于完善相应的文化产业支持政策，制定文化产业全局规划。

石家庄是河北省省会，毗邻首都，地理位置优越，文化资源丰富。相对而言石家庄市的文化组织要素排名相对靠后。对于石家庄市而言，文化发展应加强相应的政策扶持、行政管理以及市场规范，包括政府设立的与文化相关的政府机构、文化产业专项资金以及文化发展规划制定情况等方面的保障政策等各个方面对城市文化发展、文化产业发展形成机制保障与服务作用。不断调整文化政策和相关制度，通过首都辐射作用提高石家庄的文化组织建设。

3. 发展情况

变异系数反映单位均值上的离散程度，计算各城市构成 B6 指标的下属指标的变异系数，并对变异系数和文化组织要素得分进行相关分析，可以看出各城市文化组织指标的排名高低与变异系数之间存在负相关关系 ($R = -0.68$)。

城市文化组织要素排名前十的城市的变异系数分析如表 4-36 所示。

表 4-36　2014 年文化组织要素变异系数

城市	文化组织要素	变异系数
北京	100.00	0.00
上海	65.52	0.50
南京	62.97	0.75
深圳	62.41	0.67

（续表）

城市	文化组织要素	变异系数
成都	59.96	0.67
杭州	59.38	0.73
南宁	57.97	0.83
西安	57.82	0.72
天津	56.24	0.74
济南	55.72	0.85

　　由城市文化组织要素的变异系数分析结果可知，各城市构成 B6 文化组织要素的各指标发展存在一定差异。相对而言，北京、上海、深圳、成都的变异系数相对较低，意味着构成 B6 文化组织要素的各指标发展相对均衡，更利于城市发展。在所有城市中，北京的变异系数最低为 0.00，这反映出北京的文化组织要素指标下面的各个要素非常均衡，且其下属指标均优于其他城市。其他城市的构成 B6 各指标之间差异还是较大的。

　　通过图 4-18 可知变异系数与文化组织要素之间有一定的负相关关系。这说明排名越靠前的城市，构成 B6 文化组织要素的各指标越倾向于均衡发展，且指标优异程度和发展的均衡度有较强的相关关系。

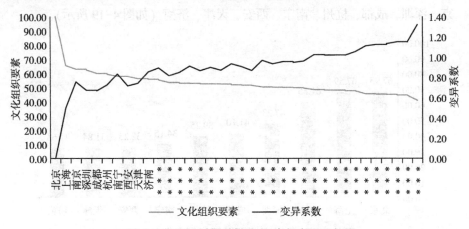

图 4-18　2014 年文化组织要素与变异系数

（二）B7 文化设施要素

所谓文化设施要素，主要指的是政府或者企业所建设的博物馆、图书馆、影剧院、公园、剧场、电影银幕、展馆等文化基础设施情况。文化设施要素对于城市综合文化竞争力来说有着重要的作用，因为该项指标是最贴近实际、最贴近人民群众的指标之一。文化设施要素既包括公共文化建设，也涉及文化产业的发展。它从城市文化建设投入积极性、城市文化接纳能力和参与程度等方面体现着作为满足当地居民开展提倡文化活动基本需求的容纳能力。它也是从基础建设和平台的层面上，一个城市在最短的时间内提升其文化管理能力的体现。B7 文化设施要素在一级指标文化管理要素中所占权重为 48%，影响着城市在一级指标和综合指标上的表现。

十七大报告提出"扶持公益性文化事业、发展文化产业、鼓励文化创新"的文化繁荣策略，指出"坚持把发展公益性文化事业作为保障人民基本文化权益的主要途径，加大投入力度"。各级政府都要对当地文化设施建设重新重视起来，建设改造公共文化设施项目。通过综合性多用途开发的途径，建设好、应用好文化设施，通过公共文化设施的开发建设，带动地区的发展。

2014 年，文化设施要素综合得分居前十位的城市分别为北京、上海、南京、深圳、成都、杭州、南宁、西安、天津、济南（如图 4-19 所示）。

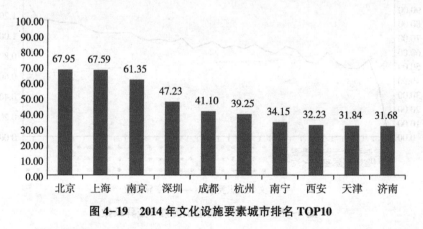

图 4-19　2014 年文化设施要素城市排名 TOP10

当前我国正处于文化改革发展的重要阶段，在这一新阶段中，要想实现跨越式发展，关键在于提高公众对文化设施的满意度和参与度。文化设施共建共享实际作用的发挥与政府、企业以及公民个人的参与程度均密切相关，是提升城市文化竞争力的重要影响因素。

1. 总体特征

文化设施要素总体上从 TOP10 的排名情况来看，北京、上海和南京以超过 60.00 的高分位居前三名。深圳和成都紧随其后。而 TOP10 中的后五位，这些城市则表现较差，分值均在 30.00 左右。由此可以看出，北京、上海和南京的文化设施齐全完善，文化设施建成投入比重较大，建设水平较高，有着一定的优势。成都虽然作为第二类城市但是分值与第三类城市相差并不多，优势不明显。拉萨、石家庄、乌鲁木齐、贵阳、南昌、昆明、海口排名靠后，在文化设施建设方面比较薄弱，仍有较大的提升空间。

2014 年，文化设施要素排名情况与 2013 年相比，变化较大。深圳、南宁和济南首次进入排行榜前十位，而重庆、广州和沈阳则未能上榜。文化设施要素排行榜 TOP10 中的后五位城市在文化设施上表现情况较为接近，城市之间差异并不明显。其中，深圳在 2014 年表现优异，取得第四位的成绩。

从 2003 年开始，深圳财政对文化事业的投入就开始逐年增长，近年来年均增长率更是达到了 16%，在整个"十一五"期间，全市文化设施投入达到 50 亿元左右。在深圳莲花山脚下矗立着现今世界上单体经营面积最大的书城——深圳中心书城，同时，深圳市标志性建筑——现代化深圳音乐厅与之毗邻。深圳市大力建设的"一公里文化圈""十分钟文化圈"成果显著。据统计，目前，深圳全市有 20 多个市级文化设施和千余个基层文化阵地，包括文化馆站、文化广场、博物馆、文化活动中心、文化长廊等，总面积超过 195 万平方米，为深圳市公共文化服务奠定坚实的基础。

文化设施要素的城市排名与城市经济发展水平有一定的关系。排名靠前的城市有一定的经济实力，居民追求更高的文化精神生活，对文化的需求相对较高，城市在文化设施基础建设上的投资也比较大。欠发达城市的文化基础设施建设受到城市发展水平和居民文化水平的制约，在文化设施要素上表现欠佳。文化设施水平的提升不仅需要认识到文化的重要性，还需要经济发展提供有力支持。同时，我们还必须看到城市文化设施要素在影响城市竞争力过程中人的作用。由于城市文化设施要素发挥作用与公民个人密切相关，只有城市居民对参与城市文化建设有积极、主动的态度，才能够真正发挥城市文化设施建设的实际作用。另外，在城市公共文化设施建设过程中，还需考虑如何完善规划、合理布局、统筹推进公共文化设施建设与管理，公共文化设施建设应与经济发展相协调、与群众需求相适应、与城市地位相匹配，构建覆盖全面的公共文化设施网络。

2. 区域特征

（1）东、中、西部城市标准差分析。

我们将 36 个城市按照东部、中部、西部划分为 3 类城市，通过标准差分析方法来比较二级指标 B7 文化设施要素的区域结构（如表 4-37 所示）。

在文化设施建设上，中部地区的发展较为均衡，标准差仅为 4.94，东部地区城市之间标准差达到 16.74，西部地区城市之间标准差达到 15.33，相对较大，说明东部地区和西部地区中各个城市得分的差异较大。

表 4-37　东、中、西部城市文化设施要素比较

地区	城市	均值	标准差
东部地区	北京、上海、天津、石家庄、沈阳、杭州、福州、济南、广州、南京、海口、大连、青岛、宁波、厦门、深圳	32.48	16.74
中部地区	哈尔滨、武汉、太原、长春、合肥、南昌、郑州、长沙	21.83	4.94
西部地区	重庆、成都、昆明、兰州、南宁、银川、贵阳、西安、西宁、呼和浩特、拉萨、乌鲁木齐	21.87	15.33

其中，东部地区集中了城市文化设施要素 TOP10 排名中的 7 个城市，中部地区没有城市上榜，西部地区则有南宁、成都和西安 3 个城市位居前十。根据统计分析，我们可以看出，东部地区北上广等大型城市的文化设施要素水平在全国范围内处于领先地位，中部地区相对落后，西部地区与

中部地区基本持平，但南宁、成都和西安仍然有较好的表现。

东部地区城市之间文化设施要素发展差异巨大，以上海与海口为例。上海市为贯彻落实中办、国办《关于加快构建现代公共文化服务体系的意见》精神，推动上海现代公共文化服务体系建设，通过报纸、微信等平台面向全市发布弘扬社会主义核心价值观的文化项目，广泛动员政府部门、文化机构、社会主体等踊跃推荐上海公共文化建设创新项目。持续开展公共文化建设创新项目推荐，动员全社会积极参与公共文化建设，不断丰富市民精神文化生活，营造良好的城市文化氛围。一系列发展文化设施的政策活动使得上海市 2014 年在文化设施要素方面表现优异。而同为东部地区的海口市表现则不尽如人意，文化设施要素方面影响到了一级指标的总体评价。作为东部热门旅游城市，海口市需要把握特色、盘活资源，将现有的优质旅游文化资源进行开发整理，加大政策监管力度，完善城市公共文化设施，发扬特色，以东部城市为目标，提升文化管理要素指标。同时，相比厦门，与海口相似，作为东部旅游热门城市，在文化管理要素指标上得分较低。可见，发展旅游业的同时不能只注重经济效益，应当同时开发文化资源，完善相关政策，以文化作为主要导向，这样对城市当地的经济发展、文化形象提升都有一定的推进作用。

（2）聚类结果分析。

为了更好地理解上述城市文化设施要素的排名结果和区域发展差异，我们对 36 个城市文化设施要素得分在 SPSS 统计软件中进行了聚类分析。

分析结果将 36 个城市分成了 3 个类别，聚类分析结果及聚类结果的描述如表 4-38、表 4-39 所示。

表 4-38　2014 年文化设施要素城市聚类

类别	城市
第一类城市	北京、上海、南京
第二类城市	深圳、成都、杭州、南宁
第三类城市	西安、天津、济南、重庆、广州、武汉、沈阳、石家庄、青岛、宁波、哈尔滨、长沙、昆明、大连、合肥、郑州、长春、厦门、银川、贵阳、南昌、太原、福州、呼和浩特、乌鲁木齐、兰州、西宁、海口、拉萨

表 4-39 2014 年文化设施要素城市聚类结果描述

类别	数量（个）	均值	标准差
第一类城市	3	65.63	3.71
第二类城市	4	40.43	5.40
第三类城市	29	20.73	7.23
总计	36	26.58	15.02

从文化设施要素方面划分，第一类城市包括北京、上海和南京 3 个城市，文化设施要素最完善，整体均值为 65.63，高于平均水平，标准差相对较小，为"文化设施完善城市"，相对于第二类、第三类城市优势明显；第二类城市包括深圳、成都、杭州和南宁 4 个城市，均值为 40.43，标准差为 5.40，城市文化设施要素表现也比较好，为"文化设施良好城市"；第三类城市包括太原、合肥、厦门、福州等 29 个城市，均值为 20.73，标准差为 7.23，大部分城市的文化设施水平仍然有待加强。聚类分析显示，长沙、大连、厦门、福州进入第三类城市，这些城市存在文化发展的相应配套设施，公共文化服务建设相对滞后等问题，没有达到城市文化发展需要的水平，这也是值得进一步研究和解决的问题。

其中，厦门旅游业有斐然的经济收入，但文化设施建设还与之不完全匹配。厦门市社区文体设施建设已经初显成效，可是由于城市发展中文化建设水平与经济发展相比长期处于滞后状态，文化基础设施的增加与更新工作相对较为缓慢，相对于居民快速增长的文化需求而言，整体文化设施要素的表现仍显落后。主要表现在以下几点：第一，公共文化场所不足，有些基层社区甚至没有建立专门的群众文化活动站和文体活动场所，导致各区之间的差异建设、发展不平衡情况非常明显，现有文化基础设施的承载力有限，已经没有办法承载文化发展的需求。第二，设施利用率不高、分布不合理，未能充分发挥作用。同时，由于文体设施滞后，活动内容单一，缺少吸引力，造成部分资源闲置。虽然厦门在文化公共事业基础设施建设方面已经加大投入，例如建设各区文化馆、图书馆、自助图书馆等现代设施，然而缺乏有效宣传、必要操作指引等软性投入，导致使用率不高，与之相对应的却是维护和防盗成本太高。第三，管理机制还不完善。社区群众文化活功的开展、组织和管理，还缺乏完善的规划，缺乏有力的组织力量。接下来，厦门首先应该统筹协调岛内外的文化基础设施建设。按照一体化建设的要求，打破行政区域限制，根据现有和规划的人口聚居区规模，全市性地统筹规划大型综合性文体设施，突出岛外的布局。其次，努力提高全市文化基础设施的利用率与共享程度。一方面有计划地改建一批具有地域特色和时代气息的标志性文化设施，不断增强文化的服务功能，提升城市文化吸引力和影响力。第四，要明显向岛外和低收入人群倾斜。大力发展岛外文化、体育、娱乐等主题的旅游项目，提升旅游品质。

3. 发展情况

变异系数反映单位均值上的离散程度，计算各城市构成 B7 指标的下属指标的变异系数，并对变异系数和文化设施要素进行相关分析，可以看出各文化设施要素指标的排名高低与变异系数之间有一定的负相关关系（$R = -0.39$），且显著性小于 0.05（如表 4-40 所示）。

由城市文化设施要素的变异系数分析结果可知，各城市构成 B7 文化设施要素的各指标发展存在一定差异。相较而言，天津、上海、杭州的变异系数相对较低，可以看出构成 B7 文化设施要素的各指标发展相对均衡，且指标优异程度和发展的均衡度有较强的相关关系。在所有城市中，天津的变异系数最低约为 0.11，说明天津的文化设施要素下面的各个指标非常均衡。其他城市 B7 各指标之间差异还是较大的。

表 4-40　2014 年文化设施要素变异系数

城市	文化设施要素	变异系数
北京	67.95	0.40
上海	67.59	0.35
南京	61.35	0.58
深圳	47.23	0.55
成都	41.10	0.45

（续表）

城市	文化设施要素	变异系数
杭州	39.25	0.37
南宁	34.15	0.85
西安	32.23	0.71
天津	31.84	0.11
济南	31.68	0.36

通过图4-20可知变异系数与文化设施要素之间有一定的负相关关系。这说明排名越靠前的城市，构成B7要素各指标的越倾向于均衡地发展，且指标优异程度和发展的均衡度有较强的相关关系。

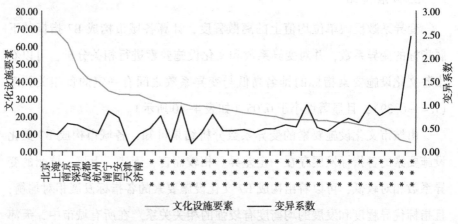

图4-20　2014年文化设施要素与变异系数

第四节　文化潜力要素研究报告

文化潜力要素是指一个城市文化后续发展、实现长期有效的良性循环系统所需要素的集合，决定了城市文化发展后劲的强弱，包括文化创新要素和文化素质要素，这两个二级指标分别对应科技和教育两项。该指标是文化发展可能性的象征，其强弱直接决定了城市文化发展的后续动力的强弱和发展可能性的大小，是文化发展过程中必不可少的要素，代表了城市在文化竞争力方面的发展潜力。而文化潜力切实能够转化为城市未来的文化竞争力，有着相当可靠的预示意义。

一、一级指标分析

（一）总体特征

2014年36城的文化潜力要素指标平均得分29.78，中位数28.19，平均水平较低；最大值为北京85.51，最小值为拉萨0.13，标准差17.83，其标准差在本报告所设定的文化竞争力5个一级指标中差异最大，可见城市之间的科技和教育水平发展很不平衡，两级分化较为严重。文化潜力要素指标综合得分位居前十的城市分别为北京、上海、西安、广州、武汉、天津、深圳、南京、重庆、成都10城（如图4-21所示），与2013年相比，TOP10排行中新入榜的城市是深圳，而2013年入榜的福州则跌出前十位。

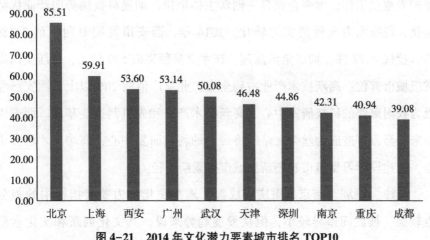

图4-21　2014年文化潜力要素城市排名TOP10

从城市文化潜力要素指标的得分排名来看，居前十位的城市全部为一线城市，还包括北上广深这类超一线城市，这些城市在对人才的吸引力、科技创新能力、信息交流能力等领域在全国层面上都能起到引领带动和辐射作用，并且其排名也与城市文化综合竞争力整体排名高度重合。其中北京市在城市文化潜力要素排名中的得分一枝独秀，说明了北京市的文化创新和文化素质在全国具有绝对领先优势，也正符合了北京市作为"全国文化中心、科技创新中心"的城市定位。

而紧随其后的上海、西安、广州、武汉属于第二梯队，虽与北京还有一段差距，但也已经遥遥领先，尤其值得一提的是西安市该指标得分较2013年有较大提升，说明华夏古都西安也日渐成为西部地区的教育和科技重镇。西安的文化潜力居全国城市第三位，居西部之首，文化创新要素和文化素质要素分列全国第五、第四位。西安目前拥有普通高等院校62所，科技人才丰富，拥有各类专业技术人员74万人，"两院院士"60人，成人接受教育和大专以上学历人口占比居全国第一位。西安拥有全国唯一的国家统筹科技资源改革示范基地，拥有国家级和省级重点实验室、工程技术研究中心和行业测试中心186个。国家级大学科技园3家，国家级技术转移中心12个，各类专业孵化器40余家。❶ 近年来也在扎实推进科技大市场建设、科技企业小巨人培育、科技成果转化、科技金融结合、知识产权保护等重点工作，增强企业自主创新主体地位，加速科技优势向产业优势转化、科技实力向经济实力转化。2014年，西安市发明专利申请21189件，授权4272件，均居全国前列。技术交易额突破530亿元，位居全国副省级城市首位。高新技术产业占到全市工业总产值的20%以上，西安已经成为我国重要的科技研发中心、高新技术产业和先进制造业基地。西安市未来将努力打造成为丝绸之路经济带上的科技研发中心、高端人才培养中心，为建设学习型城市和创新型城市探索新路径。

天津、深圳、南京、重庆、成都5地在文化潜力要素指标中的得分也较高，彼此间差异较小，但从发展趋势来说，其文化创新和文化素质发展上仍然有很大上升空间。其中深圳该指标的得分较2013年也有较大提升，说明深圳作为改革开放的窗口，有望成为有全国影响力的文化创新中心。

---

❶ 数据来源：高乐. 西安打造科技研发中心助力全面创新改革试验区建设 [N/OL]. 西安晚报，(2015-10-09) [2016-12-01]. http://epaper.xiancn.com/xawb/html/2015-10/09/content_389994.htm.

杭州市虽然在城市文化竞争力综合排名中位居第四，但在文化潜力要素方面的表现却略显不足，未能进入前十名。杭州在文化潜力的各级指标表现相对平平，没有特别突出的领先要素，但还是应该正视杭州未来的发展空间和潜力。在教育部《全国15个副省级城市教育现代化检测评价与比较研究报告（2014）》中，杭州成为各大指标指数总排名均位居前五的唯一城市。在城市教育现代化进程中，杭州居于第一方阵，继续领跑全国。此外在科技创新领域，杭州在打造全国的互联网科技创新中心层面具有非常突出的先发优势，从阿里巴巴"一家独大"到网易、海康威视、大华股份等龙头企业的不断涌现，包括2014年9月启动建设的杭州梦想小镇，锁定互联网创业和金融两大产业门类，意在打造互联网创业小镇和天使投资小镇，促进"双镇"发展小镇，必将成为具有全国影响力的众创空间样板和特色小镇典范，助力杭州成为有全国影响力的"互联网+"创新创业中心。

（二）区域特征

1. 东、中、西部城市标准差分析

我们将36个城市按照东部、中部、西部划分为3类城市，来分析城市文化潜力要素的区域特征（如表4-41所示）。

根据标准差分析的结果，东部和中部城市总体文化潜力差距较小，平均得分分别为35.34和32.97，可以看出东部和中部城市表现出较强的文化潜力。但是东部地区各城市差异较大，发展很不均衡，标准差达19.53。中部地区各城市文化潜力差异不大，标准差较小。西部地区城市文化潜力较弱，平均得分仅为20.25，远低于全国平均水平，并且西部地区各城市间差异也较大，标准差为17.40（如表4-41所示）。

表4-41 东、中、西部城市文化潜力要素比较

地区	城市	均值	标准差
东部地区	北京、上海、天津、石家庄、沈阳、杭州、福州、济南、广州、南京、海口、大连、青岛、宁波、厦门、深圳	35.34	19.53

（续表）

地区	城市	均值	标准差
中部地区	哈尔滨、武汉、太原、长春、合肥、南昌、郑州、长沙	32.97	7.63
西部地区	重庆、成都、昆明、兰州、南宁、银川、贵阳、西安、西宁、呼和浩特、拉萨、乌鲁木齐	20.25	17.40
总计		29.78	17.83

其中，东部地区集中了城市文化潜力要素 TOP10 排名中的 6 个城市，中部地区仅有武汉一地，西安、重庆和成都三城领跑西部地区。由代表性城市我们也可以看出，东部地区的文化创新和文化素质领跑全国，中部地区虽出类拔萃者少，但也相对均衡，西部地区整体文化潜力落后，但西安、重庆、成都三地综合科教能力突出，成为西部地区的"领头羊"。

2. 聚类结果分析

根据计算将 36 个城市分成了 3 个类别，最终得到的聚类结果如表 4-42、表 4-43 所示。

表 4-42　2014 年文化潜力要素城市聚类

类别	城市
第一类城市	北京、上海、天津、重庆、武汉、广州、深圳、南京、西安
第二类城市	石家庄、沈阳、哈尔滨、杭州、福州、济南、昆明、兰州、太原、长春、合肥、南昌、郑州、长沙、贵阳、大连、青岛、宁波、厦门、成都
第三类城市	南宁、银川、海口、西宁、呼和浩特、拉萨、乌鲁木齐

表 4-43　2014 年文化潜力要素城市聚类结果描述

类别	数量（个）	均值	标准差
第一类城市	9	52.34	14.17
第二类城市	20	28.09	6.12
第三类城市	7	5.64	3.88
总计	36	29.78	17.83

在文化潜力要素中，北京、上海、天津、重庆、武汉、广州、深圳、南京、西安9座城市以52.34的均值遥遥领先，属于第一类城市，在文化潜力要素方面具有较强的优势。这类一线城市往往在教育水平和科技创新能力方面领跑全国，吸引着文化产业高素质人才流入，并对周边地区形成有效辐射和带动。

第二类城市包括石家庄、沈阳、哈尔滨、杭州等20个城市，平均得分28.09，与总体均值最为接近，各城市间的差异也相对较小，发展比较均衡。这类城市包括杭州、长沙、青岛、大连、宁波等强势城市，也包括综合实力较强的二线省会城市，以二线城市居多，文化潜力表现较好，科技发展水平和居民教育程度均比较高，属于文化潜力良好的一类城市。

第三类城市包括南宁、银川、海口、西宁、呼和浩特、拉萨和乌鲁木齐7城，文化潜力要素的得分均值只有5.64，与前两类城市差距较大，也远低于36城平均水平。聚类分析结果说明36城在文化潜力要素方面很不均衡，两极分化明显。

与2013年相比，第一类和第二类城市的个数与得分均值都有所提升，相较之下，第三类城市虽个数减少，但得分均值有所下降，这说明大多数调查城市的文化潜力要素较之前有显著提升，而排行垫底的少部分城市文化潜力发展堪忧。

文化潜力要素各项指标展示了城市的高等教育和科技创新能力，是城市文化发展不可或缺的重要助力，该项指标的提升仍然具有非常大的空间。而该项也跟我们国民经济提质增效、转型升级有着十分一致的协同效应。无论是第一类文化发展潜力强劲的城市，还是第二类文化发展潜力良好或者第三类文化发展潜力相对处于劣势的城市，都应该做好中长期规划，贯彻落实"创新、协调、绿色、开放、共享"的发展理念，把教育作为支撑发展的第一资源，以"高精尖"为导向，强化科技创新引领作用，将发挥先发优势的引领型发展与后天优势的追赶型发展有机结合，用长远眼光提升城市文化发展潜力，拓宽城市文化竞争力的发展道路，激发城市文化竞争力的潜在能量，为城市文化发展提供持久动力。

（三）发展情况

变异系数反映了一个城市的文化潜力要素在文化创新要素和文化素质要素的发展水平的均衡程度。变异系数越小，发展越均衡。

对按城市文化潜力要素得分前十的城市的变异系数进行分析得到表4-44。

北京不仅文化潜力要素遥遥领先，而且发展均衡，变异系数为0.00，在36个城市中优势明显，深圳发展比较失衡，在科技方面优势明显，但是在文化素质要素方面则远远落后于其他城市，这将进一步制约深圳的文化发展。武汉文化创新要素逊色于文化素质要素，教育发展优势较科技发展来说相对明显。广州、成都、重庆、南京、西安等地的变异系数也较高，并且往往都是文化素质要素得分要超过文化创新要素，可见这类城市的教育发展水平相对其科技水平来说还是较高的。通过文化潜力要素和变异系数的相关分析，可以发现二者呈现中等程度的负相关关系（$R=-0.497$），文化潜力要素得分越高，发展越为均衡（如图4-22所示）。

表4-44　2014年文化潜力要素变异系数

城市	文化潜力要素	文化创新要素	文化素质要素	变异系数
北京	85.51	85.31	85.78	0.00
上海	59.91	61.83	57.25	0.04
西安	53.60	46.71	63.11	0.15
广州	53.14	39.22	72.38	0.31
武汉	50.08	31.72	75.44	0.43
天津	46.48	49.75	41.98	0.08
深圳	44.86	72.00	7.39	0.71
南京	42.31	33.84	53.99	0.24
重庆	40.94	32.38	52.76	0.25
成都	39.08	29.02	52.98	0.30

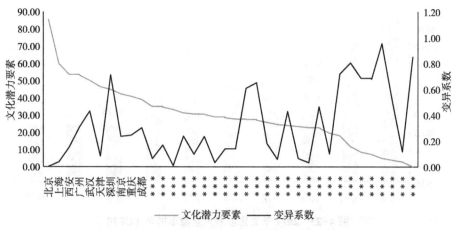

—— 文化潜力要素 —— 变异系数

图 4-22 2014 年文化潜力要素与变异系数

二、二级指标分析

（一）B8 文化创新要素

创新是引领城市发展的动力，也越来越受到城市管理者的关注。文化创新要素是指城市文化发展过程中对制度、生产方法、技术、理论等相关方面的改革和突破，是推动城市文化竞争力提高的内生力量和不竭动力，是城市发展在竞争中取胜的关键因素之一。文化创新催生的新经济、新产业、新业态、新模式，对人类生产生活方式乃至思维方式都将产生前所未有的深刻影响。

尤其在当下我国经济结构优化、发展动力转换、发展方式转变的态势下，创新知识及成果的重要性显得尤为重要，日渐成为城市核心竞争力的发展助推剂。文化创新也是城市发展的动力源泉，是衡量城市文化竞争力的重要因素之一。文化创新要素在一级指标文化潜力要素中所占权重为58%，很大程度上影响着一级指标城市文化潜力要素的表现。

文化创新要素综合得分居前十位的城市分别为北京、深圳、上海、天津、西安、宁波、广州、南京、合肥、杭州（如图 4-23 所示）。

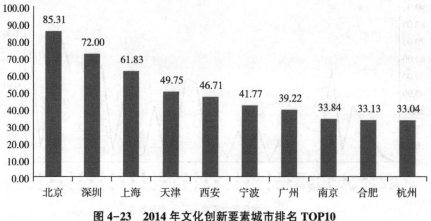

图 4-23　2014 年文化创新要素城市排名 TOP10

1. 总体特征

文化创新要素 TOP10 的名单中，北京为 85.31，展现了卓越的文化创新实力。北京市高端创新要素不断聚集，自主创新能力不断加强，"高精尖"经济结构初步显现，在京津冀地区乃至全国的辐射引领能力也在不断增强。在京两院院士数量、各类科研院所数量、国家重点实验室数量、国家高新技术企业数量均占全国首位，2014 年研究与试验发展（R&D）经费支出占地区生产总值的 6.03%，处于全国领先水平。北京市日渐成为全国的科技创新引领者、高端经济增长极、创新人才首选地和文化创新先行区，未来将会逐步成为具有全球影响力的文化与科技创新中心，支撑我国进入创新型国家行列。

深圳和上海，文化创新要素位列第二和第三。作为改革创新的龙头城市的深圳，在深化科技体制改革、加快创新体系建设方面表现抢眼。2014年 5 月，国务院批复同意深圳建设国家自主创新示范区，这也是党的十八大后首个以城市为单元的国家自主创新示范区。深圳市在软件与信息服务技术、大数据技术、云计算技术、媒体内容分析与理解技术、虚拟现实技术、物联网与人工智能等领域重点突破，始终坚持自主创新城市发展主导战略，科技创新生态体系显著完善，创新能级迅速攀升，科技支撑经济社会发展的作用进一步增强，逐步成为具有国际影响力的世界创新中心。

此外，宁波在文化创新要素上表现不俗，位列第六，西安、合肥跻身前十，尤其西安首次入榜即位列第五位，说明西安市在建设丝绸之路经济带上的科技研发中心方面探索出了切实有效的路径。而福州和成都在文化创新要素的排名出现滑落，2013 年分别位列第五、第十位，2014 年排名未能进入前 10。拉萨、海口、银川、西宁排名靠后，整体而言，西部城市的文化创新能力较弱。

从整体来看，36 个城市的文化创新要素表现差异明显。文化创新受到企业创新能力、教育科研发展水平、创新思维等多种因素的影响，发展存在一定的难度，排名表现具有较大的不确定性。如何提升城市文化创新要素的表现还需要各个城市更多的探索实践。

2. 区域特征

(1) 东、中、西部城市标准差分析。

我们将 36 个城市按照东部、中部、西部划分为 3 类城市，通过标准差分析方法来分析二级指标 B8 文化创新要素的区域特征（如表 4-45 所示）。

表 4-45　东、中、西部城市文化创新要素比较

地区	城市	均值	标准差
东部地区	北京、上海、天津、石家庄、沈阳、杭州、福州、济南、广州、南京、海口、大连、青岛、宁波、厦门、深圳	36.10	22.55
中部地区	哈尔滨、武汉、太原、长春、合肥、南昌、郑州、长沙	25.79	6.72
西部地区	重庆、成都、昆明、兰州、南宁、银川、贵阳、西安、西宁、呼和浩特、拉萨、乌鲁木齐	16.41	15.63

分析结果显示，东、中、西部的城市之间，在文化创新能力方面的差异显著。东部、中部、西部呈现了明显的级次差距，3 类城市之间均值各相差 10.00。文化创新需要综合经济实力作支撑，因此，东部城市的文化创新能力显著高于中、西部城市。东部城市的文化创新能力最强，中部城市次之，西部城市最差。

东、中、西部地区内部各城市之间的差异更加明显，东部地区标准差达到 22.55，西部地区标准差也达 15.63，发展很不均衡。

其中，东部地区集中了城市文化潜力要素 TOP10 排名中的 8 个城市，中部地区仅有合肥一地，西部地区仅有西安入围前十位。由各地区代表性城市我们也可以看出，东部地区的文化创新能力领跑全国，中部地区虽出类拔萃者少，但相较东、西部来说相对均衡，西部地区整体文化潜力落后，但西安市的文化创新能力突出，成为西部地区的"领头羊"。

当前经济发展进入速度变化、结构优化和动力转换的新常态，在供给侧改革的过程中，全国各区域的文化创新版图正在加速重构，创新多极化趋势日益明显，文化科技创新成为区域实现经济再平衡、打造城市核心竞争新优势的核心。

（2）聚类结果分析。

为了更好地理解上述城市文化创新要素的排名结果和区域发展差异，我们对 36 个城市文化创新要素的评分在 SPSS 统计软件中进行了聚类分析。

分析结果将 36 个城市分成了 3 个类别，聚类分析结果及聚类结果描述如表 4-46 和表 4-47 所示。

表 4-46　2014 年文化创新要素城市聚类

类别	城市
第一类城市	北京、深圳、上海、天津、西安
第二类城市	成都、杭州、南京、厦门、重庆、兰州、沈阳、宁波、长春、大连、太原、福州、南昌、合肥、哈尔滨、青岛、贵阳、昆明、武汉、广州、长沙
第三类城市	济南、郑州、石家庄、南宁、呼和浩特、乌鲁木齐、西宁、银川、海口、拉萨

表 4-47　2014 年文化创新要素城市聚类结果描述

类别	数量（个）	均值	标准差
第一类城市	5	63.12	15.98
第二类城市	21	29.40	5.53
第三类城市	10	4.91	4.59
总计	36	27.25	19.50

北京、深圳、上海、天津、西安 5 个城市是第一类城市，得分均值为
63.12，文化创新要素指标的各个方面都表现最好，但标准差最大，为
15.98，反映第一类内部 5 个城市之间还是存在一定差距。第二类城市包括
成都、杭州、南京、厦门等 21 个城市，在文化创新要素指标上稍高于整体
平均值，表现尚佳，均值为 29.40，与整体平均水平最为接近，标准差为
5.53，属于普通地区。第三类城市包括济南、郑州、石家庄、南宁等 10 个
城市，涵盖了大部分的中、西部内陆城市，均值为 4.91，远低于整体平均
水平，标准差为 4.59，内部差异较小，这类城市在文化创新要素上都表现
较弱，对城市文化竞争力的形成不利，需要予以重视并通过转变发展理念
带动经济结构转型升级，增强整体城市竞争力。

济南作为东部地区省会城市，地理位置优越，文化资源丰富，但文化
创新能力排名较后，尚有待增强。对济南来讲，应该进一步增加文化科技
投入，加强文化科技人才队伍和支撑体系建设，强化国内外文化科技合作
创新交流，争创国家级文化与科技融合示范基地，以点带面带动城市文化
创新能力的提升。

3. 发展情况

变异系数反映单位均值上的离散程度，计算各城市构成 B8 指标的下
属指标的变异系数（如表 4-48 所示），并对变异系数和文化创新要素进行
相关分析，可以得出各文化创新要素指标的排名与变异系数之间相关系数
为 $R=-0.58$，且显著性小于 0.01，是负相关关系。

表 4-48 2014 年文化创新要素变异系数

城市	文化创新要素	变异系数
北京	85.31	0.42
深圳	72.00	0.33
上海	61.83	0.47
天津	49.75	0.51
西安	46.71	0.85
宁波	41.77	0.78
广州	39.22	0.82

（续表）

城市	文化创新要素	变异系数
南京	33.84	0.98
合肥	33.13	1.04
杭州	33.04	1.11

由城市文化创新要素的变异系数分析结果可知，各城市构成 B8 文化创新要素的各指标发展存在一定差异。相较而言，北京、深圳、上海、天津的变异系数相对较低，意味着构成 B8 文化创新要素的各指标发展相对均衡，齐头并进。其他城市的构成 B8 文化创新要素的各指标之间差异较大（如图 4-24所示）。

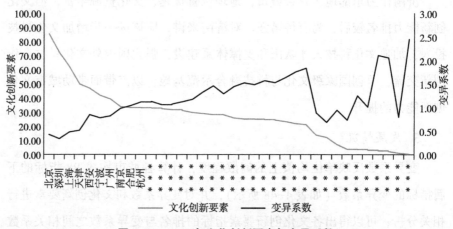

图 4-24　2014 年文化创新要素与变异系数

通过图 4-24 可知，变异系数与文化创新要素之间有一定的负相关关系。这说明排名越靠前的城市，构成 B8 文化创新要素的各指标越倾向于均衡发展，且指标优异程度和发展的均衡度有较强的相关关系。

（二）B9 文化素质要素

文化素质要素是指保障和推动城市文化发展所要求的知识水平和人才储备情况，该指标是城市文化发展潜力的人才根基，是城市文化发展直接动力的体现，是城市发展的智慧源泉，是城市文化环境营造的重要方面，是城市文化竞争力构成的智力基础与软性指标之一。文化素质要素下的指标主要以高等教育和文化程度为主，而高等教育的发展水平直接影响着城市未来发展后劲和原始创新能力，对城市文化竞争力的可持续提升意义重大。文化素质要素在一级指标文化潜力要素中所占权重为42%，也在一定程度上影响着文化潜力要素的表现和城市综合文化竞争力的表现。

2014年文化素质要素综合得分位居前十的城市分别为北京、武汉、广州、西安、上海、南京、成都、重庆、郑州、天津（如图4-25所示）。

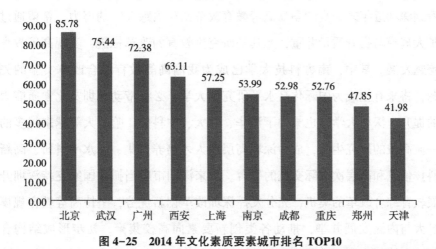

图4-25 2014年文化素质要素城市排名TOP10

当前，我国正处在改革发展的深水区，在新阶段实现新跨越，关键靠人才，基础在教育，因此文化素质要素在城市现代化全局中肩负的历史使命愈发重要，在中国特色世界城市建设中的先导性、全局性、基础性作用日益突出，面临的国内外教育竞争也将更加激烈。

1. 总体特征

文化素质要素排名TOP10的城市中，北京市遥遥领先，武汉和广州跻身前三，西安在该指标排名表现也较好，体现了西安的教育支出水平和文化素质要素上强大的竞争力。与2013年相比，文化素质要素排名TOP10城市没有变化，仅在排名位次上有所出入。"十年树木、百年树人"，文化素质教育水平的发展是相对稳固的，非一日之功所能及。

上海、南京、成都、重庆四地的文化素质要素得分较为接近，分别为各自区域内的教育中心，辐射周边省份，为本地和周边地区输入了大量的高素质人才，形成区域内文化竞争力的有力支撑。

拉萨、西宁、银川、深圳、宁波等 7 个城市在文化素质要素上表现较弱，排名位于 30 名之后。

深圳在这一指标得分不高，一方面由于当地高等教育整体规模偏小，地区所属高校数量不足，有重大国际影响力的领军人才较少，高等教育体系的规模效应尚未发挥，整体科研综合能力有待进一步提升。但我们也应看到深圳近年来一直"争做高等教育改革创新领跑者"的努力，希望通过扩大规模与提升质量并重，尤其是研究生教育的改革推进，实现高等教育跨越发展。其中，南方科技大学已成为我国高等教育综合改革实验的先锋，将来有望成为国际化高水平研究性大学，必将带动深圳文化素质能力的提升。深圳大学城也集中了清华、北大、中科院、哈工大等越来越多的一流高校的研究生院，成为深圳高层次人才培养聚集、高水平科研、高新科技信息和高层次国际交流的平台。未来深圳市应当抓住国家支持深圳开展教育综合改革的契机，充分发挥深圳改革创新优势，坚持高等教育规模扩大与内涵发展并举，推动各类创新要素向高校集聚，初步形成结构合理、支撑有力、充满活力的具有深圳特色的国际化开放式创新型高等教育体系，成为南方重要的高等教育中心。

2. 区域特征

（1）东、中、西部城市标准差分析。

我们将 36 个城市按照东、中、西部划分为 3 类城市，通过标准差分析方法来分析二级指标 B9 文化素质要素的区域特征。

分析结果显示，东、中、西部的城市之间，在文化素质方面区域结构差异并不显著，即并非处于东部经济发达地带的文化素质就高，该指标一定程度上还受到城市的历史因素的影响。总体而言，中部地区各城市的文化素质均值最高，这些城市也都是各自区域内传统的文化教育重镇，得以集中了当地一流的教育资源、高等教育水平的人才，这是中部地区未来城市竞争力发展的有力支撑。东部地区各城市文化素质要素均值居中，西部地区得分最低。

东、中、西部地区内部各城市之间的差异也明显（如表4-49所示），东部地区标准差达到23.25，西部地区标准差达到20.83，相对均衡的中部地区标准差也达到14.30，可见发展非常不均衡，未来有很大的提升空间。

表4-49　东、中、西部城市文化素质要素比较

地区	城市	均值	标准差
东部地区	北京、上海、天津、石家庄、沈阳、杭州、福州、济南、广州、南京、海口、大连、青岛、宁波、厦门、深圳	34.29	23.25
中部地区	哈尔滨、武汉、太原、长春、合肥、南昌、郑州、长沙	42.88	14.30
西部地区	重庆、成都、昆明、兰州、南宁、银川、贵阳、西安、西宁、呼和浩特、拉萨、乌鲁木齐	25.57	20.83

其中，东部地区集中了城市文化素质要素TOP10排名中的5个城市，中部地区有武汉、郑州两地，西安、成都、重庆三地领跑西部地区。由各地区代表性城市我们也可以看出，东部地区北上广等地的文化素质能力领跑全国，中部地区文化素质要素突出，相较东、西部来说也相对均衡，西部地区整体文化素质落后，但西安、成都、重庆的文化素质要素也较突出，为西部地区源源不断地输送高素质人才。

（2）聚类结果分析。

聚类结果分析将36个城市分成了3个类别，聚类结果分析及聚类结果描述如表4-50、表4-51所示。

表4-50　2014年文化素质要素城市聚类

类别	城市
第一类城市	北京、武汉、广州、西安、上海、南京、成都、重庆、郑州
第二类城市	天津、长沙、南昌、哈尔滨、合肥、济南、沈阳、杭州、石家庄、昆明、长春、太原
第三类城市	大连、福州、南宁、贵阳、兰州、青岛、呼和浩特、乌鲁木齐、厦门、海口、宁波、深圳、银川、西宁、拉萨

表 4-51　2014 年文化素质要素城市聚类结果描述

类别	数量（个）	均值	标准差
第一类城市	9	62.39	12.78
第二类城市	12	35.93	3.97
第三类城市	15	13.72	7.78
总计	36	33.29	21.24

北京、上海、广州、西安、南京等 9 个城市是第一类城市，得分均值为 62.39，文化素质要素指标表现优异，但标准差相对较大，为 12.78，反映第一梯队内部 9 个城市之间存在一定差距。第二类城市包括天津、长沙、南昌、哈尔滨、合肥等 12 个城市，在文化素质要素指标上稍高于整体平均值，表现尚佳，均值为 35.93，标准差为 3.97，第二类城市间差异最小。第三类城市包括大连、福州、南宁、贵阳等 15 个城市，均值为 13.72，远低于整体平均水平，标准差为 7.78，这类城市在文化素质要素上都表现较弱。聚类分析显示，几个一线城市如青岛、厦门、宁波和深圳进入第三类城市，排名在 30 名上下，在人才储备和教育资源等方面都无法达到城市文化发展需要的水平。

其中，青岛作为国家历史文化名城，也秉承了齐鲁尊师重教的优良传统，其经济总量远超山东省会济南，但是青岛市的市级发展规划中对教育着墨甚少，这反映了政府层面对教育的重视程度还有待提升，政府对城市文化素质培育的持续性扶持、关注对城市文化发展是至关重要的。文化素质要素的匮乏，必然会影响城市的发展活力与前途。青岛要想提升城市文化竞争力，必须从政府层面提高重视，加大教育投入，重点关注高等教育发展，引进国内外高水平一流高校和资源，提升科研创新和服务社会的能力。值得肯定的是，青岛市近年来把引进高校作为城市引智的重要举措，掀起了新一轮的"高校争夺战"，甚至有"南深圳、北青岛"的提法。"高校争夺战"的打响，不仅将颠覆传统的高校分布版图，还将改变城市的教育、科研、人才格局和综合文化竞争力，进而影响城市的长远发展。因此，各个高等教育资源匮乏的城市，应当借助高校外迁扩张的"东风"，拿出招商引资的推动力度吸引大学进驻，切实通过各种优惠补贴政策实现引智需求，推动城市文化综合竞争力的提升。

3. 发展情况

变异系数反映单位均值上的离散程度，计算各城市构成 B9 文化素质要素指标的下属指标的变异系数，并对变异系数和文化素质要素进行相关分析，可以得出各文化创新指标的排名高低与变异系数之间相关系数为 R =−0.513，显著性小于 0.01，是负相关关系。

由文化素质要素的变异系数分析结果可知，各城市构成 B9 文化素质要素的各指标发展存在一定差异。相较而言，北京、上海、武汉、南京、成都的变异系数相对较低，意味着构成 B9 文化素质要素的各指标发展相对均衡，齐头并进。其他城市的构成 B9 各指标之间差异较大（如表 4−52 所示）。

表 4−52　2014 年文化素质要素变异系数

城市	文化素质要素	变异系数
北京	85.78	0.29
武汉	75.44	0.37
广州	72.38	0.54
西安	63.11	0.45
上海	57.25	0.26
南京	53.99	0.41
成都	52.98	0.42
重庆	52.76	0.58
郑州	47.85	0.76
天津	41.98	0.50

通过图 4−26 可知，变异系数与文化素质要素之间有一定的负相关关系。这说明排名越靠前的城市，构成 B9 文化素质要素的各指标越倾向于均衡发展，且指标优异程度和发展的平衡度有较强的相关关系。

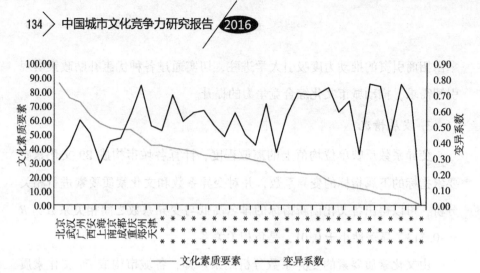

图 4-26　2014 年文化素质要素与变异系数

第五节　文化交流要素研究报告

文化交流是城市与外界进行文化互动、共享文化成果、共同促进成长的过程，是城市文化外延发展的必要途径，也体现了一个城市融入其他城市文化的能力以及对其他城市文化的开放性和包容度。文化交流要素指的是城市文化对外传播的方式、途径、内容和效果以及对其他城市文化的融合和包容，主要包括文化的交流、合作、对外传输等方面。文化交流要素包含文化传播要素和文化开放要素两个二级指标。

一、一级指标分析

（一）总体特征

2014 年，36 个城市文化交流要素平均得分为 34.98，中位数为 31.30，其中最大值为北京市 79.41，最小值为乌鲁木齐市 11.75，标准差达 16.06，城市文化交流要素地区发展差异较大。

2014 年，文化交流要素综合得分居前十位的城市分别为北京、上海、广州、深圳、天津、重庆、杭州、武汉、西安、成都（如图 4-27 所示）。

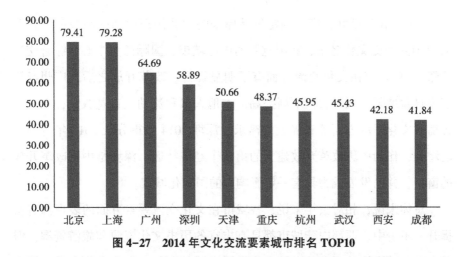

图 4-27　2014 年文化交流要素城市排名 TOP10

　　2014 年文化交流要素综合得分排名前两位的依然是北京和上海，其差距也非常小，仅为 0.13。位于第三名的广州和北京、上海拉开了一定的差距。其后的 7 名城市分数差距不大，总体得分在 40.00~60.00 之间。

　　在文化交流要素城市排名 TOP10 的名单中，北京市和上海市以大分值领先于其他城市，优势比较明显。北京市比较重视公共文化服务、文化创意产业发展、文化科技产业、文化国际交流等方面的建设，还集聚了全国大部分知名和重要的传统媒体与新媒体资源，这都对北京市的对外文化传播起到很大的推动作用。同时，北京作为国内最大的旅游目的地城市，旅游业发达，国内外游客众多，外来人口密集，北京作为中国历史文化名城和国家首都的城市形象深入人心，这些都为北京市文化交流氛围的营造创造了良好的基础。

　　上海仅以微弱的差距位居北京之后，排名第二位。上海是我国的经济、金融、贸易、航运中心，这使得上海历来以一个开放、包容的姿态和国内外其他城市来进行文化交流。2014 年年初，上海市出台了《中国（上海）自由贸易试验区文化市场开放项目实施细则》，为上海的文化市场的国家化交流指明了方向。2014 年上海还推出了《上海市人民政府关于加快发展本市对外文化贸易的实施意见》和《上海市关于深入推进文化与金融合作的实施意见》，这也为上海市文化领域对外贸易与合作提供了有力的资金保障。

"十二五"期间，广州的定位从原来的"我国东南部中心城市"提升为"国家历史文化名城、我国重要的中心城市、国际商贸中心、综合交通枢纽"，广州市在文化交流方面有了明显提升。改革开放之后，广州经济实力日益增强，人均收入渐渐提高，本地人口和流动人口基数大，在文化传播和文化开放方面都有极大的需求。深圳2014年得分较2013年有明显的增长，作为中国改革开放建立的第一个经济特区，深圳是中国改革开放的窗口，并已发展成为具有一定影响力的国际化城市。

总体来说，相对去年来说，各城市在文化交流要素方面的表现都有所提升。不少中、西部内陆城市都具有丰富的历史文化资源和旅游资源，但是由于基础设施的不完善以及经济发展水平的制约，文化交流水平的提高相对受到了限制。

（二）区域特征

1. 东、中、西部城市标准差分析。

我们将36个城市按照东部、中部、西部划分为3类城市，来分析城市文化交流要素的区域特征。根据标准差分析的结果可见，东、中、西部城市在文化竞争力方面存在一定的差异（如表4-53所示）：东部地区文化交流要素指标均值高于中、西部地区，西部地区最低。

表4-53 东、中、西部城市文化交流要素比较

地区	城市	均值	标准差
东部地区	北京、上海、天津、石家庄、沈阳、杭州、福州、济南、广州、南京、海口、大连、青岛、宁波、厦门、深圳	43.76	18.00
中部地区	哈尔滨、武汉、太原、长春、合肥、南昌、郑州、长沙	30.57	7.28
西部地区	重庆、成都、昆明、兰州、南宁、银川、贵阳、西安、西宁、呼和浩特、拉萨、乌鲁木齐	26.23	11.62
总计		34.98	16.06

东部地区由于优越的地理位置，城市对外交流活跃，城市开放程度

高，文化交流要素得分遥遥领先，均值达 43.76，而且各城市间差距较大，标准差达 18.00。主要是因为北京、上海、广州、深圳、天津等城市是文化交流的强势城市，与东部地区其他城市拉开了较大的差距。中部和西部城市文化交流水平低于全国平均水平，中部地区平均得分 30.57，但各城市发展差距也最小，标准差仅为 7.28。西部内陆地区文化交流水平相对较弱，平均得分 26.23，在文化传播和文化开放上表现较为弱势。西部各城市之间也存在一定差异，标准差为 11.62，西宁、昆明、拉萨、乌鲁木齐这些城市虽然城市文化底蕴丰厚，旅游资源丰富，但整体上文化传播能力还相对欠缺，从而与重庆、成都等城市区别较大。可以看出，文化交流要素一定程度上会受到地理位置和经济发展的影响，区域之间发展不平衡。

2. 聚类结果分析

根据计算将 36 个城市分成了 3 个类别，最终得到的聚类结果和聚类结果描述如表 4-54、表 4-55 所示。

表 4-54　2014 年文化交流要素城市聚类

类别	城市
第一类城市	北京、上海、广州、深圳
第二类城市	天津、重庆、杭州、武汉、西安、成都、厦门、南京、宁波、郑州、青岛、沈阳、济南、哈尔滨、石家庄、大连、长沙、长春、福州、贵阳、太原、合肥、南宁
第三类城市	昆明、兰州、银川、南昌、海口、西宁、呼和浩特、拉萨、乌鲁木齐

表 4-55　2014 年文化交流要素城市聚类结果描述

类别	数量（个）	均值	标准差
第一类城市	4	70.57	10.41
第二类城市	23	35.05	7.53
第三类城市	9	18.99	3.24
总计	36	34.98	16.06

从聚类结果可以看出，北京、上海、广州、深圳属于第一类城市，以 70.57 的均值遥遥领先其他城市，属于文化交流的强势城市。北京市作为

我国首都，在政策支持和对外交流方面都走在前列；大型港口城市上海、广州和深圳，对外开放程度高，对外交流活跃，具有得天独厚的优势。并且，北京、上海等一线城市，流动人口基数大，居民素质及文化程度也普遍较高，文化传播水平及文化开放水平非常高。

第二类城市包括天津、重庆、杭州和武汉等23个城市，在文化交流要素上的表现也较好，平均得分35.05，处于全国平均水平，仍有很大的发展空间。直辖市天津和重庆在政府政策支持下文化交流活跃，杭州、武汉、西安、成都和南京属于内地的历史文化名城，吸引了不少旅游观光人群。厦门、宁波和青岛这些东部沿海城市，开放较早，对外交流活动丰富，在文化交流要素上具有优势。

第三类城市包括昆明、兰州、银川、南昌、海口、西宁、呼和浩特、拉萨、乌鲁木齐9城，平均得分18.99，与前两类城市差距较大。第三类城市以内陆城市居多，一方面，地理区位条件导致的交通不便限制了旅游的创收；另一方面，广播电视、网络等通信媒体设施不完善，文化传播较为落后，制约了城市在文化交流要素方面的发展。

(三) 发展情况

变异系数反映了一个城市的文化交流要素在文化传播要素和文化开放要素的发展水平的均衡程度。变异系数越小，发展越为均衡（如表4-56所示）。

表4-56　2014年文化交流要素变异系数

城市	文化交流要素	文化传播要素	文化开放要素	变异系数
北京	79.41	93.23	70.20	0.14
上海	79.28	82.01	77.46	0.03
广州	64.69	78.10	55.74	0.17
深圳	58.89	64.28	55.29	0.07
天津	50.66	61.32	43.56	0.17
重庆	48.37	60.06	40.58	0.20

（续表）

城市	文化交流要素	文化传播要素	文化开放要素	变异系数
杭州	45.95	61.34	35.69	0.27
武汉	45.43	66.56	31.34	0.38
西安	42.18	52.74	35.15	0.20
成都	41.84	61.46	28.76	0.38

从图4-28中可以看出，文化交流要素和变异系数的总体趋势呈现较强的负相关关系（$R=-0.707$），即文化交流要素越高，其变异系数越低，也就是文化传播要素和文化开放要素二者的发展越均衡。相反，则表示文化传播要素和文化开放要素发展失衡。变异系数分析结果显示，上海市变异系数最小，仅为0.03，这说明上海不仅文化交流要素得分较高，而且在文化传播要素和文化开放要素方面发展平衡。北京市虽然在文化交流要素方面排名第一，但是其变异系数却高于上海市。而武汉市和成都市变异系数较大，均达0.38，这说明武汉市和成都市在文化传播要素和文化开放要素方面发展较为失衡，二者的文化开放要素都要逊色于文化传播要素。变异系数最高的城市是石家庄市，文化交流的两个分级指标差距十分明显，直接导致了其变异系数成为36个城市的最高值。类似的城市还有银川和拉萨。

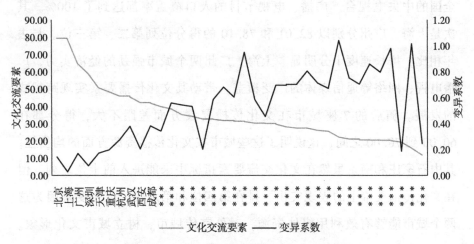

图4-28 2014年文化交流要素与变异系数

二、二级指标分析

（一）B10 文化传播要素

文化传播是指一个城市通过一定的渠道和方式，向城市内部及外部传递与本城市文化相关的信息的过程。对这一过程产生影响的各方面因素的集合就是文化传播要素，包括城市媒介、城市形象和品牌树立及推广等方面的内容。文化传播是城市扩大文化影响力的必要途径，也是文化交流要素的重要指标之一。文化传播要素和文化开放要素的权重各占一半，影响着一级指标文化交流要素的表现。

文化传播要素综合得分位居前十的城市分别为北京、上海、广州、石家庄、武汉、南京、深圳、成都、杭州、天津（如图 4-29 所示）。

1. 总体特征

在文化传播要素 TOP10 的名单中北京得分最高，达到 93.23，这与北京在文化禀赋要素、文化经济要素、文化管理要素等方面的领军地位密不可分。同时北京市在电视、户外、广播、网络媒体等媒介资源上拥有绝对的优势。在电视媒体方面，北京市不仅有北京电视台，还有覆盖全国的中央电视台。广播、电视节目的人口覆盖率都达到了 100%。其次是上海、广州分别以 82.01 和 78.10 的得分位列第二、第三位。与去年相比，增长速度十分明显。上海、广州两个城市强劲的经济实力，广播电视、网络等通信媒体的广泛覆盖，带动其文化传播要素实现跨越式的发展。随后的 7 座城市在文化传播要素方面差距不大，得分都在60.00 到 70.00 之间，这说明了这些城市在文化传播资源方面的均衡性。其中石家庄和南京虽然在文化交流要素指标中未能进入前十位之列，但在文化传播要素上的表现突出，排在第四位和第六位，这主要是因为这两个城市能够有效利用媒体资源，对外宣传城市，树立城市文化形象。而在文化交流要素排名第五位的天津，在文化传播要素中仅排名第十位，这也说明了天津在新媒体和传统媒体建设以及媒体对外宣传相对排名靠前的城市来说比较薄弱。

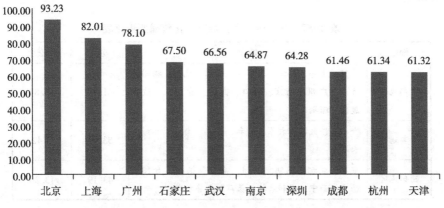

图4-29　2014年文化传播要素城市排名TOP10

与文化传播要素排名居前的城市相比，昆明、拉萨、乌鲁木齐、呼和浩特、兰州、海口、青岛等城市在排名上则非常靠后，在文化传播要素上的表现不尽如意，文化的传播成效甚微。这些城市并不缺乏自己的文化特色和传播点，还需要在媒体资源的使用技巧、拓展传播渠道和传播技巧上发力。如海滨城市青岛，无论是其历史文化传统、城市建设，还是丰富的旅游资源，都能够成为其传播城市文化、打造城市文化品牌的立足点。其他一些西部与西南部地区的城市，特色民族文化资源丰富，但受到经济发展水平及社会观念的影响，文化传播能力较为落后，这些城市在今后的发展中，要进一步转变思想观念，创新思路，开发媒体资源、传播渠道，充分运用传播技巧，进一步提高文化传播能力和改善传播效果。城市文化传播能力的提升对于城市文化竞争力的总体提升具有至关重要的作用，因此，要着力强化城市文化传播实力，提升城市文化传播力水平，塑造城市文化形象，打造城市文化品牌，提升城市文化竞争力水平。

2. 区域特征

（1）东、中、西部城市标准差分析。

我们将36个城市按照东部、中部、西部划分为3类城市，通过标准差分析方法来分析二级指标 B10 文化传播要素的区域特征（如表 4-57 所示）。分析结果显示东、中、西部的城市之间在文化传播要素方面存在一定的差距。

表 4-57　东、中、西部城市文化传播要素比较

地区	城市	均值	标准差
东部地区	北京、上海、天津、石家庄、沈阳、杭州、福州、济南、广州、南京、海口、大连、青岛、宁波、厦门、深圳	61.72	13.87
中部地区	哈尔滨、武汉、太原、长春、合肥、南昌、郑州、长沙	53.03	7.42
西部地区	重庆、成都、昆明、兰州、南宁、银川、贵阳、西安、西宁、呼和浩特、拉萨、乌鲁木齐	43.19	13.80

东部城市经济发达，市场化程度较高，媒体资源往往容易聚集，且经济基础决定上层建筑，一旦经济获得发展，文化和城市形象构建也会受到重视，故而东部发达城市文化传播表现更加优异。东部地区均值最高，为61.72，但是本地区的标准差也最高，表明东部地区区域内部各城市的文化传播要素方面的发展不平衡。以北京和青岛的对比为例，二者文化传播要素的得分有 52.45 的差距。虽然两城市都位于东部地区，地理位置也较为相近，但是二者文化传播能力相差较大，青岛在未来还需要着力提升自身的文化传播力。中部地区的文化传播要素的发展较为平稳，标准差为 3 个地区中的最小值，说明中部地区各城市发展比较均衡。西部地区在文化传播要素的均值上与中部地区相比，较为落后。同时本地区的标准差也相当高，与东部地区呈现出同样的不平衡状态。

（2）聚类结果分析。

为了更好地理解上述城市文化传播要素的排名结果和区域发展差异，我们对 36 个城市文化传播要素的评分在 SPSS 统计软件中进行了聚类分析。

聚类结果分析将 36 个城市分成了 3 个类别，聚类结果分析及聚类结果描述如表 4-58 和表 4-59 所示。

表 4-58 2014 年文化传播要素城市聚类

类别	城市
第一类城市	北京、上海、广州、石家庄、重庆、青岛
第二类城市	宁波、济南、厦门、郑州、沈阳、长春、哈尔滨、太原、西安、福州、大连、贵阳、银川、西宁
第三类城市	合肥、长沙、南宁、南昌、海口、兰州、呼和浩特、拉萨、昆明、乌鲁木齐、天津、杭州、南京、武汉、成都、深圳

表 4-59 2014 年文化传播要素城市聚类结果描述

类别	数量（个）	均值	标准差
第一类城市	6	70.28	18.48
第二类城市	14	53.72	3.80
第三类城市	16	37.64	10.64
总计	36	53.61	14.85

从聚类结果可以看出，北京、上海、广州、石家庄等 6 个城市以均值 70.28 的高分被划分为第一类城市，均值明显高于平均水平，相对于其他城市来说优势明显，文化传播的各项指标表现优异。但第一类城市标准差也最高，为 18.48，表明石家庄、重庆、青岛等市虽被归为第一类城市，但与北京、上海等文化传播的强势城市相比，还是有较大的差距。

第二类城市包括宁波、济南、厦门、郑州、沈阳等 14 个城市，以二线城市居多，部分为省会城市，在文化传播要素得分上稍高于整体平均值，表现尚佳，均值为 53.72，标准差为 3.80，第二类城市间差异最小。文化传播要素指标整体水平趋于一致。

第三类城市包括合肥、长沙、南宁、南昌等 16 个城市，均值为 37.64，远低于整体平均水平，标准差为 10.64，这些城市大部分位于中西部内陆地区，受地理位置、自然环境等因素的影响，文化传播能力较弱。在未来的改进提高过程中，城市管理者应着重在硬件设施和软件环境方面加强，以提升文化传播的实力。在其他指标表现良好的长沙和昆明，在文化传播能力上未能高于全国平均水平，落入第三类。

3. 发展情况

变异系数反映单位均值上的离散程度，计算各城市构成文化传播要素指标的下属指标的变异系数（如表4-60所示），并对变异系数和文化传播要素指标进行相关分析，可以看出各文化创新指标的排名与变异系数之间相关系数为 $R=-0.356$，且显著性小于0.01，是负相关关系。

表4-60　2014年文化传播要素变异系数

城市	文化传播要素	变异系数
北京	93.23	0.15
上海	82.01	0.36
广州	78.10	0.56
石家庄	67.50	0.63
武汉	66.56	0.61
南京	64.87	0.64
深圳	64.28	0.74
成都	61.46	0.74
杭州	61.34	0.74
天津	61.32	0.73

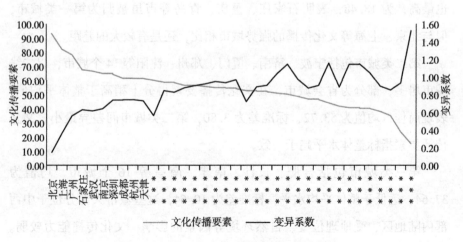

图4-30　2014年文化传播要素与变异系数

通过图4-30可知，变异系数与文化传播要素之间有一定的负相关关系。这说明排名越靠前的城市，构成文化传播要素的各指标越倾向于均衡发展，且指标优异程度和发展的均衡度有较强的相关关系。

（二）B11 文化开放要素

文化开放要素强调城市对城市外来人口、文化、经济等的包容和开放程度以及参与国内和国际文化竞争的能力，重点表现为城市对外文化贸易和吸引文化消费投资的能力，反映了一个城市文化的吸引力、知名度和美誉度的高低，从具体指标来说体现了城市文化外化发展的效果。文化开放要素在一级指标文化交流要素上的权重为 60%。

文化开放要素指标综合得分位居前十的城市分别为上海、北京、广州、深圳、天津、重庆、杭州、西安、武汉、成都（如图 4-31 所示）。

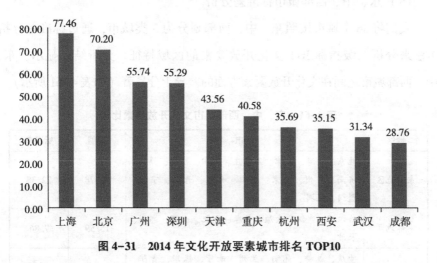

图 4-31　2014 年文化开放要素城市排名 TOP10

1. 总体特征

在文化开放要素城市排名 TOP10 的名单中表现较好的城市基本都是一线、二线城市或者东部沿海城市，北京、上海两大城市在文化开放要素方面依旧保持绝对领先地位。上海以 77.46 的得分高居榜首。城市的开放程度影响着城市的文化开放，上海一直以来都是对外开放的窗口，缔结了数十个国际友好城市，奠定了城市文化开放的基础。排名第二位的北京，拥有诸多国际知名的文化遗产，从而吸引了大量的国内外游客，文化开放程度也非常高。广州和深圳以较为接近的分数位居第三、第四名。广州属于 20 世纪 80

年代进一步开放的 14 个沿海港口城市之一，利用国家政策及有利的地理区位条件，其文化开放程度明显优于其他城市。深圳作为改革开放的先行军，在城市建设、经济发展、文化交流等方面也有得天独厚的优势。

从整体来看，36 个城市在文化开放要素方面的表现呈现两极化的趋势。上海、北京、广州、深圳等一线城市依托优越的地理位置、旅游资源优势、丰富的文化资源和外商投资合作基础等，在文化开放要素上表现较好。而兰州、石家庄、南昌、西宁、银川、拉萨等城市由于地理区位、经济发展等因素，文化开放水平还需进一步提高。

2. 区域特征

（1）东、中、西部城市标准差分析。

我们将 36 个城市按照东、中、西部划分为 3 类城市，通过标准差分析方法来分析二级指标 B11 文化开放要素的区域特征。分析结果显示，东、中、西部城市之间在文化开放要素方面的差异十分显著（如表 4-61 所示）。

表 4-61　东、中、西部城市文化开放要素比较

地区	城市	均值	标准差
东部地区	北京、上海、天津、石家庄、沈阳、杭州、福州、济南、广州、南京、海口、大连、青岛、宁波、厦门、深圳	31.78	22.35
中部地区	哈尔滨、武汉、太原、长春、合肥、南昌、郑州、长沙	15.59	7.86
西部地区	重庆、成都、昆明、兰州、南宁、银川、贵阳、西安、西宁、呼和浩特、拉萨、乌鲁木齐	14.93	12.85

文化开放存在政策因素、历史因素和地缘因素，东部发达城市在文化开放程度上表现更加优异。但是，从表 4-61 中也可以看出，东部地区城市的标准差为 3 个地区中最高值，表明东部发达地区城市之间的开放程度非常不平衡。

（2）聚类结果分析。

为了更好地理解上述城市文化开放要素的排名结果和区域发展差异，我们对 36 个城市文化开放要素的评分在 SPSS 统计软件中进行了聚类分析。

聚类结果分析将 36 个城市分成了 3 个类别，聚类结果分析及聚类结果描述如表 4-62、表 4-63 所示。

表 4-62　2014 年文化开放要素城市聚类

类别	城市
第一类城市	北京、上海、广州、深圳
第二类城市	天津、重庆、杭州、西安、武汉、成都
第三类城市	拉萨、银川、西宁、南昌、石家庄、兰州、海口、呼和浩特、太原、乌鲁木齐、合肥、南宁、贵阳、福州、长春、济南、大连、哈尔滨、昆明、沈阳、长沙、郑州、宁波、南京、青岛、厦门

表 4-63　2014 年文化开放要素城市聚类结果描述

类别	数量（个）	均值	标准差
第一类城市	4	64.67	10.98
第二类城市	6	35.85	5.53
第三类城市	26	13.17	6.90
总计	36	22.56	18.66

北京、上海、广州、深圳 4 个城市是第一类城市，得分均值为 64.67，标准差达 10.98，主要是广州、深圳和北京、上海具有较大的差距。第二类城市包括天津、重庆、杭州、西安、武汉、成都 6 个城市，在文化开放要素指标上稍高于整体平均值，均值为 35.85，标准差为 5.53，各城市间的文化传播水平基本相当，差距较小。第三类城市包括拉萨、银川、西宁、南昌、石家庄等 26 个城市，均值为 13.17，远低于整体平均水平，标准差为 6.90，这类城市在文化开放水平上表现较弱，城市之间差距不大。在其他指标上表现良好的厦门、青岛和宁波，在文化开放要素方面的表现未能高于全国平均水平，落入第三梯队。

3. 发展情况

变异系数反映单位均值上的离散程度，计算各城市构成文化开放要素指标的下属指标的变异系数（如表 4-64 所示），并对变异系数和文化开放要素进行相关分析，可以得出各文化开放指标的排名与变异系数之间的相

关系数为 $R=-0.577$，且显著性小于 0.01，是负相关关系。

表 4-64　2014 年文化开放要素变异系数

城市	文化开放要素	变异系数
上海	77.46	0.19
北京	70.20	0.32
广州	55.74	0.44
深圳	55.29	0.73
天津	43.56	0.24
重庆	40.58	0.78
杭州	35.69	0.27
西安	35.15	0.97
武汉	31.34	0.52
成都	28.76	0.53

如图 4-32 所示，城市文化开放要素与其变异系数之间的关系总体上来看呈现一种负相关关系。变异系数数值越小，表明该城市的文化开放要素的各分级指标发展越平衡。但是图中显示各城市变异系数波动非常大，排名非常靠前的广州、重庆、西安等市的变异系数值也都较高，表明虽然其文化开放要素整体排名靠前，但是其各三级指标情况并不均衡，所以要想提升城市总体文化交流要素指标还要注重各指标之间的均衡发展，补足短板，着力推进各项指标均衡发展。

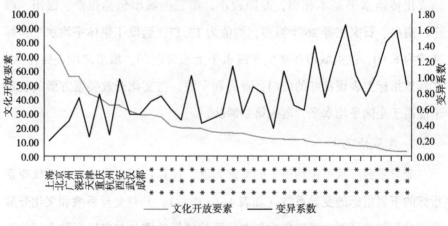

图 4-32　2014 年文化开放要素与变异系数

第一节 北京城市文化竞争力研究报告

北京是全国政治中心、文化中心、国际交往中心、科技创新中心，是首批国家历史文化名城和世界上拥有世界文化遗产数量最多的城市，有着深厚的历史文化积淀和丰富的文化资源，也是我国文化人才、文化设施、文化企业、文化资本最集中的地区。

近年来，北京市大力发展文化产业，"十二五"时期，北京市文化创意产业主动调结构、转方式、稳增长，截至 2014 年年底，北京市文化及相关产业企业已达 17.1 万家，同比增长 15.8%，文化创意产业初步核算实现增加值 2794.3 亿元，占全市 GDP 比重的 13.1%❶，居全国首位，巩固了文化产业支柱性产业的地位，加快了城市产业结构的优化升级和经济发展方式的转变，创意、创新引领的文化产业迅猛发展。为发展文化产业，北京市推出了一系列推动文化产业发展的相关政策，重视调动北京市文化企业的积极性，充分发挥在京高校、公共文化服务机构的作用，也使许多小微企业能够更好地参与到文化产业项目的发展中来。2014 年，北京城市文化竞争力综合指数为 82.59，综合排名全国第一。随着中央推进供给侧结构性改革、"京津冀协同发展""一带一路"等重大战略的推进，给北京城市文化的发展带来了新的战略机遇，发展势头更加迅猛，发展前景更加广阔。

---

❶ 李洋. 北京文创占 GDP 比重突破 13% ［N］. 北京日报，2015-03-12.

一、北京城市文化竞争力各级指标分析

（一）北京城市文化竞争力一级指标表现

从各城市纵向对比来看，北京在文化禀赋、文化经济、文化管理、文化潜力和文化交流5个要素上都排名第一。北京作为历史文化名城和文化中心，积淀了雄厚的文化资源，文化素质较高。北京的文化建设在全国一直处于领先地位，文化产业的发展和公共文化管理水平都遥遥领先，北京文化产业年增长值一直居全国首位，在首都经济发展中的支柱作用日益明确，成为拉动北京经济发展的新引擎、首都经济增长的新亮点和城市形象的新符号。随着京津冀一体化进程的推进，带动周边城市文化产业不断发展。北京的公共文化管理服务体系日益完善，制定了"1+3"公共文化政策，通过建立机制、搭建平台、树立品牌、整合资源等方式，全市公共文化服务正逐步实现标准化、均等化、社会化和数字化。

在36个城市中，北京的文化禀赋要素的得分最高，达到86.44。文化禀赋要素主要包括文化资源要素和城市综合要素。北京有3000多年的建城历史和860多年的建都史，文化底蕴深厚，文化传承广博，具有得天独厚、丰富多元的文化资源，拥有长城、故宫等7处世界级文化遗产，120余个全国重点文物保护单位。❶北京既有千年古都流传的历史文脉，又有国际化大都市独有的文化创意资源，全国文化高端人才聚集，人才资源储备充足，这些都是北京发展文化的资源优势。北京的文化管理要素得分也达到了84.44。在文化组织要素方面，北京的分值达到了100.00，但文化设施要素只有67.95，说明北京已经基本形成较为完整的文化组织，对文化发展的政策支持、组织保障和财政投入也在全国首屈一指，但是文化设施还需进一步优化，北京城市副中心、城市发展新区、新建大型社区的配套文

---

❶ 陈冬. 代公共文化服务体系率先成为全国文化中心的新亮点 [EB/OL]. (2016-05-11) [2016-12-15]. www.71.cn/2016/0511/889320_2.shtml.

化设施建设还需逐步完善，使居民享受更加便利的文化服务。

此外，北京的文化交流要素得分为 79.41，一级指标排名居全国首位，文化传播要素和文化开放要素得分分别为 93.23 和 70.20。文化传播要素高于居于第二的上海的 82.01，但文化开放要素上海为 77.46，高于北京的 70.20，可见北京文化传播内容丰富、首都文化聚集辐射传播，活力十足，但文化开放要素低于综合排名第二的上海。上海作为我国改革开放前沿城市，充分发挥了自身优势，文化开放水平很高，对外文化交流活跃，积极推动文化产品和服务"走出去"，国际影响力较大。相比之下北京还有一定差距，北京应当加大文化开放力度，提高在文化交流要素方面的竞争力。

北京的文化经济要素分值为 79.39，是 5 个一级指标中得分相对较低的一项，虽然得分偏低，但也领先于全国其他城市，这说明北京在文化经济领域占据绝对优势，文化经济要素包含文化生产要素、文化消费要素和文化企业要素 3 个二级指标，北京在这 3 个二级指标排名中均名列第一。近年来，在文化产业快速发展的带动下，北京文化消费成为消费热点。2014 年，北京人均 GDP 达 1.59 万美元，用于文化消费的支出占人均消费支出由 2012 年的 10%提高至 2014 年的 11.3%❶，呈上升趋势。文化生产要素和文化企业要素也较为突出，说明北京在文化经济发展方面走在全国最前沿，全国优秀的人才、先进的技术、充足的资金等资源都集中于此，吸引很多大型实力文化企业入驻，文化生产能力强，人们的文化消费水平相对较高。

北京文化潜力要素分值高达 85.51，文化潜力要素中的文化创新要素和文化素质要素得分较均衡，分别为 85.31 和 85.78，说明北京文化发展潜力很高。

从图 5-1 可以看出，北京 5 个一级指标要素的得分较为相近，体现出北京在文化禀赋、文化经济、文化管理、文化潜力与文化交流这 5 个方面

❶　晓燕. 消费成为北京新经济增长点 [N/OL]. 中国文化报，2015-02-11. http：//epaper. ccdy. cn/html/2015-02/11/content_ 146931. htm.

发展较为均衡，没有明显短板。

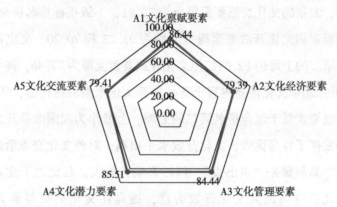

图 5-1　2014 年北京城市文化竞争力一级指标表现

（二）北京城市文化竞争力二级指标表现

从图 5-2 可以看出，与北京城市文化竞争力一级指标比较起来，二级指标表现差异比较大，北京的文化资源要素、文化企业要素、文化组织要素的得分都是 100.00，文化传播要素和文化创新要素的得分也很高。北京在文化资源要素排名中位居第一，是全国文化资源最为丰富的城市，具备深厚的文化发展基础。北京的全国重点文物保护数量与国家级非物质文化遗产数量都领先于全国其他城市。此外，北京是国内大型企业总部与海外跨国地区总部的主要聚集地，文化企业也不例外，大型实力文化企业聚集北京，文化创意产业从业人员占全市比例为 15% 左右❶，2014 年 5 月在深圳文博会发布的第六届"全国文化企业 30 强"名单中，北广传媒、畅游时代、光线传媒等 11 家北京企业榜上有名，以超过 1/3 份额的优势继续领跑全国。

而北京的文化生产要素、城市综合要素、文化设施要素得分相对其他指标较低。其中，城市综合要素是指一个城市发展的总体状况和基本条件。与文化资源要素相比，城市综合要素更关注城市借以发展的硬件条件和经济发展情况，为文化资源的利用提供硬实力的支持。

---

❶ 北京市文化创意产业促进中心. 2016 北京文化创意产业投资指南 ［Z］.

　　文化开放要素强调城市对城市外来人口、文化、经济等的包容和开放程度以及参与国内和国际文化竞争的能力，重点表现为城市对外文化贸易和吸引文化消费投资的能力，反映一个城市文化的吸引力、知名度和美誉度的高低，从具体指标来说体现了城市文化外化发展的效果。文化开放要素 Top10 的名单中，文化开放要素表现较好的城市基本都是一线、二线城市或者东部沿海城市。北京得分为 70.20，上海较为领先，以 77.46 高居榜首。北京依托全国文化中心、政治中心和国际交往中心的定位，文化开放程度也较高。随着京津冀一体化等重大战略的推进，北京将进一步加大文化开放力度，提高文化竞争力。

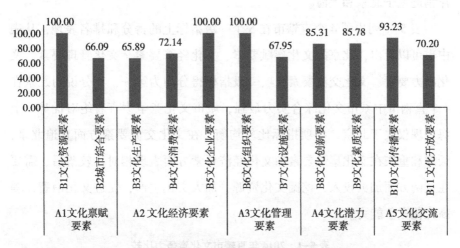

图 5-2　2014 年北京城市文化竞争力二级指标表现

　　北京的文化潜力要素得分为 85.51，二级指标文化素质要素和文化创新要素得分都比较高，而且较为均衡，说明北京文化发展潜力较大。文化素质要素是指保障和推动城市文化发展所要求的知识水平和人才储备，是城市文化发展直接动力的体现，是城市发展的智慧源泉。文化创新要素是指城市文化发展过程中对制度、生产方法、技术、理论等相关方面的改革、突破的综合，是推动城市文化竞争力提高的内生力量和不竭动力，文化创新要素在一定程度上影响着文化潜力要素的表现和城市综合文化竞争力的表现。北京作为全国的文化中心、科技创新中心，其文化科技创新成果、经费支持等方面都有其他城市无法比拟的优势。

二、北京在同类城市群中比较分析

(一) 北京城市文化竞争力在直辖市中的表现

北京、上海、天津、重庆是我国四大直辖市，无论在政治、经济还是文化发展方面都享有一定的政策优惠，城市发展程度相对高于其他城市。从城市文化竞争力的总体排名来看，北京、上海、重庆、天津分别占据第一、第二、第十和第十一，北京和上海的城市文化竞争力较强，重庆和天津稍逊色于北京和上海。

表 5-1 列出了 4 个直辖市在 5 个一级指标上的得分和排名表现，从表中也可以看出，北京的文化禀赋要素、文化经济要素、文化管理要素、文化潜力要素、文化交流要素 5 项一级指标得分均为第一，充分说明北京在 4 个直辖市中城市文化综合实力最强，城市文化竞争力有着绝对优势。上海表现仅次于北京，各项指标比较均衡，在文化交流要素方面直追北京，天津和重庆在文化禀赋要素和文化经济要素方面表现相对比较落后，需要在这两方面加大投入，挖掘文化资源，加大文化生产，促进文化消费，提高文化竞争能力。

表 5-1　2014 年直辖市文化竞争力比较

城市	文化禀赋要素		文化经济要素		文化管理要素		文化潜力要素		文化交流要素	
	得分	排名	得分	排名	得分	排名	得分	排名	得分	排名
北京	86.44	1	79.39	1	84.44	1	85.51	1	79.41	1
上海	54.26	3	63.18	2	66.69	2	59.91	2	79.28	2
天津	41.87	10	19.20	23	44.72	9	46.48	6	50.66	5
重庆	40.35	12	21.33	15	56.21	9	40.94	9	48.37	6
均值	57.95		45.78		63.02		58.21		64.43	

(二) 北京城市文化竞争力在京津冀城市群中的表现

京津冀城市群包括北京、天津以及河北的保定、廊坊、唐山、石家庄、邢台、邯郸、衡水、秦皇岛、沧州、承德、张家口，共13个城市，区域面积占全国的 2.3%，人口占全国的 7.23%。京津冀城市中，核心城市是北京、天津、石家庄，是京津冀地区提升文化竞争力的重要核心城市点。2014 年 2 月 26 日，习近平总书记主持召开座谈会，要求北京、天津、河北三地打破区域思维定式，提出京津冀一体化是一个"重大国家战略"。京津冀一体化由此进入快车道。三地文化产业的融合、联动发展也逐步开展。

从表 5-2 对比中可以看出，京津冀城市群的城市文化发展非常不均衡。北京占绝对优势，发展势头强劲，天津相对基础较好，石家庄较为弱势。

京津冀一体化发展战略对于三地来说是文化发展的机遇，文化的协同发展有利于京津冀城市群在保持特色的基础上联动发展，找准定位、发挥特色、取长补短，是区域协同发展的内在驱动力。北京作为首都、国家文化中心要发挥文化资源禀赋优势，重点发展"高精尖"文化企业，培育践行社会主义核心价值观，提升城市文明水平，促进物质文明和精神文明协调发展，发挥引领作用。天津要重点发挥自身的地理优势，打造区域文化贸易高地，需要继续发挥京津双核心城市的带动和辐射作用，引领区域总体协调发展，提升京津冀城市群的城市文化竞争力，成为具有国际影响力的文化协同发展城市群。

表 5-2 2014 年京津冀城市群文化竞争力比较

城市	文化禀赋要素		文化经济要素		文化管理要素		文化潜力要素		文化交流要素	
	得分	排名	得分	排名	得分	排名	得分	排名	得分	排名
北京	86.44	1	79.39	1	84.44	1	85.51	1	79.41	1
天津	41.87	10	19.20	23	44.72	9	46.48	6	50.66	5
石家庄	18.13	30	8.33	34	36.14	20	18.05	29	31.20	19
均值	48.81		35.64		55.10		50.01		53.76	

三、小结

从上述分析可以看出，北京作为国家首都与全国政治、文化中心，在城市文化竞争力上占据了绝对优势，不仅综合排名全国第一，其他各项指标也大都居全国首位，可以说，北京是全国最具文化竞争力的城市。

尽管北京的城市文化竞争力指标数据在全国位列第一，但文化设施要素和文化消费要素得分都偏低，这说明，一方面，北京公共文化设施的数量与北京庞大的人口相比仍显不足；另一方面，普通市民对文化消费活动参与较少。尽管北京拥有丰富的文化资源和广袤的文化市场，较为健全的文化体系和数量庞大的文化消费群体，其潜力仍需大力挖掘，在文化设施要素和文化消费要素方面，北京仍有较大的建设和开发空间。要以需求为导向，将北京传统的、丰富的文化资源转化为消费优势，平稳、有序地实现文化的经济功能。此外，北京的文化开放要素方面表现相对较弱，说明北京在文化交流方面提升空间较大。《中共北京市委关于发挥文化中心作用加快建设中国特色社会主义先进文化之都的意见》提出，到 2020 年首都将建设成为在国内发挥示范带动作用、在国际上具有重大影响力的著名文化中心城市。因此，北京仍需着重加强文化开放程度，促进文化交流，促进文化的国际化，通过文化双向交流为城市文化发展注入新的活力。提升北京城市文化竞争力和影响力，助推北京城市的发展与繁荣。

总之，北京拥有我国首屈一指的文化发展基础和优越条件，应充分发挥优势，从自身实际出发，找准突破口，继续全面提升城市文化竞争力中的各项指标，创新制度、发展模式，发挥首都竞争优势，增强国际影响力，引领全国城市共同发展，提高文化软实力。

第二节　上海城市文化竞争力研究报告

上海是我国国家级中心城市，是四大直辖市之一。鸦片战争以来上海发展迅猛，一举跃升为国际化大都市，成为中国对外开放的名片之一。2010 年，上海世博会的成功举办，更是完善了顶尖的城市基础配套设施、形成了包容性城市文化氛围、盘活了科技金融等经济增长要素。而国家"十三五"规划第一次明确对上海提出了"四个中心"的新要求和新定位，即成为国际航运中心、国际经济中心、国际贸易中心和国际科技创新中心。这对上海来说是极为重要的鼓励与支持。经过十多年的努力，上海"四个中心"已初具规模，集聚和辐射功能有了明显提升。

上海作为中国城市经济的"排头兵""领头羊"的地位和贡献有目共睹，今日上海的文化竞争实力也首屈一指。自近代以来，得益于经济实力和开放环境，上海依托浓厚的吴侬地方文化，广泛吸引各地移民和海外商贾，形成了别具一格的海派文化，当属中华文化中的一朵瑰丽的奇葩。改革开放以来，上海的城市文化建设更是层层递进、步步为营。城市文化公共服务体系建设、文化产业整体规划与发展趋向、文化消费市场与文化交流机制都呈现出蓬勃发展的势头。以"四个中心"和"国际文化大都市"的建设为契机，上海市全面推进"文化立市"战略，加速打造全国、亚太乃至全球的文化城市、文化胜地。一座城市的文化魅力不仅取决于城市整体经济发展水平、稳健宽松的政策支持空间，更得益于开放和谐的文化氛围与对外交流环境以及全体市民的文化素质水平和思想活跃程度。上海凭借得天独厚的优势，使得文化借力城市经济文化根基释放出巨大潜力。2014 年，上海城市文化竞争力综合指数为 65.02，位列全国第二。

一、上海城市文化竞争力各级指标分析

（一）上海城市文化竞争力一级指标表现

上海城市文化竞争力综合指数为 65.02，在 36 个城市中居第二位，领先于排名第三位的广州（得分 53.29），但是与列第一位的北京（得分82.59）仍然存在一定差距。参照聚类结果分析，上海与北京同属城市文化竞争力强势城市，整体水平遥遥领先于其他城市。

上海城市文化竞争力一级指标在样本城市中位居第三，总体处于全国顶尖行列。上海强大的经济实力和经济中心地位，发挥着对城市文化竞争力提升的重要作用，尤其在城市文化设施建设、文化产业事业发展的资金投入力度、城市居民的收入层次与文化消费倾向以及对外文化交流和对国

内文化吸收融入等方面的文化竞争力显得格外突出，彰显了其作为中国经济中心强有力的竞争优势。上海的城市文化竞争优势也正是基于其经济规模和地位基础之上。

从图 5-3 可以看出，上海城市文化整体发展情况相对均衡、全面，其中得分较高的是文化交流要素（79.28），居全国第二位，展示了作为中国文化开放交流窗口的优势。究其原因，一方面在于国际因素，上海自近代以来的对外文化交流和贸易窗口城市功能与标签效应，上海自贸区和国际化大都市的建设更是助推此类突出优势的发挥。自 20 世纪 90 年代浦东大开发至上海国际金融中心的战略提出，上海在对外交流与经济开放领域独占鳌头。各类国际艺术节、知名国际文化公司和外籍文化交流人士纷纷进驻上海，将此地作为他们打入中国内地的桥头堡。另一方面，就国内而言，上海是国家中心级城市、长三角地区龙头城市，立足区域发展，辐射全国。上海的文化经济要素的分值为 63.18，文化管理要素得分 66.69，与位居第三的广州（文化经济要素得分 55.27，文化管理要素得分 46.17）拉开较大的距离。领先的文化经济要素、文化管理要素和文化潜力要素也与上海市的经济地位相匹配。长三角城市群建设规划的提出，更是巩固了上海在此地区的核心地位及功能。借政策扶持之机，上海加速整合周边地区的资源，积极吸收有益于经济发展的成果，做大做强，确立核心城市的定位。因此，长三角乃至全国优秀的文化资源与从业人才都将大规模落地上海，为上海城市文化竞争力的提高提供了有力支撑。

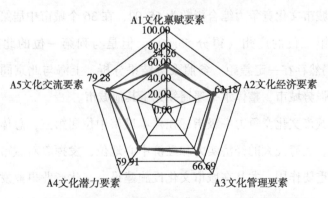

图 5-3　2014 年上海城市文化竞争力一级指标表现

（二）上海城市文化竞争力二级指标表现

由图 5-4 可见，首先，上海一级指标文化禀赋要素中的两项二级指标排名存在微小差异。其中文化资源要素得分排名全国第三，落后于北京和南京。城市综合要素排名第五，位列北京、南京、广州、长沙和杭州之后。尽管综合起来文化禀赋要素得分居于第三位，但是城市综合要素分值相较排名靠前的城市仍有差距。近年来，上海加速完善基础设施和保障公共服务，但南京、广州、长沙和杭州文化却将更多精力投入传承和建设城市文化，而北京更是着力做强首都的文化中心地位。因此，上海可以着力开发清末以及民国时期的"老上海"城市文化遗存，例如码头、弄堂以及舞剧院等元素都可以融为上海城市文化历史的重要组成部分，为上海城市文化的历史底蕴增色。当然，上海在完善城市基础配套服务设施的同时，应当加大对文化设施建设和改造文化氛围的投入。博物馆、文化场馆、公共图书馆、歌舞类剧院和文化遗产展示中心等文化设施的建设需进一步完善。

其次，上海的文化经济要素 3 项二级指标较为均衡。文化生产要素、文化消费要素和文化企业要素得分均位居全国前列。特别是文化消费要素得分与居榜首的北京仅相差不到 1.00，遥遥领先于其他城市。然而文化企业要素表现却相对较弱。上海作为我国金融中心，虽然上海的经济发展重点在金融领域，但文化企业发展存在短板。近两年来各类知名文化公司竞相剥离一部分子公司进驻上海，说明上海在着力补足文化企业这块短板。

再次，上海文化组织要素与文化设施要素得分也较高，均位列全国第二名。由此可见，近年来上海市对科、教、文、卫事业的投入取得了与之付出正向的积极成果。复旦大学、上海交通大学和同济大学等国内一流院校也正加速孵化出更多学术成果与实践成果，这使得上海市丰富的高等教育资源充分涌流，不断变现。

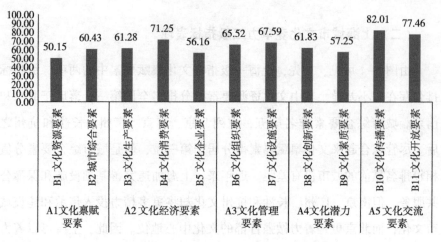

图 5-4　2014 年上海城市文化竞争力二级指标表现

最后，上海文化开放要素与文化交流要素得分均在 80.00 左右，皆位居样本城市前列。显而易见，上海作为中国对外开放的窗口型城市，一方面，上海市民出境旅游、学习愈发频繁，更多上海人走出国门接受海外文化的浸染与熏陶。近年来，国内出境游日益频繁，而且上海市民的消费能力居全国前列。上海市民出境游在全国居民外出旅游中占据很大比重。这在上海对外文化交流方面起到了不可忽视的作用。另一方面，随着上海国际知名度的提升，更多外籍人士来此学习、经商、考察和交流，开展各种形式的活动。上海国际金融中心战略的提出，更是使得上海成为境外资本投资中国的一片热土。因而从长远来看，这些活动使得上海以更加积极与包容的姿态参与到中西方文化交流与碰撞之中，促进了上海的文化开放和交流环境不断完善。

二、上海在同类城市群中比较分析

（一）上海城市文化竞争力在直辖市中的表现

在 4 个直辖市中，上海的城市文化竞争力总体仅次于北京。从前文表 5-1 中可以看出，上海的 5 个一级指标都仅次于北京，位列第二。然而在二级指标文化开放要素方面，得分却高于北京，展示了上海卓越的对外文化辐射能力。上海在文化资源要素方面表现不俗，主要原因在于上海的百年城市文化底蕴。在文化经济要素方面，上海市文化产业的崛起搭上了城市经济发展与国际化的快车道。文化管理要素方面上海作为全国首屈一指的特大城市，具备了成熟的管理水平、先进的管理理念以及一流的管理能力。在这四大直辖市中，上海仍然拥有强势的文化竞争力。

（二）上海城市文化竞争力在长三角城市群中的表现

上海作为长三角经济带的龙头城市，在城市文化综合竞争力领域保持着绝对优势。从表5-3中的数据也能看出，作为长三角经济带的文化核心城市，上海的文化经济要素和文化交流要素得分远高于其他3个城市。长三角地区经济发达、历史悠久，上海、南京、杭州和苏州等长三角中心城市却在经济与文化能力上呈现出不平衡的发展态势。经济最为发达的上海文化遗产相对较少，而南京、苏州和杭州等地文化底蕴深厚但经济水平较上海有很大差距。上海的城市文化，根植于强大的经济实力和对外窗口平台，体现出了鲜明的特色。因此，上海应当继续发挥该地区的核心城市优势，依靠强大的文化辐射力带动周围城市的文化产业、文化事业、文化管理和文化交流成果的培育。

值得一提的是，长三角城市群建设必将文化事业和文化产业的发展作为重头戏。该地的城市群都同属于吴楚文化圈。同源的文化根基、相似的民间风俗和趋共的历史脉络都便于在此地开展文化发展的联动合作。日益频繁的经济往来将会催生该地文化交流成果的产出，进一步促进上海成为长三角地区城市文化交流与合作的平台。

表5-3 2014年长三角城市群文化竞争力比较

城市	文化禀赋要素		文化经济要素		文化管理要素		文化潜力要素		文化交流要素	
	得分	排名	得分	排名	得分	排名	得分	排名	得分	排名
上海	54.26	3	63.18	2	66.69	2	59.91	2	79.28	2
南京	54.95	2	39.91	4	48.03	7	42.31	8	38.51	12
杭州	51.80	4	39.78	5	53.55	4	33.31	13	45.95	7
宁波	39.10	14	20.97	18	39.07	15	27.53	20	35.25	13
均值	50.03		40.96		51.84		40.77		49.75	

三、小结

综上所述，上海的文化竞争力位列全国前茅，体现了上海经济实力与文化竞争力互为助力、协同发展的卓越成效。但是，相对而言，上海的城市文化管理仍有提升空间，从而凭借强大的经济能量和完善的管理服务释放城市文化竞争力的强大后劲。同时，上海应当在科教文化实力的打造和提升上倾注更多的精力，全面提升城市文化素养。

面对新形势下的大背景，上海的文化竞争力若想取得更大的突破，必须扬长避短，立正纠偏。首先，在发挥长三角文化核心城市引领作用的同时，更应当汲取本地区深厚的历史文化传统，积极、主动地从江南吴越地区的文化底蕴中汲取营养，并且与上海本地的海派现代文化巧妙融合。其次，全面发展、重点补缺，力图将上海文化打造为辐射全国、影响世界的、优秀的、具有代表性的城市文化。上海要利用好建设国际化大都市和金融、航运与贸易中心的契机，以中国对外开放最前沿的姿态和风尚与世界优秀文化成果对接，打造国际化视野的城市文化平台，强化在全国乃至海外的城市文化话语权。最后，上海应将建设"国际大都市"的目标与文化充分对接来进行考量。不仅仅停留在国际金融、贸易和航运中心等宏伟的经济指标上，还应在文化层面上向世界积极展示中西和古今文化碰撞融合的典型大都市形象。

第三节 广州城市文化竞争力研究报告

广州是广东省省会，副省级市、国家中心城市，位于广东省东南部，珠江三角洲北部，濒临中国南海，地理位置优越，是中国南方最大、历史最悠久的对外通商口岸。两千多年来，广州一直都是华南地区的政治中心、军事中心、经济中心、文化中心和科教中心。广州是国家历史文化名城，是岭南文化分支广府文化的发源地和兴盛地之一，是中国海上丝绸之路历史上最重要的港口，有"千年商都"之称。广州是国务院定位的国际大都市，是国家三大综合性门户城市之一，与北京、上海并称"北上广"。

2014年，广州市实现地区生产总值（GDP）16706.87亿元，比上年增长8.6%，增速高于全国（7.4%）和全省（7.8%），其中第三产业增加值突破万亿元❶，经济在新常态下平稳运行。2014年，广州市文化产业法人单位有31430家，文化产业增加值849.34亿元，占地区国内生产总值的5.08%❷，首次成为国民经济的支柱性产业。2014年，广州文化产业新业态不断涌现，新媒体超越传统媒体，"音乐之都"品牌逐步打响，网络游戏保持全国领先水平，社交媒体领跑全国，为我国文化产业新业态的发展做出重要贡献。2014年，广州城市文化竞争力综合指数为53.29，综合排名位列全国第三。

一、广州城市文化竞争力各级指标分析

（一）广州城市文化竞争力一级指标表现

2014年，广州以53.29的综合得分位列全国城市文化竞争力的第三名，综合得分较2013年的41.07有所上涨，排名与2013年保持一致。这一方面显示了2014年广州城市文化竞争力较2013年有所增强；另一方面也体现出广州与同为三大综合性门户城市的北京和上海在城市文化竞争力上仍有一定的差距。

从图5-5中5个一级指标横向比较来看，广州文化交流要素得分最高，达到64.69，位列全国第三，仅次于北京和上海，表明广州文化交流要素实力较强。在文化交流要素城市聚类中，广州与北京、上海、深圳归为第一类城市，组成了第一梯队，属于文化交流强势城市。一方面，由于

❶ 曾妮. 广州GDP全国第三　人均高于京沪津 ［EB/OL］. （2015-02-10）［2016-12-15］. http：//gz. southcn. com/content/2015-02/10/content_ 118136152. htm.

❷ 武勇. "广州文化创意产业发展报告（2016）" 发布 ［EB/OL］. （2016-09-12）［2016-12-18］. http：//pic. cssn. cn/dybg/gqdy_ gqcj/201609/t20160912_ 3197930. shtml.

广州位于广东省东南部，珠江三角洲北部，濒临中国南海，是我国的"南大门"，在文化交流上有着得天独厚的地理优势。另一方面，随着南沙自由贸易试验区、"一带一路"等重大国家战略的实施，广州文化交流迎来了前所未有的战略契机。此外，2014 年广州市多次举办了颇具影响力的文化活动，"第二届广州国际城市创新奖""2014 中国国际友好城市大会暨广州国际城市创新大会"以及"2014 企业创新与城市发展论坛""城镇化与智慧城市主题论坛""丝绸之路与地方政府合作论坛""2014 广州论坛"等一系列活动的举办，都为广州提升文化交流实力做出了巨大贡献。

广州市文化经济要素和文化潜力要素表现也较为优秀，分别列全国第三位和第四位。从文化经济要素实力来看，广州得分为 55.27，位列全国第三位。在文化经济要素的城市聚类中，广州与北京、上海归为第一类城市，属于文化经济要素最高的一类城市；在文化潜力要素的城市聚类中，广州与北京、上海、南京等地归为第一类城市，属于第一梯队城市，在文化潜力要素方面具有较强的优势。究其原因，首先，广州市经济水平较为发达，居民文化消费实力较强，在城市文化竞争力二级指标文化消费要素中，广州得分为 87.84，列全国第一位；其次，广州在国内外拥有一批具有较强实力和竞争力的龙头文化企业、文化品牌；最后，广州吸引了大批优秀文化产业人才的汇集，形成了一批专业化程度高、素质好的文化产业人才队伍。从文化潜力要素实力来看，广州得分为 53.14，列全国第四位。文化潜力要素的二级指标下有文化创新要素和文化素质要素，其中广州的文化素质要素实力较为突出，得分为 73.38，列全国第三位。这主要由于广州市高校林立，在校生人数众多，未来发展有大量人才作为支撑，可见未来的发展潜力巨大。

广州文化禀赋要素和文化管理要素相对其他要素表现较弱，列全国第六和第八位。在文化禀赋要素的城市聚类中，广州与北京、上海、南京等地归为第一类城市，属于文化禀赋最高的一类城市；在文化管理要素的城市聚类中，广州与北京、上海、重庆等地归为第一类城市，属于政府文化管理较为完善、高效的优势地区。从文化禀赋要素来看，广州得分为

46.98，列全国第六位。作为一座具有 2300 年历史的文化名城，广州的文化遗产丰富。作为岭南文化中心地、古代"海上丝绸之路"发祥地、中国近现代革命策源地和改革开放前沿地，广州具有其自身独特的文化禀赋要素。与北京、南京、上海、杭州以及西安等城市相比，广州在城市综合要素二级指标上与它们差距较小，甚至超过某些地区，但是在文化资源要素二级指标上，广州得分为 31.54，仅列全国第十五位，远远落后于位居前五的城市。从文化管理要素来看，广州得分为 46.17，位列全国第八，但全国排名相对略低。文化管理要素指标下有文化组织要素和文化设施要素两个二级指标。其中，二级指标文化组织要素得分 52.56，虽然与 2013 年相比分值大幅上升，但是全国排名第十五位，与北京、上海两地差距较为显著。这说明广州在文化发展方面所给予的政策支持、制度保障以及设施投入仍有待提升。

从总体上看，2014 年广州城市文化竞争力一级指标要素中，文化交流要素得分和文化经济要素得分较高，均列全国第三位；文化潜力要素实力也相对较强，位列全国第四；文化禀赋要素和文化管理要素实力相对较弱，分别列全国第六、第八位，与前三名之间差距较为明显。

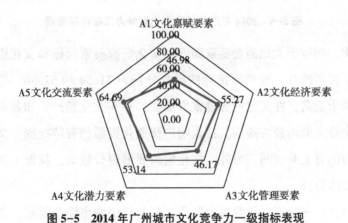

图 5-5　2014 年广州城市文化竞争力一级指标表现

（二）广州城市文化竞争力二级指标表现

从图 5-6 可以看出，广州城市文化竞争力各项二级指标发展并不平衡。首先，二级指标文化消费要素得分最为突出（87.84），位居全国第一，超过了北京和上海。在文化消费要素的城市聚类中，广州与北京、上海、深圳等地归为第一类城市，文化消费水平较高。从相关三级指标情况中我们可以发现其中的原因。根据国家新闻出版广电总局公布的2014年全国电影票房的数据显示，广州2014年电影票房为12.86亿元，居全国第三位，但是因其人口数量远低于北京和上海，因而在人均观影人次和人均电影年票房方面大幅领先。另外，2014年广州市GDP总值与人均GDP在全国主要城市中均排名第三❶，这就为广州文化消费要素奠定了良好的基础。

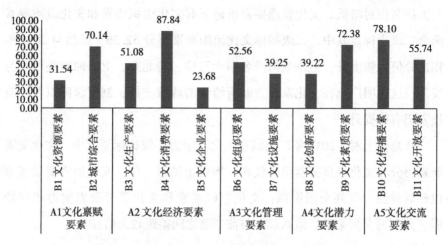

图5-6　2014年广州城市文化竞争力二级指标表现

其次，相较于文化消费要素而言，文化资源要素指标和文化组织要素指标两项排名较低。这两项指标的得分分别为31.54和52.56，排名均位于全国第十五名。在文化资源要素方面，广州在文化遗产、知名景区以及文物单位等方面均较为落后，这说明广州文化资源仍有待挖掘，文化资源要素实力仍有上升空间。另外，文化组织要素得分较低，拉低了文化管理要素的总体得分。

最后，广州城市文化竞争力各项二级指标中城市综合要素、文化生产要素、文化素质要素以及文化传播要素各项分值均表现不俗，这4项要素的排名均位于全国第三名。在城市综合要素方面，广州人均GDP和人均可

❶ 曾妮. 广州GDP全国第三　人均高于京沪津［EB/OL］.（2015-02-10）［2016-12-10］. http：//gz. southcn. com/content/2015-02/10/content_ 118136152. htm.

支配收入均较为靠前，城市整体经济实力较为发达；在文化生产要素方面，广州广播、电视以及公共图书藏量等指标均位于全国前列，广州文化生产实力较强，仅次于北京和上海；从文化素质要素来看，广州市高校林立，创意人才储备丰富，文化素质水平较高；从文化传播要素来看，广播、电视以及互联网普及率等均位于全国前列，向外文化传播实力较强。

　　总而言之，广州城市文化竞争力各项二级指标中除个别指标出现极低值外，其余指标总体水平均位于全国前列，与一级指标总体趋势一致，较好地反映出 2014 年广州城市文化竞争力的总体情况。

二、广州在同类城市群中比较分析

（一）广州城市文化竞争力在国家中心城市中的表现

　　国家中心城市是现代化的发展范畴，是居于国家战略要津、体现国家意志、肩负国家使命、引领区域发展、跻身国际竞争领域、代表国家形象的特大型都市。2005 年住房和城乡建设部编制《全国城镇体系规划》时，首次提出建设"国家中心城市"这一概念，它改变了中国传统的直辖市、省会城市、地级市、县级市的城镇体系格局，使"中心城市"成为全国城镇体系金字塔的"塔尖"。此后逐步成为国家中心城市的分别有北京、天津、上海、广州、重庆。通过对这 5 个城市文化竞争力 5 个一级指标进行比较可知，广州处于中间位置。

　　从表 5-4 中各项指标排名情况的对比分析可以得知，首先，广州城市文化竞争力中文化经济要素、文化交流要素以及文化潜力要素排名较为靠前，在 5 个中心城市中处于中间位置，与北京、上海相比差距较小，但是又与天津、重庆拉开了一定的距离。这主要是由于广州经济发达、地理位置优越以及文化资源相对丰富。

　　其次，广州城市文化竞争力中文化禀赋要素和文化管理要素表现相对较弱。在文化禀赋要素方面，北京、上海因其丰厚的历史文化资源和自然文化资源，占据全国排名前两位；从分值上看，广州与北京、上海在文化禀赋要素分值上差距较大，要想超越两地存在一定的难度，而与天津、重庆在文化禀赋要素上得分差距微弱，则有很大可能性被两地超越。因此，广州需要在保持竞争实力的同时，还要继续加大文化资源开发与保护的力度，充分挖掘当地文化资源的价值。在文化管理要素方面，广州得分46.17，低于五地文化禀赋要素的均值，在五大国家中心城市中排名第四位，以1.45的差距略高于天津，但与北京、上海、重庆三地差距显著。这主要是由于和北京、上海、重庆等地相比，在文化产业专项资金、文体传媒支出以及文化设施建设数量等方面，广州与三地都有较大的差距。

最后，广州在这五大国家中心城市文化竞争力总体排名属于中间位置，5个一级指标中文化经济要素、文化交流要素、文化潜力要素与北京、上海差距较小；文化禀赋要素、文化管理要素与北京、上海等地有明显差距。因此，广州城市文化竞争力的提升一方面需要找到短板，认识到自身的不足，提升文化管理要素和文化禀赋要素实力。另一方面，保持住已有优势，继续在文化经济要素、文化交流要素和文化潜力要素等方面做出更大成绩。

表 5-4　2014 年国家中心城市文化竞争力比较

城市	文化禀赋要素		文化经济要素		文化管理要素		文化潜力要素		文化交流要素	
	得分	排名	得分	排名	得分	排名	得分	排名	得分	排名
北京	86.44	1	79.39	1	84.44	1	85.51	1	79.41	1
上海	54.26	3	63.18	2	66.69	2	59.91	2	79.28	2
天津	41.87	10	19.20	23	44.72	9	46.48	6	50.66	5
重庆	40.35	12	21.33	15	56.21	3	40.94	9	48.37	6
广州	46.98	6	55.27	3	46.17	8	53.14	4	64.69	3
均值	53.98		47.67		59.65		57.20		64.48	

（二）广州城市文化竞争力在全国十大港口城市中的表现

2014 年全国十大港口城市有上海、广州、深圳、天津、宁波、大连、青岛、厦门、营口以及连云港。但由于营口和连云港不在此次调查范围内，因此，选取十大港口城市中的 8 个城市进行城市文化竞争力的对比分析。

从表 5-5 中的对比分析可见，第一，广州在全国主要港口城市中综合实力排第二位，仅次于上海，远高于天津、深圳、宁波等城市。第二，从二级指标来看，广州文化经济要素和文化交流要素表现最佳，均排名全国第三位，在全国主要港口城市中仅次于上海。特别指出的是，与同样为全国主要港口城市和珠三角经济圈城市的深圳相比，广州城市文化竞争力具有明显优势。从综合实力上来看，广州排名居第三位，深圳排名全国第六位；广州综合得分为 53.29，深圳综合得分为 43.35，广州大幅高于深圳。广州城市文化竞争力属于"强势地区"，而深圳则属于"优势地区"。

表 5-5　2014 年全国十大港口城市文化竞争力比较

城市	文化禀赋要素		文化经济要素		文化管理要素		文化潜力要素		文化交流要素	
	得分	排名	得分	排名	得分	排名	得分	排名	得分	排名
上海	54.26	3	63.18	2	66.69	2	59.91	2	79.28	2
广州	46.98	6	55.27	3	46.17	8	53.14	4	64.69	3
深圳	32.89	19	33.58	8	48.85	6	44.86	7	58.89	4
天津	41.87	10	19.20	23	44.72	9	46.48	6	50.66	5
宁波	39.10	13	20.97	18	39.07	15	27.53	20	35.25	13
大连	29.74	28	19.18	12	35.23	19	27.53	22	30.29	22
青岛	35.91	16	15.41	30	37.99	17	19.56	28	32.69	15
厦门	24.12	26	13.52	31	33.55	30	24.06	24	39.85	11
均值	38.11		30.04		44.03		37.92		48.95	

三、小结

综上所述，广州城市文化竞争力整体实力较强，但是在文化禀赋要素和文化管理要素方面有明显的短板，尤其是文化资源要素和文化组织要素必须引起足够的重视。具体来说，第一，广州文化资源利用率较低。广州市具有丰富的文化资源，骑楼、广彩、老字号一条街、万木草堂以及千年古道遗址等都极具地域特色，但由于开发利用率较低，这些文化资源尚未能真正发挥价值。第二，广州市在文化产业专项资金以及文体传媒支出费用上投入不足。广州文化组织要素排名全国第十五位，直接拉低了一级指标文化管理要素的名次。第三，广州市文化创新能力不强。广州的科研人员数量、专利数量以及研发经费等都相对较低，广州文化创新能力较弱。第四，广州文化生产实力和文化企业竞争力相对较弱。广州市广播、电视、图书、期刊等制作与发行量远远低于北京、上海等地。另外，广州市具有较强竞争力的大型文化企业数量较少。

为应对上述问题，广州一方面需要继续保持在文化经济要素和文化交流要素方面的优势，发挥所长；另一方面，广州城市文化竞争力需要补齐短板，采取一系列有针对性的改善措施。首先，继续保持在文化经济要素和文化交流要素上的优势。坚持以经济发展为中心，促进文化消费；扩大文化生产，尤其要加大与公民文化消费相关的电影、电视、图书等的生产；发展一批具有较强实力和竞争力的骨干企业与企业集团，培育一批知名文化品牌，增强广州文化企业实力；继续坚持推进文化"走出去"战略，利用区位优势，着力发展对外贸易。其次，加大对文化资源的开发和利用。挖掘整理历史文化资源，重视对文化资源的挖掘整理。根据广州历史文化、地域文化和民族文化特点，充分利用留存丰富的历史文物，完善历史文化资源开发规划，对历史文化资源进行合理开发利用，构建广州历史文化名城建设的新载体。此外，加大对文化产业专项资金和文体传媒经费的投入，建议将此类经费列入广州年度财政规划中，保证文化产业发展有足够的资金支持。最后，增强文化创新能力。出台相关人才吸引政策，引入大量创新人才；加大知识产权保护，鼓励创新，同时要加大对盗版侵权的打击力度；加大对技术创新、理论创新领域的奖励与支持力度，并设立专项科研经费。

第四节　杭州城市文化竞争力研究报告

杭州，浙江省省会，副省级城市，长三角城市群副中心城市、华东地区中心城市之一。全国重点风景旅游城市和历史文化名城。位于浙江省北部，地处杭嘉湖平原南缘，拥有约 1500 年的建城历史，是中国六大古都之一。古时曾称"临安""钱塘""武林"。自古以来，杭州的经济、文化较为发达，素有"上有天堂，下有苏杭"之谚。活跃的多元化经济和发达的文化、教育使杭州成为浙江省政治中心、经济中心和文化中心。

几千年来杭州的良渚文化不断演变、兼容并蓄，形成了以西湖文化、运河文化和钱塘江文化为代表的特色杭州文化，随着城市经济与人文的变迁而不断丰富。杭州是历史文化名城，又在世界上第一个以城市整体区域入选《世界文化遗产名录》。近年来，杭州秉持"文化的本质是生活方式"的核心理念，把文化融入日常生活的方方面面，用文化倡导时代精神，引领产业发展、提高生活品位，在发挥文化对城市发展的引导和推动作用方面积累了经验。

杭州的城市文化生命不仅仅依托传承，更在于创新。这也使得杭州成为全国同类城市文化建设的标杆。首先，杭州全面贯彻实施民生优先、环境立市、创新强市、实业兴市、文化引领、开放带动这"六大战略"，共建共享与世界名城相媲美的"生活品质之城"，致力于将杭州打造成"全国文化创意产业中心"。同时，杭州以建设国内一流、国际知名的"文创内容中心、文创人才中心、文创科技中心、文创金融中心、文创交流中心、文创研究中心"为核心，已经成为以文化、环境、生活、创业高度融合为特色的全国著名文化创意中心。杭州也是联合国教科文组织全球创意城市网络"工艺和民间艺术之都"，全国首批"国家级文化和科技融合示范基地"和"国家三网融合试点城市"；拥有全国唯一的"两岸文化创意产业合作实验区"，在全国率先提出打造"动漫之都"的战略目标；也是全国首个建有两家文创金融专营支行的城市，拥有全国首个文化创意企业无形资产担保贷款风险补偿基金。2014 年，杭州城市文化竞争力综合指数为 44.83，综合排名居全国第四。

一、杭州城市文化竞争力各级指标分析

（一）杭州城市文化竞争力一级指标表现

杭州城市文化竞争力综合指数为 44.83，在样本城市中居第四位，较

2013 年而言有了较大提升。根据聚类结果分析，列第四位的杭州以微弱的优势领先南京、深圳和武汉等城市。而与排名第三的广州（53.29）接近 10 分的差距，也表明了杭州的文化竞争力表现尚有待继续发力。虽然杭州的城市文化影响力具备多重潜质，但杭州市还需在激发文化潜力方面加大投入力度。

从图 5-7 可见，杭州市文化禀赋要素、文化经济要素、文化管理要素和文化交流要素都体现出了较高水平，表明杭州在政府层面对文化事业和产业的政策支持力度、为推进文化设施建设与完善所投入的资金和历史古迹的保护修复和文化创意创新产业的重视程度，都走在了全国的前列。

首先，文化禀赋要素方面，杭州得分 51.80，列全国第四位，仅次于北京、上海和南京。历史文化悠久的杭州是我国的七大古都之一，也是为古人所神往的"人间天堂"。距今五千多年的"良渚文化"是华夏文明的发祥地之一，杭州也是南宋的国都。杭州的西湖和京杭大运河都已被纳入《世界文化遗产名录》。此外，杭州还有龙井茶、灵隐寺、飞来峰以及西泠印社、胡雪岩故居、六和塔、雷峰塔、钱王陵、太庙和良渚文化遗址等物质文化遗产。非物质文化遗产数目更是蔚为可观，包括梁祝传说、白蛇传传说等 16 项民间文学，江南丝竹、浙派古琴等 5 项民间音乐，杭州滚灯、淳安竹马等 17 项民间舞蹈❶，其他种类繁多的舞蹈、戏剧、美术、民俗和手工艺等文化艺术形式。宜人舒适的气候、清新秀丽的风光、源远流长的历史底蕴和古色古香的城市风貌，使杭州成为我国最知名的旅游城市之一。2004 年，杭州启动实施了"旅游国际化"发展战略，目的是要让这座旅游城市在国际上富有鲜明的城市个性和魅力，具有高质量的国际旅游环境，拥有知名度高、竞争力强的旅游产品，能为游客提供符合国际惯例的旅游服务，打造独特性的国际旅游品牌。经过十多年的发展，杭州的城市旅游战略取得了显著成效。杭州曾被美国《纽约时报》评选为"2011 年

---

❶ 章晴. 杭州市公布首批非物质文化遗产名录项目名单 [N/OL]. (2016-12-22) [2016-12-27]. http://qjwb.zjol.com.cn/html/2006-12/22/content_1454223.htm.

全球最值得去的 41 个地方"。按照经验，依靠旅游带动的城市经济必然会"反哺"城市文化建设。从杭州的经验来看，文化与旅游的深度融合在很大程度上繁荣了杭州文化。

其次，杭州的文化经济要素得分 39.78，排名居全国第五位。近几年，浙江广电集团在全国卫视中异军突起、阿里巴巴集团叱咤海内外市场、G20 峰会在杭州选址，都正向刺激并且拉动了杭州文化经济的繁荣。同样，正如前文所提到的，与杭州所提出的文创中心战略配套的一系列文化企业、文化服务和文化金融等支持性项目，使得杭州成为国内首屈一指的文创企业热土。

再次，杭州的文化管理要素（53.55）和文化交流要素（45.95）均取得佳绩，排名均为全国第四位。针对 G20 峰会的前期准备工作，包括城市基建项目的落实、文化氛围的构建、相关产业的管理，都向全国乃至世界展示了江南水乡文化的韵味，也为杭州带来了更多海内外文化交流的机会。2018 年世界短池游泳锦标赛和 2019 年亚运会的举办，将使杭州以更开放的姿态张开双臂拥抱世界。杭州的文化管理能力和文化交流水平必将更上一层楼。

最后，杭州的文化潜力要素得分仅为 33.31，跌出全国前十位，且得分低于平均水平。这与杭州市深厚的城市文化底蕴、丰富的科技文化资源和巨大的经济文化潜力不相称。这说明杭州在城市文化竞争力中存在短板。究其原因，在文化潜力要素方面，高校教育是重中之重。杭州市高校数量较少、专业结构欠全和学生人数偏少都成为杭州文化教育资源发挥的短板和桎梏，进而也使得杭州文化发展潜力尤显不足。

总体而言，杭州城市文化竞争力 5 个一级指标在样本城市中排名相对均衡，有 4 个指标都进入了全国前十位，这说明杭州的文化竞争力总体水平处于全国前列，整体城市文化发展相对均衡、全面。相比 2013 年，杭州的城市文化竞争力有所进步和提升。杭州的城市文化竞争力仍具有较大的提升空间。

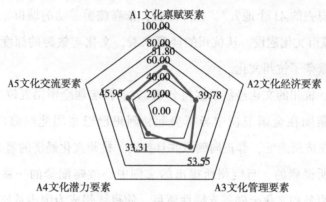

图 5-7 2014 年杭州城市文化竞争力一级指标表现

（二）杭州城市文化竞争力二级指标表现

由图 5-8 可见，首先，杭州文化资源要素和城市综合要素表现可圈可点。双料得分均位居全国第四，在 36 个样本城市中居于领先位置。丰厚的历史沉淀和近年来政府层面对文化建设的高度重视已然奏效。杭州文化生产要素、文化消费要素和文化企业要素得分也都进入了全国前十位。依靠文化创意产业打造的规模化文化产业集群，在全国同类城市中的竞争力不容小觑。同样，"中国电视剧第一股"华策影视股份有限公司、"中国旅游演艺第一股"杭州宋城集团控股有限公司、"中国数字电视内容原创第一股"华数传媒、"中国民营广告第一股"思美传媒、"中国网吧服务软件第一股"顺网科技等知名文创企业在业界捷报频传、有声有色。杭州文创在实践中造就的这批领军企业力量，不仅提升了杭州的经济水平，更是为城市文化竞争力锦上添花。而世界排名前十位的互联网公司阿里巴巴就坐落于杭州，带动了整个城市的文化产业发展。随着城市的快速发展，人民群众的文化需求迅速增长，经济转型升级也要求大大提升文化产业在城市产业结构中的比重，后工业化时代的城市发展更需要彰显城市的文化特色，提升城市的文化品质，增强城市的文化"软实力"。这都使文化发展和文化内涵在城市发展战略中居于越来越重要的地位。

其次，杭州文化组织要素和文化设施要素都有尚佳表现，二者均列全国第六。在管理机构方面，杭州成立了专门的政府部门，设立市、区两级

"文化创意产业管理办公室"，协调全市文化创意产业发展，为杭州文创的发展搭建产业集聚平台、投融资平台、项目引导平台、人才开发平台和交易展示平台。整齐划一的文化产业事业管理模式集中、规范了一系列重大文物古迹保护开发项目。良渚文化、吴越文化、南宋文化、明清文化，构成了杭州文化的完整序列。丰厚的文化积淀，为杭州这座美丽的城市，留下了众多珍贵的物质与非物质文化遗产，成为今天杭州"软实力"的一个重要组成部分。一方面，十多年来，杭州相继对西湖的"东南西北中"进行了全方位的保护和整治，其内容涉及生态保护、环境美化、文脉延续、景观修复、水质治理、建筑整治诸多方面，"一湖两塔三岛三堤"的西湖全景重返人间，"东热南旺西幽北雅中靓"的西湖新格局基本形成。另一方面，杭州成立了运河管委会，正在实施一项运河建设、保护和开发的宏大工程，在投入十余亿元资金换来运河水变清的基础上，再投入数十亿元资金，打造"运河文化"旅游新名片。此外，杭州对南宋临安城遗址特别是南宋皇城遗址保护高度重视，专门委托中国文物研究所、东南大学建筑设计研究院和中国社科院考古研究所编制了《临安城遗址——皇城遗址保护规划》，搬迁了南宋皇城遗址保护范围内一批企事业单位和居民，并先后建成了太庙遗址公园、南宋皇城御道展示厅等一批保护设施，取得了初步成效。

杭州的文化潜力表现较弱，文化素质要素得分未进前十，文化创新要素位列第九。文化潜力要素得分拉低了整体成绩。整个杭州乃至浙江省只有浙江大学一所"985""211"高校。虽然浙江大学各项指标和培养的学生素质在全国范围内直逼清华、北大，但总体而言仅仅凭一所顶尖高校之力，在杭州文化竞争力培育中显得孤掌难鸣。尽管杭州科研人才济济、科研能力出众，但是更需要文化产业的内容创意型人才对城市文化底蕴进行深耕，并与如今的文化接受形式和习惯相融合。与此需求相对应的哲学社会科学教育应当给予大力支持，才能充分挖掘城市文化建设的潜力。

杭州的文化传播要素和文化开放要素都进入前十名之列。这与杭州的位置、经济和当今形势都有着很大关联性。杭州地处东南沿海、位居长三角南隅、近傍上海。自近代以来就是中外商业贸易和文化交流的重镇。因此，杭州也成为外籍人士来华后热衷于到访乃至工作、学习、生活的城市。此外，发达的浙江省域和杭州市域经济，成功吸引了全国各地的人才来此汇集，形成多元文化碰撞、交流与融合。

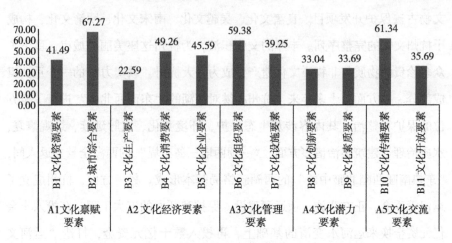

图 5-8　2014 年杭州城市文化竞争力二级指标表现

二、杭州在同类城市群中比较分析

（一）杭州城市文化竞争力在长三角城市群中的表现

杭州位于长三角城市经济圈南翼，与此地其他城市相比，在文化创意产业、电子商务、文化旅游等领域多有建树，并在本区域内发挥着引领和示范作用。从前文表 5-3 中可以看出，杭州虽然较上海而言差距很大，同南京旗鼓相当，但杭州的部分文化竞争力要素在全国都可谓佼佼者，大大领先于同类的合肥、苏州和宁波等城市。相对而言，杭州依然是长三角城市文化圈的副中心，与同类城市南京和苏州相比，距离上海更近、电子商务发达和对外交流便捷都是重要优势。

（二）杭州城市文化竞争力在周边省会城市中的表现

从前文表 5-3 来看，城市文化竞争力杭州超过南京，成为文化竞争力排名第四的城市，也成为全国省会城市中的第二名，仅次于广州。广州是广东省省会城市，近傍港澳、直通南海，并且是改革开放的重镇，经济发达、外贸兴盛。广州是历史悠久的岭南文化的中心，具有全国其他城市不可比拟的优势。所以杭州的城市文化竞争力综合指数较广州落后 10.00。但优越的地理位置、发达的民营经济、领先的文创产业都使杭州的文化生产要素、文化创新要素、文化传播要素和文化开放要素在该地区处于领先优势。同时，杭州是国家旅游局指定的最佳旅游目的地城市，历史古迹遗存丰富，文化资源要素和城市综合要素也名列前茅。总之，杭州还要充分发挥自身的一系列优势，补足高校教育资源滞后的短板，积极营造哲学、社会、科学、文化、教育氛围，着力形成对于文创人才的吸引力，才能更好地在周边地区的文化产业发展格局中居于优势地位。

三、小结

综上所述，杭州城市文化竞争力的提高，首先应当在城市化高速推进中高度重视发掘和保护杭州的文化基因，努力使历史文化传统和遗存与现实生活紧密结合。通过可见的历史遗存展现古代江南文化的典雅风貌，并与各种现代文化元素自然融合，让市民随时随处都能提高文化素养，开拓文化视野，获得丰富的文化享受，形成一座城市的文化风骨和品位，塑造对于全国乃至世界的文化感染力。

其次，要大力发展高等教育，并营造良好的环境吸引接纳高素质人才，在做大做强浙江大学的基础上，着力一些人文特色类高校的发展，为杭州文化产业的发展提供后续的储备人才。

最后，杭州要充分发挥政策赋予的文创产业优先发展的优势，进一步将自身打造成为文化创意产业孵化园地型城市。在成功吸引并且留住国内文创企业的基础上，积极吸收引进国外优质文创企业和人才，形成全国特有的文创产业格局。广泛挖掘并融合历史和现代文化元素，整合城市特色文化资源，加大政策扶持，大力发展创新能力强、产业规模大、文化品位高、产业特色鲜明、创业环境一流、专业人才聚集、知名品牌众多、产权保护严密、公共服务完善的文化创意产业集群，构建结构合理、门类齐全、科技含量高、富有创意、竞争力强的现代文化产业体系，把城市的产业发展和文化发展有机结合起来，实现城市品牌、行业品牌与企业品牌互动，全面提升城市文化竞争力。

第五节 西安城市文化竞争力研究报告

西安是陕西省的省会，位于陕西省中部，古称长安、镐京，副省级城市、国家区域中心城市（西北地区），特大城市，是国务院批复确定的中国西部地区重要的中心城市，国家重要的科研、教育和工业基地，也是联合国科教文组织 1981 年确定的"世界历史文化名城"。西安是中国最佳旅游目的地、全国文明城市之一，有两项遗产被列入《世界文化遗产名录》。西安是国家重要的科教中心，拥有西安交通大学、西北工业大学、西安电子科技大学等 7 所"985"或"211"工程类大学。

2014 年，西安市生产总值 5474.77 亿元，按可比价格计算，比上年增长 9.9%，增幅高于全国 2.5 个百分点，高于全省 0.2 个百分点。❶ 文化产业增加值 410.04 亿元，占全省的 63.5%；拥有文化产业法人单位机构 8126 个，占全省的 45.9%；年末从业人员 13.16 万人，占全省的 41.7%；资产总计 1409.4 亿元，占全省的 71.4%；文化产业增加值占 GDP 比重达到 7.49%，超过 5% 目标水平。❷ 文化旅游、广播影视服务、新闻出版发行服务、工艺美术生产等是西安市文化产业重点发展领域。在《瞭望东方周刊》与《中国城市发展报告》公布的相关调查结果中，西安与成都、南京、珠海、大连等 10 座城市荣获"2014 中国最具幸福感城市""2014 中国最具文化软实力城市"称号。2014 年，西安市城市文化竞争力综合指数为 40.58，综合排名列全国第八位。

---

❶ 张维. 2014 年西安市 GDP5474.77 亿元 增长 9.9% ［EB/OL］. (2015-01-26) ［2016-12-25］. http://www.sanqin.com/2015/0126/80793.shtml.
❷ 陕西文化产业与全国文化产业发展对比分析 ［EB/OL］. (2016-05-07) ［2016-12-25］. http://www.sndrc.gov.cn/newstyle/pub_ newsshow.asp? id=1023233&chid=100061.

一、西安城市文化竞争力各级指标分析

（一）西安城市文化竞争力一级指标表现

如图 5-9 所示，西安城市文化竞争力综合指数综合得分为 40.58，排名全国第八。在城市文化竞争力聚类属于第二类——优势地区，这充分显示西安市文化竞争力总体水平处于全国前列，整体城市文化发展相对均衡。在城市文化竞争力 5 个一级指标所组成的五边形中，文化潜力要素的表现最为突出，以 53.60 的得分，列全国第三位，仅次于北京、上海，说明西安文化发展潜力巨大，未来文化产业发展前景良好。这主要得益于西安市科研人员众多、科研经费支出量大以及西安市高等教育较为发达。西安既是国际四大文明古都，又是我国科教高地，高校科研院所众多，具有文化科技融合发展的良好基础。搭建文化科技发展平台，打造文化+科技新高地，因此，西安市城市文化竞争力具有明显发展潜力。在文化潜力要素的城市聚类中，西安市被纳入文化潜力要素第一类城市，与北京、上海、天津等地组成了文化潜力要素的第一梯队。

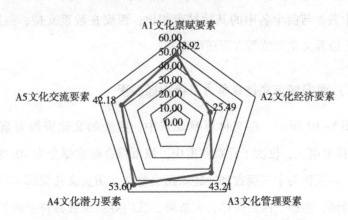

图 5-9　2014 年西安城市文化竞争力一级指标表现

在文化禀赋要素方面，西安以 48.92 的得分位于全国第五名，说明西安的历史文化、旅游资源位列全国领先地位，拥有极其深厚的历史积淀和大量的文化资源。在文化禀赋要素的城市聚类中，西安被纳入第二类城市，与天津、重庆、沈阳等城市组成文化禀赋要素的第二梯队。

在文化交流要素方面，西安以 42.18 的得分列全国第九位，作为西北区域中心城市、关中城市群中心城市以及"世界历史文化名城"，西安市在文化交流要素方面有较好的表现。在文化交流要素的城市聚类中，西安属于第二类城市，与天津、重庆、杭州等地组成第二梯队城市。西安市是"世界历史文化名城"、十三朝古都、中华民族发祥地之一，区域内文化资源丰富，吸引了国内外众多观光游览的游客。目前，以盛唐文化为品牌的曲江新区、以文化创意产业为品牌的高新区、以印刷包装为品牌的经开区、以生态旅游为品牌的浐灞生态区和城墙景区、临潼文化旅游区、秦岭北麓沿山文化旅游带等七大文化产业板块各具特色、相得益彰。西安文化旅游业发展按照"板块开发、精品带动"策略，形成了包括历史文化游、宗教文化游、民俗文化游以及生态旅游、红色旅游在内的系列产品体系。这都促进了西安文化交流实力的提升。

西安的文化管理要素和文化经济要素实力相对较弱。尤其是文化经济要素，在 5 个一级指标中表现相对最弱，说明西安市文化产业整体实力仍有待提升，规模以上文化企业数量较少。文化管理要素得分 43.21，位列全国第十名。与前十名中的其他城市相比，西安在政策支持、制度保障、财政投入以及文化设施等方面还需提高。

（二）西安城市文化竞争力二级指标表现

如图 5-10 所示，在文化禀赋要素中，西安的文化资源要素得分为 54.62，排名第三，仅次于北京和重庆，城市综合要素得分为 40.38，排名第十九。西安作为十三朝古都，建城历史悠久，历史文化资源丰厚。秦始皇陵兵马俑、秦腔、西安碑林、大雁塔、法门寺以及独具特色的各类民间艺术等都是西安独有的文化资源。在文化资源要素的城市聚类中，西安与北京、重庆、上海等地归为第一类城市，属于文化资源优势地区；在城市综合要素的城市聚类中，西安与长春、银川、郑州等地归为第二类城市，与第一类城市整体水平有一定的差距。在文化资源要素和城市综合要素的共同作用下，西安市文化禀赋要素位列全国第五。

西安文化经济要素中的文化生产要素得分为 13.09，排名第二十一名；文化消费要素得分为 46.67，排名第十二名；文化企业要素得分为 14.00，排名第十四名。在文化生产要素的城市聚类中，西安与成都、重庆、沈阳等地归为第二类城市，文化生产总体水平有待提高；在文化消费要素的城市聚类中，西安与福州、大连、济南等地归为第二类城市，文化消费水平与北京、上海、南京等第一类城市有一定差距；在文化企业要素的城市聚类中，西安与哈尔滨、青岛、南京、深圳、贵阳等 32 个城市归为第三类城市，与第一类城市北京以及第二类城市上海、杭州、长沙等地差距显著，在文化企业总体发展上处于劣势，文化企业数量和质量有待提高。文化生产要素方面，西安的电影、图书、期刊等生产发行量与其他城市相比相对较低。由于西安总体经济发展水平在我国省会城市当中处于中间位置，西安的文化消费水平与福州、大连等地持平，属于中等水平。但是文化企业实力方面，西安较为落后，属于第三类城市，主要由于西安缺少一批竞争力和实力较强的文化企业与文化集团作为引领。

在文化管理要素中，西安文化组织要素得分为 57.82，排名第八位；西安文化设施要素得分为 32.23，排名第八位。在文化组织要素的城市聚类中，西安与上海、南京、深圳等地归为第二类城市，与第一类城市北京有一定差距，但是高于全国平均水平，说明西安文化组织要素具备一定的实力；在文化设施要素的城市聚类中，西安与天津、厦门、重庆等地归为第三类城市，与北京、上海、南京等第一类城市以及深圳、成都、杭州、南宁等第二类城市差距显著，说明西安文化设施要素实力有待加强。在文化组织要素方面，西安市文化产业专项资金以及文体传媒经费等指标高于全国平均水平，使得西安文化组织实力位居全国前列。但是西安文化设施建设明显不足，图书馆、文化馆、美术馆等公共文化设施数量皆低于全国平均水平，这是西安文化建设的短板。

在文化潜力要素中，西安文化创新要素得分为 46.71，排名第五位；

文化素质要素得分为 63.11，排名第四位。在文化创新要素的城市聚类中，西安与北京、深圳、上海、天津等地归为第一类城市，说明西安文化创新能力较强；在文化素质要素的城市聚类中，西安与北京、上海、广州、南京等地归为第一类城市，各项指标表现均较为优异。文化创新方面，西安也是国家重要的科教中心，拥有大量高素质的科研人员，每年的科研经费支出也相对较高，因此，西安文化创新要素实力较强。在文化素质要素方面，西安拥有西安交通大学、西北工业大学、西安电子科技大学等 7 所"985"或"211"工程类大学。普通高等学校数量以及在校生数量在全国排名均较为靠前，因此，西安文化素质实力也较为雄厚。

在文化交流要素中，西安文化传播要素得分为 52.74，排名第二十位；文化开放要素得分为 35.15，排名第八位。在文化传播要素的城市聚类中，西安与宁波、厦门、济南等地归为第二类城市，在文化传播要素指标上稍高于整体平均值，表现尚佳；在文化开放要素的城市聚类中，西安与天津、杭州、武汉等地归为第二类城市，与北京、上海、广州、深圳等地在文化开放水平上差距显著。文化传播要素西安表现较为逊色，主要是由于西安互联网、广播电视的普及率较低，影响了对外传播效果；在文化交流要素方面，西安作为古丝绸之路的起点，国家区域中心城市，在文化交流要素方面有着得天独厚的地理位置优势。

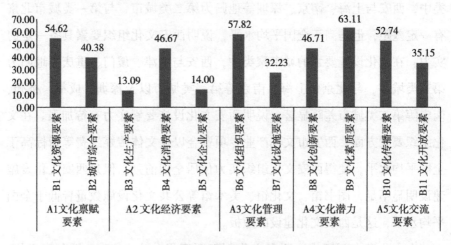

图 5-10　2014 年西安城市文化竞争力二级指标表现

二、西安在国家区域中心城市中比较分析

国家区域中心城市是 2010 年住房和城乡建设部编制的《全国城镇体系规划》中提出的处于城镇体系第二层次的城镇层级,是在全国所处地理大区具备引领、辐射、集散功能的城市,这种功能表现在政治、经济、文化、科教、金融等多方面。国家区域中心城市在促进区域经济社会的发展,缩小地区间发展水平的差距等方面具有重要作用。截至目前,国家已确定的区域中心城市有 6 个,分别是沈阳(东北)、南京(华东)、武汉(华中)、深圳(华南)、成都(西南)、西安(西北)。通过对这 6 个城市的城市文化竞争力进行对比分析(如表 5-6 所示)可以发现,西安城市文化竞争力处于中等水平。

表 5-6 2014 年国家区域中心城市文化竞争力比较

城市	文化禀赋要素		文化经济要素		文化管理要素		文化潜力要素		文化交流要素	
	得分	排名	得分	排名	得分	排名	得分	排名	得分	排名
南京	54.95	2	39.91	4	48.03	7	42.31	8	38.51	12
深圳	32.89	19	33.58	8	48.85	6	44.86	7	58.89	4
武汉	42.00	9	34.22	7	43.00	11	50.08	5	45.43	8
西安	48.92	5	25.49	11	43.21	10	53.60	3	42.18	9
成都	34.97	17	31.76	9	50.91	5	39.08	10	41.84	10
沈阳	38.32	15	26.66	10	41.22	13	30.69	15	32.48	16
均值	42.01		31.94		45.87		43.44		43.22	

从表 5-6 中可见,第一,西安文化潜力要素得分为 53.60,在六大国家区域中心城市中,排名第一位,仅次于北京、上海。文化潜力要素衡量的重点是智力成果和人才水平,即城市文化竞争力二级指标中的文化创新要素和文化素质要素。西安文化创新要素指标排名全国第五位,在六大国家区域中心城市排名第二位,仅次于南京;文化素质要素,西安排名全国第四位,在六大国家区域中心城市排名第二位。虽然这两项指标,西安均未取得第一名,但是在两项指标的共同作用下,西安市文化潜力要素综合

实力排名全国第三位，在六大国家区域中心城市中排名第一位。

第二，西安文化禀赋要素得分 48.92，在六大国家区域中心城市中，排名第二位，仅次于南京。文化禀赋要素的二级指标有文化资源要素和城市综合要素。西安文化资源要素得分为 54.62，排名全国第三位，在六大国家区域中心城市排名第一位；城市综合要素得分为 40.38，排名全国第十九位，在六大国家区域中心城市排名第五位。由此可见，城市综合要素直接拉低了西安市文化禀赋要素的总得分。这主要是因为西安在六大国家区域中心城市中属于中等经济发展水平城市，与深圳、南京等地经济发展水平仍有一定差距。

第三，西安文化交流要素、文化管理要素以及文化经济要素表现相对逊色。西安文化交流要素得分为 42.18，在全国排名第九位，在六大国家区域中心城市排名第三位，属于中等水平；文化管理要素得分为 43.21，在全国排名第四位，在六大国家区域中心城市排名第四位；文化经济要素得分为 25.49，全国排名第十一位，在六大国家区域中心城市排名第六位。文化交流要素包括文化传播要素和文化开放要素两个二级指标，文化传播要素西安得分为 52.74，排名全国第二十位，在六大国家区域中心城市排名第六位；文化开放要素西安得分为 35.15，全国排名第八位，在六大国家区域中心城市排名第二位。由此可知，西安在文化传播要素方面存在明显短板，拉低了文化交流要素的整体实力。

第四，西安文化组织要素得分为 57.82，在全国排名为第八位，在六大国家区域中心城市排名第四位。其中，文化设施要素得分为 32.23，在全国排名为第八位，在六大国家区域中心城市排名第四位。总体而言，西安在城市文化管理要素方面还存在一些不足。

第五，在文化经济要素的二级指标中，西安文化生产要素得分为 13.09，在全国排名第二十一位，在六大国家区域中心城市位于末端，可见西安市电影、电视、图书等文化产品生产和供给能力与其他城市相比还有一定的不足。西安文化消费要素得分为 46.67，在全国排名为第十二位，在六大国家区域中心城市排名第五位，文化消费滞后于经济发展水平。西安文化企业要素得分为 14.00，在全国排名为第十四位，在六大国家区域中心城市排名第五位，在文化企业要素方面，缺乏较强竞争力与实力的文化企业。

总而言之，西安城市文化竞争力在六大国家区域中心城市中处于中等水平，与南京、深圳、武汉等地有一定的差距，同时又与成都、沈阳拉开了一定的距离。

三、小结

综上所述，西安城市文化竞争力综合实力在样本城市中处于领先水平，是区域型文化强市。尤其在文化潜力要素和文化禀赋要素方面，领先于全国的文化资源要素和文化素质要素，使得西安成为周边地区在文化领域的翘楚。然而，西安城市文化发展也存在明显问题。第一，西安文化经济发展水平较低，是西安市文化产业发展中的明显短板。西安市在广播、电影、电视、期刊、杂志等公共文化产品生产能力较弱；由于经济发展水平的限制，西安市居民文化消费水平较低；在文化企业要素方面，缺少一批竞争力和实力较强的文化企业和文化集团作为引领。第二，西安市文化向外传播力度还不足。

因此，西安市需要采取针对性措施解决文化产业发展过程中存在的问题。首先，大力促进文化经济发展。培育一批具有较强竞争力的文化企业和文化企业集团，加大对文化企业的扶持力度。以一批大型产业集团为支撑，建立结构合理、门类齐全、科技含量高、富有创意、竞争力强的现代文化产业体系。培育一批特色鲜明、创新能力强的文化科技企业，增强自主创新能力。加快科技创新成果转化，提高出版、印刷、传媒、影视、演艺、网络、动漫等领域技术装备水平，增强文化产业核心竞争力。其次，充分利用自身优势，积极推进文化科技创新。利用西安统筹科技资源改革示范基地建设的机遇，深入实施科技带动战略，健全以企业为主体、市场为导向、产学研相结合的文化技术创新体系。最后，增强对外文化传播能力。积极实施文化"走出去"战略，扩大对外交流，使西安成为展示华夏历史文化的重要窗口和中华文化走向世界的重要平台。

第六节 深圳城市文化竞争力研究报告

深圳位于广东省南部，是中国改革开放建立的第一个经济特区和最早的计划单列市，是中国改革开放的窗口，已发展为有一定影响力的国际化城市。自 2003 年在全国率先确立"文化立市"战略，深圳文化创意产业以年均接近 25% 的速度快速发展，成为带动经济快速健康发展的重要引擎。[1] 2014 年，深圳继续大力推进四大国家级文化产业平台的建设。第十届文博会迈上新台阶，总成交额、文化产品出口额分别达 2325 亿元、161 亿元，分别增长 39.6%、30.3%。[2] 文化创意产业增加值实现 1560 亿元，占全市 GDP 的 9.8%，同比增长约 15%。[3]

深圳行业发展全国领先。创意设计业优势地位明显，是中国现代平面设计的发源地，工业设计、室内设计占全国较大市场份额，成为国内第一个被联合国教科文组织认定的"设计之都"。动漫游戏业起步早、发展快，文化软件服务、互联网信息服务、数字电视、数字音乐发展势头良好，涌现出腾讯、A8 音乐等一批知名领军企业，汇聚了大批文化创意人才。文化旅游引领国内潮流，华侨城集团、华强文化科技集团是中国最具创意和创新能力的知名文化旅游企业。深圳还是中国最大的高端印刷及黄金、珠宝生产基地，占据了国内 60% 以上的市场份额。[4] 新闻出版、广播影视、文化会展等行业也都在全国具有重要的影响力。

深圳发展模式特色鲜明。深圳充分发挥高科技城市、金融中心城市和滨海旅游城市特色，深度挖掘、整合、联动相关产业资源，形成了"文化+科技""文化+金融""文化+旅游"等产业发展新模式。以高新技术创

❶ 陆青峰. 科技为深圳文化发展奠定基础 [EB/OL]. (2011-11-25) [2016-12-25]. http://www.ce.cn/culture/whcyk/gundong/201111/25/t20111125_22868314.shtml.

❷ 林洲璐. 文化创意产业增加值达 1560 亿元 [N]. 深圳特区报，2015-02-07.

❸ 胡嘉莉. 深圳文创增加值实现 1560 亿元 [EB/OL]. (2015-02-03) [2016-12-25]. http://www.ce.cn/culture/gd/201502/03/t20150203_4498025.shtml.

❹ 王传真，吴俊. 深圳：文化产业逆势上扬成为战略"黑马" [J]. (2012-10-17) [2016-12-25]. http://news.xinhuanet.com/fortune/2012-10/17/c_113398445.htm.

新文化生产方式的"文化+科技"模式，为文化创意产业高端起步、跨越发展奠定了强大的技术基础。以文化产权交易所、文化产业投资基金为主导的"文化+金融"模式，不断创新对文化企业的金融支持方式，构建了文化产权交易、文化产业投融资、文化企业孵化的重要平台。以主题公园、文化创意产业园区和基地为依托的"文化+旅游"模式，有效地延伸了文化创意产业链。

深圳集聚效应逐步显现。在政府的有力引导和推动下，深圳文化创意产业采用行业集聚、空间集中的发展策略，培育建设了一批文化创意产业重点项目，建立了田面"设计之都"创意产业园、华侨城 LOFT 创意产业园、怡景国家动漫画产业基地、大芬油画村、观澜版画原创产业基地等40多个具有一定规模和影响力的文化产业园区与基地，形成了区域发展特色，构建了较为合理的产业布局。

深圳要素市场加快建立。打造了全国唯一的国家级、国际化、综合性文化产业博览交易会，为文化创意产业发展提供高端平台和重要推力。在国内较早建立了文化产权交易所，参与发起设立了首支国家级大型文化产业投资基金。文化创意产业投资呈现多元化的发展格局，涵盖国有、民营、中外合资等多种模式。同时，深圳毗邻港澳，地处珠三角地区核心位置，面向国际、国内两个市场，可以更好地接受国内外先进的观念、体制、人才、金融、信息等辐射，推动文化创意产品和服务"走出去"。2014 年，深圳市城市文化竞争力综合指数得分 43.35，综合排名全国第六位。

一、深圳城市文化竞争力各级指标分析

（一）深圳城市文化竞争力一级指标表现

在城市文化竞争力综合排名中，深圳市以 43.35 的综合得分排名第六位。虽然在 36 个城市文化竞争力综合排名表中名列前茅，但是与北京和上海的差距较大，与后面 6 个城市得分相距较小，提升空间和潜力较大。

从图 5-11 来看，由 5 个一级指标组成的五边形，有文化交流要素和文化管理要素两个角相对凸出，显示出该两项指标得分较高，分别为58.89和48.85。其中最具优势的指标是文化交流要素，超越南京，接近成都，位列一级指标城市排名第六位。主要得益于深圳不断优化政府服务、完善产业支撑服务体系，先后出台了《深圳市文化产业发展规划纲要（2007—2020）》《深圳市文化产业促进条例》《关于加快文化产业发展若干规定》《关于扶持动漫游戏产业发展的若干意见》《关于促进创意设计业发展的若干意见》《关于支持和促进深圳文化产权交易所发展的若干意见》等规划、法规和专项文件，把文化产业作为第四大支柱产业加以扶持，为产业发展提供了良好的环境和政策法规保障。另外，文化交流要素也表现颇佳，列全国第四位。作为新兴的移民城市，在与其他城市进行文化互动、对外文化输出、吸引文化交流等方面，深圳市都体现出了较强的开放性与包容性。

其他3个一级指标，即文化禀赋要素、文化经济要素与文化潜力要素，得分相近。一方面，深圳市在文化生产与消费方面还需发力，才能助力文化经济的进一步快速发展；另一方面，在文化资源的开发和文化素质的提升方面都是深圳市文化发展的重中之重。

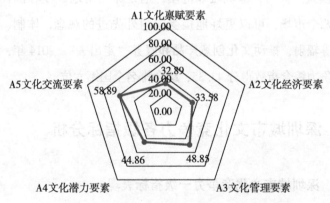

图 5-11　2014 年深圳城市文化竞争力一级指标表现

（二）深圳城市文化竞争力二级指标表现

从图 5-12 来看，深圳市二级指标之间的变化幅度较大，有的指标分数颇高，而有的指标却低至个位数，形成了两级分化的局面。

首先，以一级指标文化禀赋要素中的两项二级指标，即文化资源要素和城市综合要素之间的差距最为明显。深圳市经济发达，人均收入颇高，在城市综合要素方面，得分较高，以 71.90 的分数排名二级指标中的第二位。但文化资源要素却在 10 名之外。深究原因，主要由于深圳是新兴移民城市，地少人多、历史较短，其迅速发展的经济实力来自科学技术的创新，而并非依赖于先天资源。作为一座历史较短的年轻城市，其自然资源和文化资源相对薄弱。在文化资源要素中，文化遗产数量、文物保护单位数量、风景名胜区数量等各项三级指标的数据均远低于平均值。

其次，类似情况也发生在一级指标文化潜力要素中的两项二级指标，即文化创新要素和文化素质要素。深圳市文化创新要素以 72.00 的高分排名二级指标中的第二位，仅次于北京，表明深圳文化创新方面颇具优势，在知识专利数量等方面都名列前茅，以创新的知识及成果推动城市发展。然而，文化素质要素却排在 10 名之外。主要因为深圳在高等教育等领域没有突出优势，在体量上和质量上都无法与其他综合排名名列前茅的城市相提并论。两项二级指标如此之悬殊，也体现出深圳作为移民城市的特点，从事文化创新的高素质人群并非深圳城市本地培养，而都是来自其他各地的新兴移民。从长远发展来看，深圳需要不断广纳来士、吸引高素质人才，使更多的高学历、高素质人才来到深圳开展城市文化建设。

最后，深圳在文化经济要素、文化管理要素和文化交流要素等指标上具有明显优势，表现出了领先之势。尤其是文化管理要素旗下的文化组织要素，得分颇高，以 62.41 的高分位列二级指标中的第四名。这主要得益于深圳在城市文化建设中文化产业专项资金及相关经费的投入。深圳近年来大力发展友城关系、积极拓展友城网络、加强友城务实合作，国际友城已扩展至 73 个❶，遍布全球五大洲。为促进与国际友城之间的文化交流与合作，提升国际影响力，深圳举办了"深圳国际友城文化艺术周"。自

---

❶　吴德群. 深圳国际友城增至 73 个［EB/OL］.（2015-12-22）［2016-12-25］. http：// sztqb. sznews. com/html/2015-12/02/content_ 3403579. htm.

2007 年以来，艺术周每两年在深圳举办一次。在历届活动中，国际友城的艺术家们为深圳带来了古典音乐、民间歌舞、绘画、海报、摄影等不同门类文化艺术作品，展示了各国、各民族独特的艺术风格和文化特色。此外，群众文化建设是 2014 年的亮点，共有 600 余场高雅艺术送到市民家门口。全年举办周末剧场、戏聚星期六、剧汇星期天、粤剧在周末、美丽星期天等周末系列活动 300 场，举办各类群众文化活动 1 万余场，放映公益电影超过 1.8 万场。●

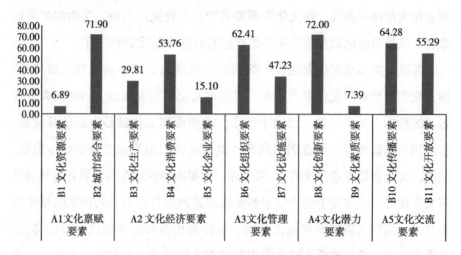

图 5-12　2014 年深圳城市文化竞争力二级指标表现

二、深圳在同类城市群中比较分析

（一）深圳城市文化竞争力在经济特区城市中的表现

经济特区是世界自由港区的主要形式之一，以减免关税等优惠措施为手段，通过创造良好的投资环境，鼓励外商投资，引进先进技术和科学管理方法，以达到促进特区所在国经济技术发展的目的。经济特区实行特殊的经济政策、灵活的经济措施和特殊的经济管理体制，并坚持以外向型经

● 苏妮，刘信廷. 去年深圳文化创意产业增加值 1560 亿［N/OL］.（2015-01-27）［2016-12-25］. http：//epaper. southcn. com/nfdaily/html/2015-01/27/content_ 7395459. htm.

济为发展目标。目前，我国经济特区主要有深圳、珠海、汕头、厦门、海南以及新疆的喀什和霍尔果斯。本次参与城市文化竞争力指数排名的 36 个城市中，属于经济特区的城市仅有深圳和厦门，因此，将这两个城市进行如下的对比分析。

　　从表 5-7 可以看出，虽然同为经济特区，但深圳市文化竞争力的 5 个一级指标数值均高出厦门市。首先，特别是文化管理要素，在 5 个一级指标中，深圳市这项指标得分最高，然而厦门的这项指标却得分最低。可见，深圳市在文化发展方面所给予的政策支持、制度保障以及设施投入等方面都极为重视，也投入较大。其次，文化经济要素是深圳市文化竞争力中最为薄弱的一项一级指标，得分 33.58。但与厦门的 13.52 相比，还是略胜一筹。此外，在文化交流要素方面，深圳与厦门作为经济特区，都是对外交流的港口，因而在文化交流要素方面都有较好表现。深圳市得分 58.89 居全国第四，厦门虽然排名稍后，但在其 5 个一级指标中，文化交流要素也是得分最高、排名最靠前的。由此可见，这两个城市作为经济特区，可以充分利用其独特的地理位置和改革开放优势，在积极实施文化"走出去"战略的同时，广泛借鉴国外先进文化发展成果、理念和经验，积极引进资金、技术、项目和人才培养机制，加强文化创意领域的国际交流与合作，在各自原有基础上进一步提升文化创意产业的国际化水平。

表 5-7　2014 年经济特区城市文化竞争力比较

城市	文化禀赋要素		文化经济要素		文化管理要素		文化潜力要素		文化交流要素	
	得分	排名	得分	排名	得分	排名	得分	排名	得分	排名
深圳	32.89	19	33.58	8	48.85	6	44.86	7	58.89	4
厦门	24.12	26	13.52	31	33.55	30	24.06	24	39.85	11
均值	28.51		23.55		41.20		34.46		49.37	

（二）深圳城市文化竞争力在珠三角经济圈城市群中的表现

　　珠三角经济圈又称为珠三角都市经济圈或珠三角经济区，是指位于中国广东省珠江三角洲区域的 9 个地级市组成的经济圈，这 9 个地级市是指广州、深圳、珠海、佛山、惠州、肇庆、江门、中山和东莞。本次参与城市文化竞争力综合指数排名的 36 个城市中，属于珠三角经济圈的仅有深圳和广州两个城市，因此，将这两个城市进行如下的对比分析（如表 5-8 所示）。

在深圳与广州的两个城市的比较中，深圳在文化管理要素方面略胜一筹。除此之外，其他 4 项一级指标得分均低于广州，尤其是文化禀赋要素和文化潜力要素这两个指标，与广州相比明显落后。究其原因，广州作为历史文化名城，具有较为深厚的人文历史资源，拥有中山大学、华南理工大学等众多优秀高等院校，文化素质综合实力较强，因此，在文化禀赋要素和文化潜力要素上与深圳拉开了一定距离。然而作为华南地区经济实力相近的两大城市，在文化经济要素和文化交流要素上差距甚微，究其原因离不开珠三角经济圈的圈层规模效应，二者皆是充分借助了这一区位优势，发挥了联动作用。因此，两大城市需充分发挥现有优势，引领区域经济繁荣发展。

表 5-8　2014 年珠三角经济圈城市群文化竞争力比较

城市	文化禀赋要素		文化经济要素		文化管理要素		文化潜力要素		文化交流要素	
	得分	排名	得分	排名	得分	排名	得分	排名	得分	排名
深圳	32.89	19	33.58	8	48.85	6	44.86	7	58.89	4
广州	46.98	6	55.27	3	46.17	8	53.14	4	64.69	3
均值	32.94		44.43		40.51		49.00		61.79	

三、小结

总体而言，深圳城市文化竞争力在全国城市中名列前茅，体现了深圳市重视城市文化建设，且在创意设计、动漫游戏、文化软件、新闻出版、文化会展等产业领域有突出建树。深圳文化创意产业正在快速发展，但与此同时也存在一些问题和不足，特别是在文化潜力要素和文化禀赋要素的竞争力方面。

因此，深圳市应该继续保持优势，扬长避短，同时针对薄弱环节也要集中发力。第一，持续推进高等教育管理体制机制创新，高起点、高标准推进新大学建设，全力服务高校提升内涵水平、办出质量特色，同时，加快建设国际化开放型、创新型高等教育体系。第二，强化文化创意支撑，不断提高文化资源的产业转化能力。坚持内容为王，把内容建设放在突出位置，把提升文化产品的内涵和质量作为发展文化创意产业的基本着力点，推出更多高品位、高水准的文化精品，以内容优势赢得产业发展优势。第三，强化科技创新支撑。积极推进文化与科技相融合，用高新技术改造传统文化产业，大力培育新兴文化业态，推出更多兼备科技含量与文化含量的新兴文化产品，在重点领域和关键环节形成更多具有自主知识产权的创新技术，抢占文化创意产业发展的制高点。

第七节 长沙城市文化竞争力研究报告

长沙地处湖南省东部偏北，湘江下游和湘浏盆地西缘，是湖南省省会，全省政治中心、经济中心、文化中心、科教中心和商贸中心，也是国家"十二五"规划确定的重点开发区域，有"屈贾之乡""楚汉名城""潇湘洙泗"之称，是国务院首批公布的历史文化名城。历史遗迹众多，境内发生过清末维新运动、旧民主主义革命和新民主主义革命等爱国救亡运动。近年来，重视文化创意产业发展，先后打造了"电视湘军""出版湘军""动漫湘军""演艺湘军"等文化品牌。

2014 年，全市文化产业增加值占 GDP 的比重为 8.8%，较上年提高 0.45 个百分点，高于全省平均水平 3.2 个百分点，文化产业对全市 GDP 的贡献率为 13.7%；年末全市文化产业单位共拥有从业人员 60.6 万人，同比增长 9.7%，文化产业从业人员占全社会从业人员的 13.1%，比重较上年提高 1 个百分点，拉动全市从业人员增长 1.2 个百分点。❶ 随着文化产业的深入发展，以"文化+科技""文化+金融"等为代表的长沙"文化+"融合发展正稳步推进。先进制造、传统文化、工艺设计与现代科技等日益

---

❶ 长沙市统计局. 长沙 2014 年文化产业发展报告 [R/OL]. (2015-11-17) [2016-12-26]. http://www.hntj.gov.cn/tjfx/sxfx_ 3488/zss_ 3489/201511/t20151110_ 514945. html.

交融，相关产业规模不断扩大。根据《长沙文化创意产业发展规划（2012—2015）》，长沙将进一步做大做强文化创意产业，将文化创意产业打造成为重要的战略性新兴产业。以"高、新、软、优"为切入点，瞄准文化创意和科技创新两大主攻方向，重点发展影视传媒、动漫游戏、创意设计、数字资讯、新闻出版、演艺娱乐休闲、文化旅游、广告与会展、教育与咨询、工艺美术十大产业。2014 年，长沙市城市文化竞争力综合指数得分 36.02，综合排名全国第十二名。

一、长沙城市文化竞争力各级指标分析

（一）长沙城市文化竞争力一级指标表现

长沙市城市文化竞争力综合指数得分为 36.02，属于发展力较强的二线城市。在所有 36 个样本城市中未能进入前十名。根据聚类分析结果，长沙与哈尔滨、武汉、太原、长春、合肥、南昌、郑州同属于二线中部城市，亦同属于城市文化竞争力潜力地区，有着很大的发展提升空间，抓住机遇、加强创新、争取优势发展是从这类城市中脱颖而出的必要途径。

从图 5-13 可以看出，长沙市文化禀赋要素、文化经济要素、文化管理要素和文化交流要素都体现了较高的水平，说明长沙市在推动文化创意产业发展、重视政策保障和优惠扶持、文化推广等工作方面力度较大，并做出了卓越的成绩。首先，在文化禀赋要素方面，长沙市以 45.19 的得分居第七名。这是由于长沙是一座有着两千余年悠久历史的文化古城，早在春秋时期就是楚国在南方的战略要地。汉朝建立后，于公元前 206 年改临江为长沙，并建立长沙国。自此，长沙地区得以发展起来，在唐、宋、元、明、清时期达到鼎盛。近代长沙是中国政治的革命中心之一，经济物业繁荣，培养了众多军政名人。新中国成立后，长沙成为湖南的省会城市，多年积累的历史文化底蕴成就了长沙在文化禀赋要素上的较高排名。

其次，长沙市文化经济要素得分 34.46，排名全国第六位。2014 年年末全市共拥有文化产业单位 7.7 万家（含个体户），其中"四上"文化产业单位 959 家，比上年增加 62 家；实现增加值 688.9 亿元，同比增长 15.4%。上市文企规模扩大，整体效益缓中趋稳。从规模来看，至 2014 年年末，全市 5 家沪深上市文化企业共拥有资产 352.2 亿元，同比增长 8.3%；实现营业收入 158.7 亿元，同比增长 11.9%；实现利润总额 22.6 亿元，同比增长 19.9%；实现净利润 21.3 亿元，同比增长 18.6%；实现应交税费约 3 亿元，同比增长 27.0%。● 卓越的文化产业发展成绩，极大地提升了长沙市文化经济要素得分。

最后，长沙市文化管理要素得分 37.52，排名全国第十八位。2014 年，长沙市公共文化平台建设稳步推进，基本实现了公共文化设施网络化、供给多元化、城乡一体化、服务普惠化、活动品牌化，基本做到城乡"读有书屋、唱有设备、演有舞台、看有影厅、跳有广场、讲有故事、创有指导、办有经费"。全年全市 12 个公共图书馆书刊文献外借人次为 1244 千人次，同比增长 16.3%；16 个博物馆参观人次为 1339 千人次，同比增长 77.6%。此外，区县（市）图书馆、文化馆和乡镇（街道）文化站按国家一级标准改善建设工作正有序开展，滨江文化园"三馆一厅"（图书馆、博物馆、规划展示馆和音乐厅）建设工作稳步推进。其中作为长沙新增文化名片的音乐厅总建筑面积超过 2.8 万平方米●，可同时容纳三千余名音乐爱好者欣赏艺术、参加艺术培训。

相对而言，长沙的文化潜力要素、文化交流要素表现稍弱，未进入全国前十的行列，得分虽然高于平均水平，但与长沙较为丰富的历史文化资源和强大的文化品牌资源优势还不相符合。首先，长沙现有的文化创意产业人才的总量、质量、专业与分布构成，状况都不容乐观。因此，把培养创新型人才作为当务之急。充分发挥教育作为科技第一生产力和人才第一资源重要结合点的作用，挖掘、传承湖湘文化蕴涵的创新精神，真正将创新思维培育、创新人才培养融入各级各类教育中，努力形成人

● 长沙市统计局. 长沙 2014 年文化产业发展报告 [R/OL]. (2015-11-17) [2016-12-26]. http：//www. hntj. gov. cn/tjfx/sxfx_ 3488/zss_ 3489/201511/t20151110_ 514945. html.
● 长沙市统计局. 长沙 2014 年文化产业发展报告 [R/OL]. (2015-11-17) [2016-12-26]. http：//www. hntj. gov. cn/tjfx/sxfx_ 3488/zss_ 3489/201511/t20151110_ 514945. html.

才辈出、人尽其才的局面。其次，长沙位于内陆地区，对外文化交流局限性大，在这种情况下寻求合作、加大科技投入才能转变这种文化交流不强的局面。

总体而言，长沙城市文化竞争力 5 个一级指标在样本城市中的排名相对均衡，有两个指标进入了全国前十，这说明长沙的城市文化竞争力总体水平处于全国前列，整体城市文化发展相对均衡、全面。

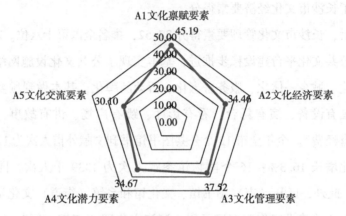

图 5-13　2014 年长沙城市文化竞争力一级指标表现

（二）长沙城市文化竞争力二级指标表现

从图 5-14 可以看出，首先，长沙市城市综合要素、文化企业要素表现不俗，都位居全国第四。长沙市文化消费要素得分也较高，居全国第六位。近几年长沙以锦绣神州、华视坐标等为代表的湖南动漫新生力量通过二次创业正在逆势崛起；古玩、艺术品市场在日渐增多的民办博物馆、美术馆、画廊的带动下成为消费增长新亮点；手机动漫、电视动画、电子游戏等悄然兴起已成为文化消费领域新拉力；湘江古镇群、浏阳河文化旅游带的构建，深度挖掘了汉文化、湖湘文化、红色文化、长沙民俗文化等历史文化资源。强劲的文化消费拉动了长沙文化产业的转型升级、创新发展，长沙已经形成了以影视传媒、动漫、游戏、数字出版、演艺娱乐、文化旅游、工艺美术等为载体的文化创意产业体系。与之相应的是，实力雄厚的文化企业发展。有一些龙头企业规模发展较大，对城市文化竞争力的提升起到了模范带头作用。湖南广播影视集团、湖南出版投资控股集团、湖南日报报业集团、长沙晚报报业集团、长沙广电集团、三辰卡通、宏梦卡通、拓维信息、青苹果数据等一批在业界举足轻重的文化创意企业，为文化创意产业的发展提供了原生动力。

其次，长沙市文化组织要素和文化传播要素表现也较好。在管理机构方面，长沙市成立了专门机构，协调全市文化创意产业发展，为长沙文创发展搭建了五大支撑平台，即投融资平台、交流与交易平台、研发与孵化平台、人才培养与信息服务平台、知识产权保护平台。到 2014 年，已初步形成体系完善、运作高效、能够支持文化创意产业可持续发展的产业综合支撑平台，有效地解决了条块分割的传统管理模式所导致的管理混乱的问题。这一项重要的制度创新为长沙市的文化活力和文化竞争力的提升提供了重要的组织保障。在文化传播要素方面，中国电视"金鹰"艺术节永久落户长沙，电视节目从以《快乐大本营》为代表的明星娱乐大众，发展到以《超级女声》为代表的大众自娱自乐，长沙一直处于领跑的地位。"湖南卫视""体坛周报""虹猫蓝兔""快男超女""田汉剧院"等文化品牌都具有很高的知名度与美誉度。在中国文化产业品牌研究中心发布的 133个国内著名文化产业品牌中，湖南创造的文化产业品牌达 29 个，占21%❶，其中绝大部分都落户长沙市。

长沙市的文化生产要素相对得分较低，仅有 15.31。造成这种情况的原因有三：第一，与其他同类城市相比，长沙市对文化创意产业的财政支持力度相对较弱，金融平台的建设滞后；第二，文化创意产业布局比较分散，文化创意产业规模效应与集群效应都比较低；第三，产业结构中主体部分主要是劳动密集度高、附加值低的传统文化产业，文化创意及科技含量高、产业关联系数大、产业成长性好的战略性新兴产业所占比例较小。

---

❶ 熊远帆. 文化产业成支柱 [N/OL]. （2009-11-20）［2016-12-28］. http：//hnrb. voc. com. cn/hnrb_ epaper/html/2009-11/20/content_ 143890. htm.

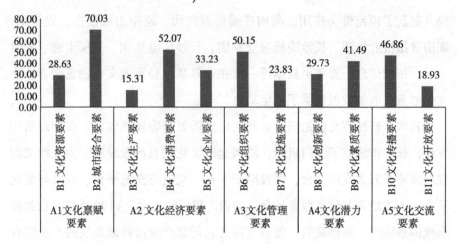

图 5-14　2014 年长沙城市文化竞争力二级指标表现

二、长沙在同类城市群中比较分析

(一) 长沙城市文化竞争力在中部二线城市群中的表现

长沙处于中部二线城市群，是区域内不可缺少的文化重镇。从表 5-9 可以看出，与郑州、西安在文化禀赋方面不相上下。在文化经济要素中长沙比较有优势，体现了长沙市强劲的文化产业发展势头；而在文化管理要素中却落后于其他城市，可见长沙市在文化设施要素、文化组织要素等方面，还需努力。此外，政府对于平台搭建、行业监管、资金支持等方面也应引起重视。文化潜力要素和文化交流要素都落后于其他 3 城，这也与地属内陆地理位置和教育发展水平直接相关。长沙市在短期内还难以改变区域内的次文化中心地位，这就需要长沙市加大力度挖掘自身的文化潜力，提高文化素质，加大长沙文化"软实力"的辐射力度，进而提高长沙自身城市文化竞争力。

表 5-9　2014 年中部二线城市群文化竞争力比较

城市	文化禀赋要素		文化经济要素		文化管理要素		文化潜力要素		文化交流要素	
	得分	排名	得分	排名	得分	排名	得分	排名	得分	排名
长沙	45.19	7	34.46	6	37.52	18	34.67	12	30.10	21

（续表）

城市	文化禀赋要素		文化经济要素		文化管理要素		文化潜力要素		文化交流要素	
	得分	排名	得分	排名	得分	排名	得分	排名	得分	排名
郑州	41.17	11	21.60	14	35.68	23	27.10	21	34.22	14
西安	48.92	5	25.49	11	43.21	10	53.60	3	42.18	9
均值	45.09		27.18		38.80		38.46		35.50	

（二）长沙城市文化竞争力在长江中游城市群中的表现

首先，长江中游城市群是以武汉、长沙、南昌三大城市为中心的特大城市群组合，涵盖武汉城市圈、环长株潭城市群、环鄱阳湖城市群为主体形成的特大型城市群，占地面积约 31.7 万平方千米❶，是长三角的 3 倍、珠三角的 5 倍。2014 年的经济总量超过 4.5 万亿元❷，经济总量位于长三角、京津冀、珠三角之后，居第四位。长沙位于长江中游城市群的西南侧，具有独特的湘楚文化，如果能利用好这样的区位优势能得到不错的发展。表 5-10 中可见，长沙市在文化禀赋要素和文化经济要素均领先于南昌和武汉。然而另外 3 项一级指标表现较弱，尤其是文化交流要素。因此，大力促进内陆开放发展，树立对外文化品牌，增强城市文化吸引力，对于提升长沙城市文化竞争力具有重要意义。

表 5-10 2014 年长江中游省会城市文化竞争力比较

城市	文化禀赋要素		文化经济要素		文化管理要素		文化潜力要素		文化交流要素	
	得分	排名	得分	排名	得分	排名	得分	排名	得分	排名
长沙	45.19	7	34.46	6	37.52	18	34.67	12	30.10	21
南昌	27.07	23	19.03	25	31.78	31	31.37	14	20.39	31
武汉	42.00	9	34.22	7	43.00	11	50.08	5	45.43	8
均值	38.09		29.24		37.43		38.71		31.97	

---

❶ 中华人民共和国国家发展和改革委员会. 长江中游城市群发展规划 [Z/OL]. (2015-04-08) [2016-12-26]. http：//www.sdpc.gov.cn/zcfb/zcfbtz/201504/t20150416_688229.html.

❷ 何苍. 长江中游城市群将成经济增长第四极 [EB/OL]. (2015-04-08) [2016-12-26]. http：//www.cien.com.cn/content-116576.html.

三、小结

通过以上对长沙市城市文化竞争力多维度、全方位的分析，长沙市综合实力在样本城市中处于中等水平，是区域型文化潜力市。长沙拥有深厚的文化底蕴，强大的本土文化品牌，以及较强的文化经济实力。但是从整体来看，长沙市的文化建设还存在一些问题，例如对外开放程度不高，文化辐射力较弱，文化产业结构仍待调整。

针对以上情况，长沙市在未来的发展中可以考虑以下几点。第一，充分发挥已有优势，扶持重点文化产业发展。实施特色文化产业发展工程，以国家重点动漫游戏企业为基础，着力扶持一批优秀动漫游戏企业。第二，推动文化产业转型升级。加快培育骨干文化企业，引导和推动文化企业跨地区、跨行业、跨所有制兼并重组。第三，加强文化传播。提高新闻宣传工作水平，加强舆情分析研判，提高新媒体建设能力。不断扩展信息渠道，提升信息质量，传播更多湖南文化"好声音"。第四，积极开展文化贸易。策划一批文化商贸活动，提升文化服务开放型经济发展的能力。支持文化企业参加各类国际展会，拓展文化贸易渠道。第五，在"十三五"期间加大政府平台搭建工作，做好文化金融服务，对创意产业给予更多的优惠政策，要加强重点文化设施建设，提高基础设施水平。

第八节　石家庄城市文化竞争力研究报告

石家庄市地处河北省中南部，环渤海湾经济区，距首都北京仅 273 千米。石家庄地处古燕赵大地，境内多处人类文化遗址，还被称为"新中国的摇篮""开国之城"。

近年来，石家庄不断加大文化建设力度，公共文化服务体系日趋健全。2011 年 3 月，石家庄市在全国率先免费开放了博物馆、图书馆、美术馆、群众艺术馆和民间工艺博物馆在内的 20 多个文化场所。❶ 2014 年，文化事业日益繁荣。霞光大剧院主体竣工，丝弦剧场投入使用，51 个社区文化中心提档升级，文化惠民工程深入实施，《百合岭》《灯魂》等精品创作成果丰硕，河北美院文化创意产业基地等 4 家园区入选首批省级示范园区。❷ 出台《石家庄市推进文化创意和设计服务与相关产业融合发展行动计划（2014—2020 年）》（以下简称《行动计划》）。《行动计划》对加速石家庄文化创意和设计服务与制造业、建筑业、信息业、旅游业、农业和体育产业等重点领域融合发展，推动经济转型升级和打造文化产业新优势具有重要指导意义。

在推动各大板块协调发展的同时，石家庄市把现代传媒和动漫游戏作为主攻方向，重点打造，成效显著。目前，该市现代传媒产业总收入和动漫业年产值均位列全国大中城市第一方阵。特别是动漫产业，从 2006 年开始发展，到如今拥有专业制作公司 80 余家，关联企业超过 2000 家，年产值 14 亿元以上，带动 3.8 万人就业。《钢仔特工队》等一批动漫原创作品登陆央视，《赵州桥》《少年赵云》等作品获得国内外大奖。从 2011 年开始，石家庄市每年设立文化产业发展引导资金 3000 万元、动漫产业发展专项资金 2000 万元、繁荣舞台艺术扶持资金 500 万元，为文化发展提供资金保障。这些优惠扶持政策不仅壮大了本土企业，也吸引了中华文化促进会、中国动画学会等机构来石家庄建设基地或直接落户。2014 年，石家庄市城市文化竞争力综合指数得分 21.87，综合排名全国第三十名。

一、石家庄城市文化竞争力各级指标分析

（一）石家庄城市文化竞争力一级指标表现

从图 5-15 中清晰可见，在 5 个一级指标组成的五边形图中，文化管

---

❶ 李俊义. 石家庄整合文化资源打造多元文化产业新格局 [EB/OL]. (2013-01-06) [2016-12-26]. http://www.he.xinhuanet.com/news/2013-01/06/c_ 114261540.htm.

❷ 我市 4 家园区入选首批河北省文化产业示范园区 [EB/OL]. (2015-03-25) [2016-12-26]. http://www.tjcn.org/tjgb/201504/28127.html.

理要素较为突出，分值 36.14。文化禀赋要素、文化交流要素、文化潜力要素都相对较弱。5 项中最弱的是文化经济要素，得分仅为 8.33，呈现出文化发展的不平衡性。

首先，文化管理要素分值最高，为 36.14。石家庄是北京、天津两地的文化储备区、产业转移区，政策上借助落实京冀"6+1"、津冀"4+1"战略合作协议要求，加强与京津政策衔接，建立共建共享、协作配套、统筹互助、互惠互利的区域市场一体化体制机制，形成了文化相关组织机构和文化设施建设上的优势。

其次，文化交流要素得分 31.20。文化交流主要是指文化的传播能力和开放程度，这项得分虽然仅次于文化管理要素，在 5 项一级指标中排名第二位，但是分值仍然较低，说明石家庄在文化交流要素方面仍需发力，充分发挥京津冀协同发展的机遇与优势。石家庄地处内陆地区，在北京、天津的文化输入区域内，对外文化传播不畅通，文化开放程度也不高。文化潜力要素得分 18.05，主要是受到北京文化吸纳作用影响，优秀的人才资源外流。文化禀赋要素方面，得分为 18.13。虽然石家庄的历史悠久，但整个河北省文化品牌打造能力弱，已有品牌不断在巩固，新生品牌却难以形成，比如河北承德避暑山庄闻名海内外，其他文化旅游品牌却相对薄弱，这就需要对文化资源进行整合，打造区域文化圈，学习北京进行文化体验式旅游，吸引周边城市人群，形成强有力的文化消费品牌。

最后，文化经济要素表现相对其他要素来说较为低迷，得分仅为8.33。究其原因，一方面，石家庄的文化企业特别是龙头企业较少。在文化生产要素上，从全国文化产业行业分布来看，我国文化领域的领军力量多为传媒公司、电视网络公司、出版和报业集团、影视制作等骨干企业和集团化经营单位，而在石家庄市文化产业中，资产超亿元和营业收入超亿元的企业寥寥无几，小企业几乎占到全市文化产业单位数量的一半以上，这些企业主要集中于科技含量低、附加值低的领域，缺少在全国文化领域站住脚、叫得响的龙头企业，所以文化生产力低下。另一方面，在文化消费要素上，大众的文化消费水平不高，缺少普通消费者能够消费起的文化产品及服务。此外，城乡消费能力不平衡，农村的文化娱乐生活单调，缺少群众喜闻乐见的活动和方式。要提高文化经济发展，需要引进市场机制，打造金融服务平台扶持中小微企业，建立企业联合会形成互利共赢机制促进文化生产，还要完善文化公共服务与文化产业形成良性互补，从供给侧吸引消费者进行文化消费。

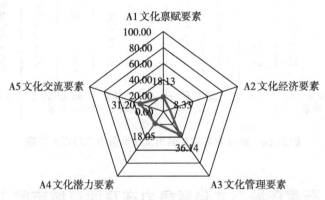

图 5-15　2014 年石家庄城市文化竞争力一级指标表现

（二）石家庄城市文化竞争力二级指标表现

从图 5-16 可以看出，石家庄城市文化竞争力二级指标总体较弱，而文化传播要素一枝独秀得分为 67.50，居全国第四位，其次是文化组织要素、文化素质要素等，这些项全部位于 10 名以外。这与石家庄丰富的文化资源优势和快速的经济发展速度不相匹配有关，也使得如何能借助京津冀一体化大平台实现石家庄市文化发展质的飞跃这一问题显得十分严峻。

二级指标中得分最低的是文化企业要素，石家庄市文化企业发展初期，技术薄弱、资金缺乏，人才较少，多在孵化器中依靠国家政府的支持，在企业的优胜劣汰中，一部分孵化成功的企业则直接选择到北京寻找更为广阔的市场，这样留在本市的优秀企业越来越少，文化企业总体发展受到制约。建立、健全人才引进机制，创新人才评价制度，大力推进大众创业、万众创新，鼓励人才来本市交流合作是解决这一问题的途径。

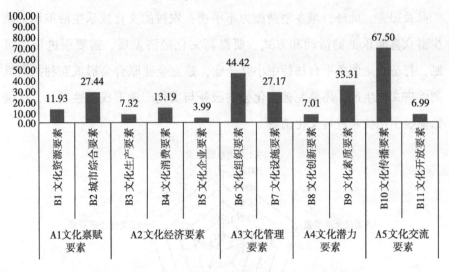

图 5-16　2014 年石家庄城市文化竞争力二级指标表现

二、石家庄城市文化竞争力在京津冀城市群中的表现

从前文表 5-2 中可以看出，石家庄市在京津冀城市城市群中综合竞争力较弱。但在文化管理要素方面，石家庄市体现了一个中心城市的文化管理水平，对于城市文化的建设和发展有着较为超前的意识与管理理念。而石家庄具有悠久的历史文化资源和丰富的自然资源，与北京相比较并没有优势。在文化潜力要素方面，由于位处中部地区，地理位置相对闭塞，科技与教育方面有一定的局限，缺乏创新型人才和动力，总体来看行业文化素质远低于北京，在与天津的对比中也呈现出一定的差距。在文化交流要素方面，石家庄市虽是中部地区交通枢纽之一，同时也是著名旅游目的地和文化装备制造产业等的聚集地，但由于夹于北京、郑州、太原中间，交通要素并不十分突出，文化交流要素体现了明显的劣势。

三、小结

综上所述，石家庄城市文化竞争力在整体上呈现出由京津冀一体化发展带来的优势与机遇，特别是在文化管理要素方面的优越表现，展现了政府对文化建设所给予的高度重视。但是在文化经济要素和文化潜力要素方面，却显现出文化发展明显的短板。

针对上述问题，应做到：第一，石家庄应紧紧抓住京津冀一体化协同发展的机遇，发挥河北省省会在冀中南功能拓展区的龙头带动作用，积极融入京津冀一体化的市场体制机制。落实京冀"6+1"、津冀"4+1"战略合作协议要求，加强与京津政策衔接，建立共建共享、协作配套、统筹互助、互惠互利的区域市场一体化体制机制。第二，以科技创新与企业孵化为关键点，努力在文化高新技术孵化和产业化、传统产业转型升级、战略性新兴产业壮大，从而突破石家庄在文化经济要素方面的弱势，助力文化经济新业态飞跃发展。第三，提高品牌培育意识和商标保护意识，把承载着石家庄文化精神的文化产品打造成人人喜爱的强势品牌，并通过商标注册等形式进行保护。第四，加大宣传力度，通过广泛宣传、深入交流，不断提高石家庄文化品牌的影响力。第五，引进和培养既懂市场又懂文化的"两栖"人才。人才匮乏是制约石家庄文化产业发展的瓶颈。应尽快实施文化产业"人才工程"，大批量培养和引进懂管理、善经营的复合型人才。

第九节　拉萨城市文化竞争力研究报告

拉萨是中国西藏自治区的首府，西藏的政治中心、经济中心、文化中心和宗教中心，也是藏传佛教圣地。作为首批中国历史文化名城，拉萨以风光秀丽、历史悠久、风俗民情独特、宗教色彩浓厚而闻名于世，同时也是中华民族特色文化保护地、重要的世界旅游目的地和全国唐卡艺术中心、藏医药文化中心和藏民族歌舞文化中心。

近年来，拉萨以"文化兴市"为理念大力发展文化产业，形成了公共文化事业、非遗保护工程、高原特色生态保护以及文物古迹修缮四大重点板块。同时，还深度挖掘提炼以文化遗产为核心的旅游文化、以幸福拉萨为内涵的群众文化、以雪顿节藏博会为龙头的节会文化、以《文成公主》为拳头的演艺文化、以藏餐为代表的饮食文化，创造更多文化精品，加强市场化运作，文化产业占 GDP 的比重达到 3.5%以上。❶

一、拉萨城市文化竞争力各级指标分析

（一）拉萨城市文化竞争力一级指标表现

在城市文化竞争力综合排名中，拉萨市属于第三类城市，与东、中部城市发展差距较大，提升空间和潜力较大。

从图 5-17 来看，由 5 个一级指标组成的五边形，文化管理要素最为突出，指标得分最高，为 23.57。近年来，拉萨市不断优化政府服务、完善产业支撑服务体系，依据《拉萨市文化产业发展规划（2013—2020）》（送审稿），拉萨将继续在制度创新和技术创新的基础上，重点发展文化旅游业、文博保护服务业、民族民间手工艺品业、民族演艺业和节庆会展业。同时，随着投融资渠道的拓展、创意人才的充实和市场机制的完善，培育新兴的文化创意业、出版发行业、休闲娱乐业、影视服务业等。但是拉萨最为优势的指标仍然低于第三类城市的平均水平，也远远落后于我国东、中部地区。

其他 4 个一级指标，拉萨的文化禀赋要素，具有较大的发展潜力。拉萨具有丰富的历史、人文和自然资源，并且在政府的大力支持下，开始由文化资源大市向文化资本大市的转变。可见，拉萨市文化产业在政府的大力支持下得到了快速发展，但是政府或主管部门没有形成完善的促进文化产业健康发展的产业扶持政策体系，促进对外文化交流、文化潜力的充分开发以及文化经济的快速腾飞。

---

❶ 段敏. 拉萨市力争文化产业占全市 GDP 比重达到 3.5%以上 [EB/OL]. (2015-03-24) [2016-12-26]. http：//www.xzzxw.com/xw/201503/t20150324_ 355968.html.

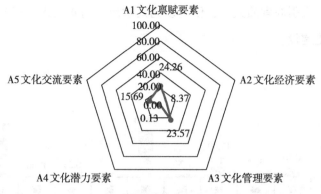

图 5-17　2014 年拉萨城市文化竞争力一级指标表现

（二）拉萨城市文化竞争力二级指标表现

从图 5-18 来看，拉萨市各城市文化竞争力二级指标之间的变化幅度较大，有的指标分数比较高，而有的指标分数却低至个位甚至为零，形成了两级分化的局面。

首先，以一级指标文化禀赋要素中的两项二级指标，即文化资源要素和城市综合要素之间的差距较为明显。拉萨市经济欠发达，人均收入不高，在城市综合要素方面，得分很低，以 8.16 的分数略低于第三类城市平均水平。但文化资源要素却以 35.99 的得分甚至高于中部地区的平均水平。深究原因，主要由于拉萨位于我国西部地区，自然文化资源丰富，历史久远，但是地广人稀，经济发展主要依靠先天资源条件而非科学技术的推动。作为一座历史久远的西部欠发达城市，其教育、科技水平和商业发展相对薄弱。

其次，相近的情况也发生在一级指标文化管理要素中的两项二级指标文化组织要素和文化设施要素中，文化组织要素远远高于文化设施要素。拉萨文化产业正处于起步探索阶段，文化产品的市场化运营程度还比较低，公共文化设施的建设也处于起步阶段，不能完全满足当地经济社会的跨越式发展和人民群众日益增长的精神文化生活的需要。

在一级指标文化潜力要素中，拉萨市的文化创新要素和文化素质要素得分较低。未来仍要以经济建设为中心，大力发展文化产业，用政策红利广纳来士、吸引高素质人才，使更多的高学历、高素质人才来到拉萨市开展城市文化建设。

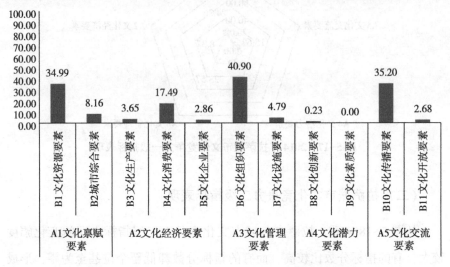

图5-18　拉萨城市文化竞争力二级指标表现

二、拉萨城市文化竞争力发展对策分析

（一）文化禀赋发展对策

拉萨是民族文化资源大区，有布达拉宫及其扩展项目大昭寺、罗布林卡这一处世界文化遗产以及多处全国重点文物保护单位、自然区级文物保护单位，这些独具特色的自然资源、人文历史资源为文化产业的发展提供了难得的优质要素禀赋，是拉萨文化产业实现差异化竞争、提高核心竞争力的关键所在。

拉萨具有的文化资源主要分为物质文化资源、准精神文化资源和纯精神文化资源。物质文化资源相对成熟。以拉萨北部的纳木错为代表，这种自然资源与宗教文化充分融合。准精神文化资源最为丰富。拉萨的准精神文化资源以列入世界文化遗产的布达拉宫、大昭寺、哲蚌寺、罗布林卡为核心，除了眼目所及的雄壮外观外，这些寺庙和园林还珍藏了大量佛像、壁画、经书等文物，保留了西藏独有的宗教崇拜仪式以及民族特色建筑文化，纯精神文化资源丰富。以《文成公主》为代表的藏戏、以"鲁体"和"谐体"为代表的藏族民歌、以"堆谐"为代表的藏族舞蹈、以《格萨尔王传》为代表的神话与口头传说、以"尼木三绝"为代表的生产技巧等，均为典型的纯精神文化资源。

这些丰富的文化资源使拉萨极具文化底蕴，成为我国具有代表性的民族文化资源大市。因此，更要充分挖掘梳理开发拉萨独特的传统文化资源，赋予其时代特色，展示其丰厚内涵和独特魅力。重视对拉萨传统文化的保护，采取多种方式挖掘、弘扬非物质文化遗产，促进特色文化产业发展。打造民族文化品牌，将特色节日演变成集文艺汇演、旅游休闲、商贸洽谈为一体，传统与现代相结合的国内外知名节庆盛会，展示地域文化特色的重要名片。

（二）文化经济发展对策

根据国家统计局的数据显示，近年来西藏在全国各省市 GDP 增速排名中的表现十分亮眼，展现出其经济发展的潜力和活力。而作为西藏首府的拉萨，在全区经济发展中也发挥着重要作用。据统计，2014 年拉萨全市实现地区生产总值达 347.45 亿元，比上年增长 10.9%，其引领全区经济发展的核心引擎作用日益凸显。值得一提的是，在拉萨发展过程中，第三产业迅速崛起，2014 年增加值达到 206.77 亿元，同比增长 8.9%，占 GDP 比重达到 59.5%❶，这其中，文化产业表现突出。大型实景演出《文成公主》赢得广泛关注；达孜工业园渐成规模，文化企业为当地老百姓提供了大量的就业机会；唐卡、藏香、藏毯等传统技艺与市场有机结合，形成了拉姆拉绰唐卡、优·敏芭香品等知名品牌……作为"藏羌彝文化产业走廊"的核心区域，拉萨快速发展的文化产业在助推区域经济转型升级的同时，也为拉萨文化建设和发展提供了新的重要支点。经过 30 多年的发展，西藏文化产业已经形成行业门类逐步增加，文化市场逐步完善，新闻出版、广

---

❶ 拉萨市统计局，国家统计局拉萨调查队. 拉萨市 2014 年国民经济和社会发展统计公报 [EB/OL]. (2015-05-05) [2016-12-25]. http：//www.lasa.gov.cn/Item/82132.aspx.

播电影电视、文艺演出、民族手工艺、休闲旅游、文化娱乐等共同发展的格局。

但由于起点低、经济基础薄弱，西藏要借助文化产业实现文化资源大区向文化资源强区的转变还需要进一步的努力。首先，从文化产业内在运营机制来看，拉萨文化产业正处于起步探索阶段。文化产品的市场化运营程度还比较低，文化产品的科技含量低、品种单调、规模较小、作业分散，文化产品创新效率低，产品研发成本高，经营管理水平较差，导致其促进经济增长的发展潜力尚未得到充分发挥，不能完全满足当地经济社会的跨越式发展和人民群众日益增长的精神文化生活的需要。从文化产业结构来看，文化产业核心层、外围层和相关层比例失调，参差不齐，投资主体单一，"人、财、物、信"四大资源的投入力度严重不均衡，直接影响着文化资源的整合、配置、开发和利用，民间大量的璞玉浑金作品处于闲置状态，没有得到充分、有效的利用。拉萨地区地广人稀，文化需求市场较小。文化市场培育还不太成熟，运行成本高，直接影响着文化资源的整合与开发利用。

所以，拉萨首先应在政策上，按照"一手抓繁荣，一手抓管理"的原则积极培育文化市场体系，通过财政贴息、以奖代补、股权投资等方式，增加政府文化资助和文化采购，扶持有发展潜力和前景的文化企业，形成投资主体多元化、多种所有制共同发展的市场体系。

其次，在加强品牌建设上，推动奇正药业、5100 冰川水、玛吉阿米藏餐、优·敏芭藏香等成为西藏文化产业的本土精品品牌。要充分利用本土资源，积极推动本地特色品牌"走出去"，扩大品牌的知名度和影响力。

最后，在产业发展战略上，推动拉萨市的差异化竞争，挖掘本地的资源优势，不断巩固原有的特色产业基础，努力提高文化产品的创意附加值与科技附加值。同时，立足本区发展实际，结合高科技和信息化趋势，推动诸如动漫产业、游戏产业、影视制作等新兴业态的发展，促进西藏文化产业向高水平、科学化、现代化的道路上发展。

（三）文化管理发展对策

拉萨作为西藏的首府，在政治、经济、文化、科技等方面都起到了重要的作用。近年来，国家给予了各项政策推动西藏文化繁荣和文化产业发展，在政策层面加大了扶持力度，这是西藏文化产业发展的历史机遇。除此之外，地方政府也给予了高度的重视，根据《拉萨市文化产业发展规划（2013—2020）》，首先政府鼓励开办的文化企业 3 年内免征企业所得税。为支持文化产业发展，拉萨市应制定并实施《拉萨市关于奖励及扶持文化产业发展的办法》，在土地使用、财税以及投融资等方面给予文化产业项目相应的优惠政策。在财税政策方面，根据《西藏自治区文化产业发展专项资金管理暂行办法》，尽快出台《拉萨市文化产业发展及引导资金管理办法》，进一步充实市级文化产业发展专项资金，以项目补助、贷款贴息、保费补助、绩效奖励等方式，培育骨干文化企业，构建现代化文化产业体系。同时，将文化产业项目纳入对口援藏总盘子，对口援藏资金用于文化建设的比例不低于30%。对政府鼓励开办的报业、出版、发行、广电等文化企业 3 年内免征企业所得税；对国家、自治区、市级认定的高新技术文化企业分别免征 10 年、8 年、3 年企业所得税。❶ 在投融资政策方面，在建立政府专项扶持资金基础上，健全服务文化产业的多层次资本市场，建立和完善以"政府引导、企业主体，直接融资和间接融资相结合"的文化产业项目投融资体系。

但是，拉萨的文化产业管理也存在许多有待改进的地方。从文化产业管理绩效来看，懂管理、善经营的文化经营管理人才比较匮乏。文化产业组织管理形式普遍处于各自为政、各行其是的文化割据局面，政府需要在引进人才和引进外资方面下大力气。从文化产业外在具体环境来看，政府或主管部门需要形成更加科学的产业扶植政策体系来促进文化产业健康发展，各级文化行政管理部门需要培养管理文化产业的专门机构和专职人

---

❶ 黄伟虎. 文化产业项目将享受优惠政策［N/OL］. 西藏商报，（2013-09-18）［2016-12-26］. http://epaper. chinatibetnews. com/xzsb/html/2013-09/18/content_ 478521. htm.

员，加强行政指导和管理，部门行业垄断和地区封锁现象亟待被打破，充分盘活文化市场，疏通流通渠道，形成合理、科学的竞争机制。

（四）文化潜力发展对策

文化产业作为朝阳产业和创意产业，其快速发展离不开高素质和专业性的人才，但由于各种因素的综合作用，西藏的人才一直奇缺。在缺少发展文化产业的人才的同时，还缺乏对管理和经营人才的综合素质的培训。尽管传统产品的技术性要求高，但是西藏本地有一批具备手工技艺的人才，更加紧迫的人才需求在于具有相关的专业技术人才和熟悉市场的专门的营销管理人才。需要这样的人才对市场需求进行分析研究，制定企业发展规划和产品营销方案，才能使文化产业的发展沿着市场经济规律更加适应现代市场机制发展需求。因此，拉萨市要大力培养文化产业相关人才。从工匠到市场管理者，只有适应市场需求，了解掌握藏族文化，才能精准地将文化与市场进行有效结合，生产出有文化内涵的文化产品。例如唐卡这类的文化产品，它本身是一种艺术品，需要创作，并不能仅停留在机械的复制和临摹上，西藏唐卡的发展缺乏的就是在绘制唐卡时能够赋予唐卡其他具有文化内涵的人才。

制约拉萨文化潜力充分发挥的另一个关键因素是观念问题。观念滞后，文化资源开发与保护未形成良性循环。文化产业的发展受固有观念的影响较大，人们还不能完全意识到文化本身是一种资源，具有相当可观的经济价值，合理地开发能够产生经济效益。对于文化资源的开发与保护都依赖政府行为。西部民族地区市场经济发展并不充分，市场机制不健全。所以，文化产业的发展还是要发挥市场在文化资源配置中的决定性作用。拉萨市文化产业要取得大的跨越式发展，必须培养一批有竞争力的文化企业，具备竞争力的企业是发展文化产业的基石。但是，西藏自治区往往依靠招商引资的方式来达到发展本地区文化产业的目的，这又在某种程度上进一步弱化了自身发展的能力。

（五）文化交流发展对策

西藏的文化艺术丰富多彩，并且在国内外具有一定影响力及知名度，要牢牢抓住这个特点，发挥这方面的优势。运用现代手段创新发展拉萨传统文化。比如动漫，以前很少有以藏族和与藏族有关事物为原型的动漫片，而通过吸收现代的动漫产业发展经验，拍摄出以藏地特有的藏獒为主人公的动漫片《藏獒多吉》很好地宣传了藏区文化。动漫产业具有文化产业不受地域限制，无污染、产业附加值高的特性，适宜在西藏自治区发展，这便是传统与现代相结合的成果。

藏族文化产品需要根据自身的特点进行合理开发，要想打开市场走向世界更加需要宣传，现在是西藏的旅游热，带动了与旅游相关的藏族文化产品的消费，少部分文化产品直销国外，一些文化产品销往内地，但是大部分还是销售在西藏本土，文化产品品牌不响亮，并不能打开内地市场和国际市场，藏族文化企业要有国际视野，增加同行业经验交流，打造成熟品牌，以高品质的产品为企业做代言，让旅游消费品只作为文化产品销售的一部分。文化产品的品牌明星效应，会唤起公众的文化追逐心理，培养浓厚的社会文化氛围，激发人们强烈的文化消费欲望，进而带动相关产业的发展，拉长产业链条。

三、小结

从拉萨市文化产业发展数据来看，拉萨市的文化产业正处于起步探索阶段，存在着诸多制约其发展的瓶颈，主要表现在文化市场培育不太成熟，文化产品的市场化程度较低，无法满足人民日益增长的精神需求；文化产业组织管理形式欠缺，产业结构不合理，投资主体单一；缺乏智力支持，导致拉萨文化产业的发展后劲不足。

"十三五"期间，拉萨市政府应制定科学的发展规划，构建拉萨文化产业发展体系，形成多元文化产业发展格局；同时，深入挖掘拉萨市丰厚的文化底蕴，突出民族文化特色，改善投资环境，多渠道吸收民间资本、外来资本参与拉萨文化产业发展，建设一批集生产、销售、宣传、展示、旅游为一体的多功能文化产业项目，进一步推动文化产业快速发展。继续在制度创新和技术创新的基础上，重点发展文化旅游业、文博保护服务业、民族民间手工艺品业、民族演艺业和节庆会展业。其中，文化旅游业将以"打造拉萨成为世界级文化旅游目的地"为核心目标，重点打造 4 类特色突出、具有世界影响力的文化旅游精品。随着投融资渠道的拓展、创意人才的充实和市场机制的完善，培育新兴的文化创意业、出版发行业、休闲娱乐业、影视服务业等，最终形成未来拉萨文化产业发展的十大业态，构架"文化兴市"战略支撑体系。

第十节　西宁城市文化竞争力研究报告

西宁是青海省省会，地处青藏高原东北部，是全省政治中心、经济中心、科技中心、文化中心。西宁也是一座有着 2100 多年悠久历史的高原古城，是古"丝绸之路"南路和"唐蕃古道"的必经之地。西宁市旅游资源丰富，现已成为城市经济发展的重要增长点，并打造了青海民族文化旅游节、三江源国际摄影展等一系列国际国内大型赛事和会展节庆活动，提高了西宁市的影响力和知名度。

"十二五"期间，西宁市政府出台了一系列文化发展政策，如《关于加快文化改革发展建设文化名省的意见》和《青海省"十二五"文化发展规划》，提出坚持以建设社会主义核心价值体系为根本任务，以文化体制改革为动力，以满足人民精神文化需求为出发点和落脚点。"十二五"期间，文化建设总投入力达到 96 亿元以上，其中，政府投入 53 亿元，比"十一五"时期文化投入增长 130%，社会投入 43 亿元。文化新闻出版、广播影视和体育各投入 64 亿元、23.5 亿元和 8.5 亿元。❶

---

❶ 卫庶，董浩."十二五"期间 力争文化建设总投入达到 96 亿元［EB/OL］.（2011-11-26）［2016-12-28］. http://qh.people.com.cn/GB/182775/16400533.html.

一、西宁城市文化竞争力各级指标分析

（一）西宁城市文化竞争力一级指标表现

从图5-19可以看出，5项一级指标反映出了西宁市的文化产业发展现状。该市拥有独特的文化资源，是发展文化产业的重要基础，是增强文化产业竞争力的优势所在。除此之外，政府大力支持，通过公共文化设施建设工程、文化惠民推进工程、特色文化产业培育工程、文化市场建设工程、文化人才培养工程促进文化产业与文化事业的协同发展。因此，在5个一级指标中，西宁市的文化管理要素表现相对优秀，得分为30.53，但仍然略低于西部地区平均水平，与东、中部地区差距较大。文化交流要素，得分为20.04，西宁市在文化交流与"走出去"的工作上有一定的成果，但是提升空间依然很大。西宁市在文化经济要素上表现较弱，得分仅为7.51，远远低于西部地区的平均水平。这说明虽然西宁有着比较丰富的自然资源、历史资源，但是文化资源有效开发不足，创新能力不强。许多传统文化资源产业化转换不足。此外，文化禀赋要素和文化潜力要素得分最低，仅为3.63和2.91。

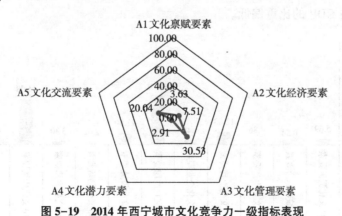

图5-19　2014年西宁城市文化竞争力一级指标表现

（二）西宁城市文化竞争力二级指标表现

从图5-20来看，西宁市各城市文化竞争力二级指标之间的变化幅度较大，有的指标分数比较高，而有的指标分数却低至个位数以下，形成了两级分化的局面。

首先，两极分化最为突出的是一级指标文化交流要素中的两项二级指标，即文化传播要素和文化开放要素。西宁地处西部边陲地区，在交通、科技、传媒等方面发展相对薄弱，因此，对城市外来人口、文化、经济等的包容和开放程度相对欠缺，参与国内和国际文化竞争的能力、对外文化贸易和吸引文化消费投资的能力有待加强。

其次，在西宁市城市文化竞争力一级指标文化管理要素指标中，文化组织要素表现属于正常水平，但是与另一项指标文化设施要素的分化也较为严重。尤其是在文化设施建设方面，近年来，虽然各级政府在文化建设发展上投入了大量资金，但因历史欠账太多，投入不足仍然是影响文化产业发展的主要问题，部分陈旧落后的文化设施不能及时更新和改善，尤其是农村，文化基础设施薄弱，乡镇文化站建设比较落后，公益性文化事业发展较慢。

最后，在一级指标文化禀赋要素中的二级指标城市综合要素分数较低，仅为0.54，在城市综合实力上竞争力较弱，低于全国平均水平，在城市总体发展上处于劣势。文化产业所占份额偏小。从目前掌握的情况来看，与西部和先进地区相比，西宁市的文化产业经济总量较小，文化产业增加值占GDP的比重偏低。

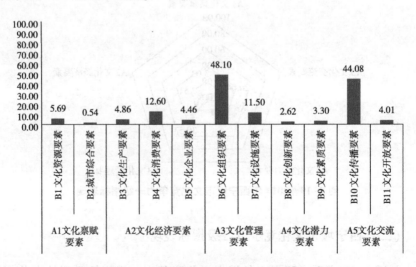

图5-20 2014年西宁城市文化竞争力二级指标表现

二、西宁城市文化竞争力发展对策分析

（一）文化禀赋发展对策

独特的文化资源，是发展文化产业的重要基础，是增强文化产业竞争力的优势所在。西宁市有如下几种文化产业类型：一是以玉树歌舞为代表的民族民间歌舞文化。青海的民族民间歌舞十分丰富。据 20 世纪 80 年代普查统计，全省民族民间舞蹈有 1400 种左右，民歌近万首。二是以热贡艺术为代表的绘画和造型艺术。热贡艺术是藏传佛教艺术的一个重要流派，距今已有 700 多年的历史，被称为"我国民族艺术宝库中的一颗瑰丽明珠"。三是以彩陶为代表的史前文化。考古发掘证明，青海的开发至少已有 6000 多年的历史，因器物精美、数量众多，被称为"青海是彩陶的王国"。四是以花儿会、赛马会、纳顿节、六月歌会为代表的民族民间节庆文化。五是以藏族、土族、撒拉族为代表的民间风情文化。青海自古就是一个多民族聚居的地区，各民族长期相互交融，使青海置身于民俗的海洋，形成了丰富多彩而又独具特色的民情风俗。不难发现，西宁市的文化资源少数民族特色浓郁，但是形式比较单一，以民俗歌舞类见长，对于文化的开发与"走出去"有一定的局限性。

因此，在对西宁的文化资源进行开发时要注重时代性与传统性的有机结合。立足本地特色优势资源，合理开发，尽可能地保存其中最原汁原味的内涵文化，这是文化产业得以立足的关键所在。在此基础上进行开发推广，用大众喜闻乐见的形式进行艺术再创造。

（二）文化经济发展对策

西宁市的一级指标文化经济要素中的二级指标文化消费要素要高于文化生产要素，可以看出，西宁市的人民群众已经开始形成对文化进行消费的观念，但是文化产品及文化基础设施的供应渐渐无法满足人民群众日益增长的精神文化需求。

首先，文化产业市场化程度低，无法实现规模效应。尽管西宁市具有丰厚的历史资源、灿烂的民族文化，却不能使之转化为与之相匹配的文化生产力，所以，西宁市的文化生产要素指标和文化消费要素指标都相对落后。要促进文化产业的发展，要形成健全完善的文化市场及体制机制。目前，西宁市的文化市场还处在资本市场发育程度比较低的阶段，文化经营单位的数量较少，因而整体存在市场的规模也较小。

其次，在西宁文化产业结构上，传统民族文化产业的比重较大，现代新型文化产业发展不够，文化竞争能力差，品牌文化不多。西宁市的文化产业大多停留在民族传统产业如歌舞表演等，至于形成品牌、走红大江南北的成功文化产业现象则凤毛麟角。

最后，要形成健全的投融资体制和机制。西宁目前存在的普遍问题是文化市场的培育还不完善，没有形成一套健全的投融资体制和机制。加快培育产权、版权、技术、信息等要素市场，以项目为载体聚集要素资源，建立自主研发和联合开发机制；规范文化资产和艺术品交易；加强行业组织建设，健全中介机构。

（三）文化管理发展对策

近年来，为了推动文化名省建设，青海出台了一系列政策措施，这些政策措施也大大提高了西宁的文化建设与产业发展。例如《关于加快文化改革发展建设文化名省的意见》《青海省"十二五"文化发展规划》《实施"十二五"文化建设"八大工程"的意见》《关于促进青海省文化改革发展政策措施的意见》等一系列政策，在财政、税收、金融、市场准入、土地、人才等方面，制定了一系列优惠政策和扶持措施。

要推动西宁市文化产业的发展，政府必须制定科学、完善的发展规划，从以下几个方面入手，做好文化市场与发展的管理工作。一是推进公共文化设施建设工程，按照公益性、基本性、均等性、便利性的要求，完善覆盖城乡、结构合理、功能健全、高效实用的公共文化服务体系。二是推进文化惠民工程，以文化建设的丰硕成果，不断满足人民群众多层次、多方面、多样化的精神文化需求，让各族群众得到更多的文化实惠，共享文化改革发展成果。三是推进特色文化产业培育工程，按照全面、协调、可持续发展的要求，坚持把社会效益放在首位、社会效益和经济效益相统一，培育文化产业成为新的经济增长点，推动文化产业跨越式发展。四是推进文化市场建设工程，构建统一开放、竞争有序的现代文化市场体系，促进文化产品和要素在全省范围内合理流动。五是推进文化人才培养工程，牢固树立人才是第一资源的思想，加快培养造就德才兼备、锐意创新、结构合理、规模宏大的文化人才队伍。

（四）文化潜力发展对策

西宁拥有丰富的文化资源，但是其产业化道路一直走得很缓慢，其中重要原因就是人才资源的缺乏。不仅缺少发展文化产业的人才，同时缺乏的还有对管理和经营人才的综合素质的培训。尽管传统产品的技术性要求高，但是西宁本地就有一批具备手工技艺的人才，更加紧迫的人才需求在于具有相关的专业技术人才和熟悉市场的专门营销管理人才。西宁市需要制定企业发展规划和产品营销方案，才能使得文化产业的发展沿着市场经济规律，并适应现代市场机制发展需求。因此，西宁市要大力培养文化产业相关人才，从工匠到市场管理者，只有适应市场需求，了解掌握少数民族文化，才能精准地将文化与市场进行有效结合，生产出有文化内涵的文化产品。

制约西宁文化潜力充分发挥的另一个关键因素是观念问题。长期以来，人们已经习惯性地认为只有国家的大力支持和投入才能发展文化艺术事业，而对文化艺术产品本身所具有的经济效益视而不见。很多文化企业经营者不能同步于现代企业的经营管理。所以，引进人才、树立正确的文化产业化意识是当务之急。政府可以建立文化发展顾问制度，聘请国内外著名艺术家、优秀文化企业家及曾担任过国家文化行业的部级领导等担任顾问。实施人才培养工程，大力培养善于开拓文化新领域的拔尖创新人才、掌握现代传媒技术的专门人才、懂经营善管理的复合型人才、适应文化"走出去"需要的国际化人才。不断培养高层次文化人才，重点推出一批文化名家、民族文化代表人物、领军人物、文化产业经纪人、文化遗产传承人，推出文化领军人物。

（五）文化交流发展对策

首先，从根据数据来看，西宁市一级指标文化交流要素中的二级指标文化传播要素要远远高于文化开放要素，可以看出，西宁市丰富的历史文化资源已经形成了一定的影响力，传播力度比较大并且取得了一定的成效，但是文化对外开放的程度还不够高，层次也不够完善，存在诸多问题。例如，西宁虽然有一些专门的民族民间工艺品市场，但是由于市场生存空间狭小，交易对象仅仅限于经济区内，有的甚至只限定于本地区内，要想打破文化产品区域限制，取得更大的发展，这就需要经营企业对区域内外的文化产品消费构成和需求有着清晰的认识与把握，要利用自身的优势与吸引力，开展多渠道、多形式、多层次的对外文化交流活动，提升青海对外开放的影响力。

其次，要构建对外文化交流机制，积极参与国家重大对外交流项目和各类国内国际会展活动；把政府交流和民间交流结合起来，鼓励、支持非公有制文化企业、文化非营利机构积极参与对外文化交流。除此之外，积极实施文化"走出去"工程，加强影视作品、文艺演出、图书、工艺美术、非物质文化遗产项目、文物的对外展览展示；开展民间艺人间文化技能技艺交流；邀请中外名剧、名作、名人开展文化交流，同国外有实力的文化机构进行项目合作，学习先进制作技术和管理经验。

三、小结

精神、资金、市场、技术、人才这5种要素，西宁的文化产业都不同程度地缺乏，但是西宁悠久的历史传统、厚重的文化积淀、多姿多彩的民族风情一定是文化崛起的重要支撑点，但是这些文化资源要转变为文化产业，变成有市场的文化产品乃至精品，将面临艰难、曲折的长路。经验表明，文化创意产业的发展对基础或起点的要求很高，没有全社会水平的提高和发达的教育体系作为支撑，其发展就不可能持续。

我国城市文化竞争力的发展
趋势、存在问题及对策建议 第六章

当城市的经济发展更少地依赖于制造业，而更多地依赖于知识的时候，文化促进城市发展的价值也就日益凸显。纵观我国中心城市文化发展状况，决定城市竞争力的主导因素正由资本、资源等经济层面转向人才、制度、环境、创新等文化及创意层面。随着城市转型和更新的需要，城市文化竞争力的价值与意义正日趋重要，文化在增强城市整体竞争力和可持续发展中将发挥至关重要的作用。这就需要我们把握未来城市文化竞争的趋势，正视我国中心城市文化发展存在的问题，扬长避短，乘势而上，为提升和增强城市文化竞争力创造更为有利的环境和条件，寻求更加切实可行的路径与对策。

第一节　我国城市文化竞争力的发展趋势

未来的城市竞争中，文化将成为最核心的因素。城市发展水平的较量会逐渐演变为以文化论输赢、以文化比后劲的角逐，文化竞争将成为未来城市综合实力竞争的重要主题。我国城市文化竞争力将在公共文化服务、文化生态环境、文化品牌建设、文化消费增长、文化融合创新等方面呈现出如下发展趋势。

一、文化财政投入比重日益加大，城市公共文化服务逐步制度化

政府财政投入是城市文化发展的重要支撑和主要驱动要素。在伦敦、

纽约、柏林、巴黎、东京等国际大都市的年度财政总支出中，文化艺术及其相关的教育、科技等领域的公共投入比重呈现日益加大的趋势，由此带来重大公共文化设施及一系列标志性文化项目的建设，大大刺激了这些大都市的文化经济增长和社会和谐发展。这种趋势将大大激励我国中心城市持续加大未来在文化领域的投入，探索长期稳定并不断完善的文化财政投入机制。特别是随着 2016 年 12 月《中华人民共和国公共文化服务保障法》出台，公共文化服务体系建设被推上了一个前所未有的法制化高度，这将在规范化和制度化层面为文化竞争力的提升奠定极其重要的基础，也意味着在未来的城市文化发展中，公共文化服务体系建设必将成为一个不可或缺的衡量标准，其中包括硬件建设和软件建设。硬件建设主要是文化场馆等基础设施和工程项目的实施；软件建设则更多的指向资金投入机制的确立、各类文化活动的举办以及相关文化艺术人才的培养等支撑性服务的改进和完善。这些很大程度上会改变未来城市文化竞争力较量的基本格局，将目光更多地投向最大公约数的文化领域。

二、城际文化交流与合作日益频繁，多元文化生态环境逐渐形成

文化生态环境是城市文化健康永续发展的基石。理想的城市文化包括 3 种文化：厚重深远的历史文化、丰富多彩的现代文化和兼容并蓄的外来文化。❶而这 3 种文化之间的联系和转化构成了城市文化生态圈，这 3 种文化的良性发展促进了城市文化生态圈的良性发展。

首先，随着我国城市之间的文化交流与合作日益频繁，多元共存的文化生态环境将逐渐形成。这种城市文化生态环境首先是在传承自身城市文化内涵的同时，不断创造出新的城市文化，并在此基础上与其他城市进行文化交流，不仅包括政府组织的相关文化交流，而且还包括民间组织的文化交流活动，打破地域限制和人际隔阂，加速城市间的文化融合。

---

❶ 李肃. 2013 年中国城市文化竞争力实证研究 [J]. 现代商业，2014 (5).

其次，通过城际文化交流与合作，东、中、西部城市间文化发展水平差异将日益缩小，城市文化交流互鉴和互惠互利的机制将逐步形成，不仅会推动城市文化经济发展，而且也有利于探索以文化为内核的区域可持续发展模式。

最后，站在世界的角度来观察，中国文化作为世界东方文化的代表，未来和欧洲、美洲的文化往来将会更加频繁，东西方文化交流将会更加活跃，通过学习借鉴西方城市文化建设的成功经验和做法，必将促进我国城市文化竞争力的提升，构造多元文化生态环境。

三、文化规划与顶层设计趋于科学，文化品牌对城市形象塑造的作用更加凸显

城市文化规划是一项综合性和协调性极强的系统工程，需要调度运用各类文化资源和手段，涉及众多文化和非文化领域，协同相关的政府部门和非政府组织，毫不夸张地说，城市文化规划是一座城市在深刻认识自身历史源流、文化禀赋和比较优势的前提下所进行的宏观战略布局和顶层设计。随着条块分割和多头管理症结的逐步缓解，我国城市文化规划将改变垂直系统内的单一思维模式，进而在大文化视野中更多地强调不同行业门类、不同组织机构以及不同领域的协同作用，最大限度地发挥乘数效应，以保证文化规划的科学合理与切实可行。也正是在文化规划与顶层设计的科学性、专业性和前瞻性的基础上，城市文化品牌的建设及其带来的城市形象的塑造与提升才成为可能。城市文化品牌是城市文化竞争力发展到高级阶段的外化表现，城市文化品牌体现着城市文化的渊源、特性、风貌乃至品位，城市文化品牌的形成是将城市文化资源转化为城市文化形象、文化资本和文化生产力的过程。在未来城市文化竞争中，这一过程能否实现以及如何实现将决定城市文化发展水平的质量和高度，对城市文化品牌的追求将日益成为城市打造文化竞争力的核心目标。

四、文化消费潜力将进一步释放，文化要素市场逐渐形成规模

文化消费是城市文化发展的驱动力，有文化消费才有文化市场。随着城市居民的可支配性收入在文化娱乐、旅游观光、信息服务上的支出日趋增多，并逐步呈现出主流化、高科技化、大众化和全球化的特征。在未来的城市文化发展中，文化消费潜力将得到进一步释放，成为影响城市文化竞争力提升的重要因素之一。尤其是在供给侧结构性改革的大背景下，文化内容生产与消费需求对接的机制、渠道、平台和终端都将实现极大改观，更加高效、便捷，既能够让消费者快速了解最新鲜的文化产品资讯，又能够促进文化产品生产的有序繁荣，化解文化产业长期存在的供需矛盾。只有改变长期存在的供需失衡状况，释放出巨大的文化消费潜力，文化要素才能真正实现自由流动和优化配置，文化市场才能真正走向健康与理性。这些要素将主要体现在资本、人才、知识产权、技术等与创意、创新紧密相关的方面，可以预见，未来城市文化竞争力的角逐将逐步从对历史和传统文化的价值挖掘转变为对文化要素的高度集中与深度整合，包括构建城市文化投融资体系、搭建文化产权及技术交易平台、探索文化人才引进和培育模式等，都将成为文化产业升级和文化市场长期发展的重要助推力。

五、文化与各领域的融合日趋深化，文化创新将成为城市发展新引擎

未来是文化附加值决胜城市竞争力的时代，文化与科技、金融、旅游、体育、设计、装备制造、农业、工业等城市经济社会发展的方方面面正在发生不同程度的融合，这种融合绝不是简单的加法，而是要在关键领域和战略环节上渗透文化元素和创意思维，形成具有高科技、高情感、高附加值的全新行业门类。随着国家一系列促进文化与其他行业融合发展的

重大政策的陆续出台，一个前所未有的"文化+"时代即将到来。面对这样的时代主题，不断推动文化创新将成为城市文化竞争力提升的必由之路。文化创新不会停留在形式和内容的变化上，而更加着眼于新兴业态的培育和核心技术的变革，从而催生出城市文化发展新的增长点和助推器，形成城市文化竞争力的长久优势。从大数据云平台的商业化实践到3D打印的不胫而走，从VR、AR技术的应用探索到人工智能的崭露头角，从创意农业、工业旅游的蔚然成风到文化众筹的星星之火，文化创新的种子正在城市经济发展的土壤中生根发芽、开花结果，"文化+"必将成为城市文化不断衍生更新的根本，最终得以不断提升城市文化竞争力。

第二节　我国城市文化竞争力存在的主要问题

通过对我国城市文化竞争力发展趋势的研判，反观2014年我国中心城市文化竞争力的实际状况，特别是基于城市文化竞争力核心要素及其指数表现的分析，我国城市文化竞争力的提升依然面临着诸多难题。主要体现在以下几个方面。

一、文化基础设施不完善，城市公共文化服务体系建设亟待加强

文化基础设施不健全和公共文化服务功能不完善是长期困扰我国城市文化竞争力的一大难题。伴随着我国文化产业突飞猛进的发展，大量新兴文化业态不断涌现，大多数城市的文化基础设施及其服务机制却还停留在传统的单向供给模式，既不能满足城市居民日益增长的文化需求，又无法有效承载新兴业态的发展需求。以文化竞争力综合指数得分最高的北京为例，其文化设施要素得分仍旧偏低，恰好说明公共文化设施的数量与庞大且还在不断增长的城市人口相比仍显不足。处于第二梯队的厦门也存在着相似的情况，由于城市文化建设总体水平与经济发展相比长期处于滞后状态，厦门文化基础设施建设与改造升级往往进展缓慢，导致文化设施得分

不尽如人意。如果把目光投向中、西部城市的话，这种矛盾就更加突出，由于经济发展较为落后，文化基础设施建设明显不足，维护成本较高，利用率低，部分西部城市的公共文化基础设施甚至还处于起步阶段，严重制约了城市文化竞争力的提升。

二、城市文化资源开发与利用程度低，战略规划趋同导致城市文化特色不足

没有资源，就没有发展，只有合理开发利用城市既有的文化资源，才能让城市文化生生不息。然而目前我国城市文化资源的开发利用普遍存在观念雷同、模式粗放、效率低下等问题。越来越多的城市在注重"文化兴城"、大打"文化牌"的同时，往往很容易陷入"千城一面"和将文化泛化的现象，"建筑文化""名人文化""服饰文化""山水文化"等口号式、标语化的城市文化定位比比皆是，文化发展战略相互模仿和跟风抄袭的情况也非常突出；在资源的开发利用方面存在"重建设轻人文"的弊病，盲目上马重大项目，过分依赖硬件升级，而忽视城市精神遗产的传承和整体文化氛围的营造，最突出的例子就是非物质文化遗产保护开发缺乏科学规划，出现过度开发和对原生态的破坏；除此之外，大多数城市对待文化资源的开发局限于浅层次的旅游开发，缺乏对城市历史文化和现代精神的提炼，缺乏内容创意和技术创新，无法形成具有鲜明个性和比较优势的城市文化品牌，自然也就很难提升城市文化竞争力。

三、东、西部城市文化竞争力呈现分化格局，内部不均衡性显著

在城市文化竞争力各个要素中，东部地区具有明显优势，西部地区城市则表现较为弱势，呈现出空间不均衡甚至两极分化的格局。其中，文化潜力要素指标的标准差值最大，说明横亘在东、西部城市文化竞争力之间最大的鸿沟来自教育水平与科技实力的差距。而文化交流要素的标准差值

较大，这也反映出东、西部城市对外文化传播和文化开放上的差异性表现。虽然有不少西部城市都具有丰富的历史文化资源和旅游资源，但是由于基础设施不完善以及经济发展水平的制约，缺少对外传播的渠道，文化交流机制尚不健全，大大阻碍了城市文化竞争力的提升。与此同时，这种不平衡性也体现在同一区域内部的各城市之间。由于文化禀赋、政府对文化发展的重视程度和扶植力度以及经济社会发展整体环境不同，城市之间也存在一定的差距。以京津冀区域为例，石家庄作为河北省省会，城市发展历史较短，历史文化积淀较浅，城市经济发展水平较低，基础设施建设有待完善，同时由于石家庄深受环境污染的影响，城市文化竞争力总体水平远远低于北京和天津。

四、城市文化消费水平有待提升，文化市场有待拓展

近几年，我国城市居民文化消费规模逐年扩大，文化市场呈现一片繁荣景象。但无论是对比国际通行规律还是国内人均收入水平，无论是相较于文化产业增长速度还是不断涌现的多元化、个性化需求，我国城市文化消费总量仍然存在较大缺口。以北京为例，城市文化竞争力排名全国首位，但是文化消费要素得分仍然偏低，这说明普通市民对文化消费的潜力还需要进一步挖掘，究其根源，文化消费动力不足来自文化市场的不成熟，缺乏质优价廉的大众文化产品，难以获得应有的市场价值和消费者的认可。作为文化产品的生产者和传播者，城市文化企业是文化市场的主体，对文化消费影响巨大。但是从文化经济要素各指标的表现来看，我国城市亟待打造一批具有竞争力和影响力的文化企业与集团。例如石家庄的文化经济要素得分仅为8.33，缺乏龙头文化企业的引领是重要原因，资产超亿元和营业收入超亿元的企业寥寥无几，小企业几乎占到全市文化产业单位数量的一半以上，这些企业主要集中于科技含量低、附加值低的领域，缺少在全国文化领域站得住脚、叫得响的龙头企业，由此带来文化生产力低下，对文化市场和文化消费的抑制作用明显。

五、城市文化人才总量和结构不尽如人意，教育资源尚未实现真正匹配

人才是一个地区、一个城市发展的核心竞争力。谁拥有更优秀的人才，谁就能在发展当中争取主动、在竞争当中赢得未来。尤其是城市文化建设更离不开人的创意、技巧与才华。城市文化竞争力的比拼归根到底是文化人才素质的较量。目前，我国城市文化相关行业发展需求与人才储备之间存在着巨大缺口和明显错位，文化人才队伍的建设跟不上城市文化日新月异的脚步，城市文化发展对人才的多样化需求无法获得教育资源的相对匹配。西部城市普遍缺乏高学历、高素质的专业型及复合型文化人才，尤其是在偏远、贫困地区与少数民族地区，人才总量少、质量相对较差已经成为提升城市文化竞争力的主要瓶颈。东、中部城市在人才数量与质量上具有优势，但是依旧缺乏具有创新能力和国际视野的高端人才，特别是既懂得专业知识又善于经营管理的复合型人才。此外，当前高等教育体系中文化艺术相关专业教育与社会实际存在着不同程度的脱节，教育观念相对落后，教育投入不足，内容方法比较陈旧，也极大地限制了城市文化人才的储备和发展。

第三节　提升我国城市文化竞争力的对策建议

城市文化竞争力的提升是文化竞争力各个核心要素综合作用的结果，要想实现以文化的力量带动城市经济社会总体发展，不仅要依靠政府出台相应的政策，投入大量资金，更要顺应时代潮流，放眼国内外大势，制定科学规划，从基础设施、文化资源、文化市场、文化交流以及教育、科技、外交等多方面着力。综合以上对我国城市文化竞争力发展趋势和存在问题的分析，针对提升我国城市文化竞争力提出如下几点对策建议。

一、因地制宜地出台相关政策，完善公共文化服务体系

城市文化建设离不开相关政策措施的引导与扶持，需要因地制宜地出台城市文化政策，发挥政府引导和政策促进作用，大力推动文化基础设施建设，尽快完善城市公共文化服务体系，从而真正增强城市竞争力、提升城市文化多样性、保障基本文化民生、促进城市动力转型。在《中华人民共和国公共文化服务保障法》出台这一历史性突破的基础上，各城市应当更加关注人民群众基本文化权益和基本文化需求，实现从行政性"维护"到法律"保障"的跨越，推动公共文化服务实现从可多可少、可急可缓的随机状态到标准化、均等化、专业化发展的跨越。除了大力推动大剧院、博物馆、市民文化广场、音乐厅等文化基础设施建设外，还应当加强基层公共文化服务，进一步推进群众文化创建活动，激活基层细胞，创新理念，开展镇（街道）文化站建设，开展村（居委会）文化中心建设，开展具有当地特色的居民文化活动，将基层真正变成居民享受文化建设成果的场所，满足人民群众对于文化的需求，切实保障他们的基本文化权利。此外，还应当大胆尝试将"互联网＋公共文化服务"的新模式渗透到城市建设之中，根据互联网、大数据等精准对接群众文化需求，推进均等化，打通"最后一公里"。

二、创造性保护和传承优秀传统文化，塑造城市文化品牌

一个好的城市品牌相当于为城市构建一座精神的建筑，能够凝聚人心，增强市民的自豪感和主人翁意识，激起城市外部投资者、旅游者等公众的无限向往。打造城市文化品牌，首要就是城市历史文化资源的保护与优秀传统文化的传承。历史文化资源是一个城市文化品位与文化个性的重要表现，也是一个城市最独特的文化优势。充分挖掘并利用城市的历史文

化资源，保护历史文物和文物依存的周边环境是树立城市文化个性、提升城市文化品位的捷径之一。历史文化遗产是一种无形资产，它可以与旅游、文化产业"联姻"产生投入小、回报大的经济效益，能起到巨大的品牌效应。传统文化保护是一个长期性、系统性工程，需要政策法律、理念思维和方法路径的到位和协调。

第一，以强有力的政策、法律体系为保障。加强政府对传统文化的保护是公共文化事业的重要组成部分，必须通过政府的主导，社会各界的参与才能完成。政府应通过优化和配置社会资源，设立专项保护与传承资金，推动优秀传统文化的多元化产业发展。除此之外，要加强传统文化和非物质文化遗产的知识产权保护，不断健全相关法规，进一步推进非物质文化遗产产业的合理化和健康化发展，对于传统文化的保护与开发，不是推倒重来，大拆大建，而是在保护的前提下进行合理化的开发，树立可持续发展观念，用正确的理念指导建设行为。

第二，以深刻内涵、鲜明的城市文化理念为指导。用先进的理念保证科学规范、创新统一的建设行为。城市品牌需要做到共建共享，当地政府要针对城市的经济和文化发展实际进行周密考察，从实际的城市规划入手，进行科学的制度规范，并对城市的内部形象进行设计，主要包括对经济、体育、文化等事业的进展程度进行科学评定，保证科学、统一地进行城市文化品牌建设工作。除此之外，合理利用地区经济和互联网等优势资源促进优秀传统文化的产业转化，使传统文化在新形势下焕发活力。特别是面对当前互联网经济繁荣发展的现状，应采取积极、有效的措施加速传统文化创意产业发展，使文化遗产创造更多的产业价值。

第三，开发与保护并行，树立城市文化自信。文化底蕴是一个城市在历史发展的漫长过程中不断积淀的结果，充分体现出一个城市特有的气质。城市文化包括历史文化与人文氛围、民间典故与民俗风情等，是城市文化品牌发展过程中必不可少的条件。要充分挖掘城市的文化资源，进行系统化开发，实行"文化+"战略，从工业、农业、旅游业等多方面生产文化产品，线上线下联动，才能达到提升城市文化竞争力和提高城市经济社会效益的目的。

三、深入推进文化产业"供给侧"改革，激发城市文化消费潜力

首先，发挥服务作用，出台政策措施，为扩大城市文化消费提供良好的环境和条件。充分利用《国家"十三五"时期文化改革发展规划纲要》《关于加快发展生活性服务业促进消费结构升级的指导意见》等政策文件，这些文件都不约而同地提出了扩大文化消费的重要目标，而且因地制宜地提出了东、中、西部地区不同的文化消费促进措施。东部试点采取线上和线下相结合的方式来文化消费；中部试点主要是文化消费激励政策；西部试点则通过文化消费（税费）补贴政策来实行。这些都为各城市大力挖掘文化消费潜力，缓解文化产品供需矛盾，消除文化产业长期繁荣的障碍，为提升城市文化竞争力注入原动力。

其次，增加文化产品供给能力，扩大文化消费总量，提供多样化、个性化的文化消费品。深入贯彻"供给侧"改革理念，坚持消费结构、质量"两手抓"。只有内容优质，群众喜闻乐见的文化产品才能经得起市场的考验，满足人民群众的精神文化需求。就产品结构与消费结构而言，要大力发展新型文化业态，形成新的文化消费热点。推动文化企业投资、兴建更多适合公众需求的文化消费场所和适销对路的内容产品。发展节能环保型消费品，倡导与我国国情相适应的文明、节约和绿色、低碳消费模式，引导公众的消费行为。就产品质量而言，在文化内容上多下功夫，鼓励多出精品。

最后，顺应"互联网+"趋势，创新文化企业发展。信息时代网络技术与多种行业结合产生了新的变化，深刻改变着文化产业的内在结构和人们的文化消费习惯，为文化产业发展带来巨大机遇。在这样的新形势下，文化企业发展须充分运用新技术、新平台，引入互联网商业模式和互联网思维方式，才能真正迎合新时代精神需求，激发居民文化消费意愿。

四、借力"一带一路"战略机遇，推动城市对外文化交流与合作

"一带一路"是综合性、系统性极强的顶层设计，是党和国家两个百年要实现的战略目标，文化不是我国提出"一带一路"倡议的起因或者出发点，但是文化一定是影响"一带一路"战略能否最终落地和实现的"软力量"，因此对于城市对外文化交流、文化传播乃至文化贸易而言，"一带一路"是千载难逢的历史机遇，更是走向世界舞台的重要契机。各城市应当立足周边，辐射节点，面向全球，着力完善文化交流合作机制、搭建文化交流合作平台、塑造对外文化交流品牌、实现对外文化贸易的规模化，从而在更高层次上提升城市文化竞争力。

首先，利用"一带一路"机遇打造对外交流合作基地。尤其是西部沿线重点城市要紧握机遇，通过展演项目、论坛、研讨会、竞赛、智库及青年交流、客座艺术家和非遗传承人互访等多种形式的活动，推动国际文化交流，创新民间外交方式。其次，加快文化产业向"一带一路"沿线国家"走出去"，推动各城市面向"一带一路"国际文化市场，通过贸易、投资及相关合作，壮大文化企业规模，拓展对外文化贸易渠道，深化对外文化传播。最后，积极塑造"一带一路"中文化企业主体作用，挖掘优势，树立全球意识，打造外向型文化企业，提升城市文化的国际竞争力和影响力，最终形成城市对外文化品牌。

五、强化城市教育体系，培育多层次文化人才

"千军易得，一将难求"，人才是任何一项事业实现长远发展的核心要素，更是一座城市获得持久生命力和无限创造力的根本。随着城市经济社会发展日新月异和文化产业日益蓬勃，城市文化竞争力的提升越来越呼唤多元化、高层次、复合型人才的共同参与。城市文化发展要坚持科学的人才观，加强文化人才队伍建设，以文化人才的孵育、发展和合理流动促进

城市文化的繁荣。首先，应当完善教育体系，发挥高校、科研院所以及社会培训机构在城市文化建设中各自应有的作用，尤其是高校必须与城市文化发展实际紧密结合，加大力度培养高学历、高素质的复合型人才，成为高端文化人才孵育的高地和城市文化精神的象征。其次，要形成文化人才的合理流动机制。城市文化建设是全社会的责任和使命，最终也将"反哺"社会，因此，文化建设不能依靠文化界自身，而需要与各个领域互通互促，只有让不同领域、不同背景的人才贡献智慧、发挥专长、加强往来、彼此借力，才能让城市文化生机勃勃，基业长青。最后，要加强本土文化人才建设，特别是对于彰显城市精神与文化特色的民族民间艺人和非遗文化传承人要加大力度进行保护与扶持，为他们搭建展示、表演、创作、交流、教育和传播等各个环节的便利条件，延续城市文化基因，保有城市文化根脉。

后 记

　　《中国城市文化竞争力研究报告（2016）》是中国传媒大学经管学部文化发展研究院持续进行了 3 年的学术研究品牌。课题组在中国传媒大学经管学部学部长范周教授的带领下，本着勇于探索、科学严谨的研究态度，进行了大量的前期文献研究，多次深入开展专家研讨和调查问卷，并经过细致而烦琐的数据搜集与分析过程，数易其稿，最终编写完成。

　　本书的主要团队成员及分工如下：中国传媒大学经管学部学部长范周教授作为本书主编和课题组首席专家，指导课题研究方向，把握基本框架和研究内容，主持专家研讨，并负责全书稿的最终审定。中国传媒大学文化发展研究院副研究员萧盈盈作为本书执行主编，负责统筹课题研究过程，组织课题研讨、数据搜集、书稿撰写以及全书的修改统稿工作。中国传媒大学经管学部多名教师参与了本报告的研究及写作，主要情况如下：第一章萧盈盈；第二章萧盈盈；第三章田卉；第四章田卉、萧盈盈、蒋多、刘静忆、李素艳；第五章蔡晓璐、王文勋；第六章蒋多。

　　此外，中国传媒大学教务处副处长金雪涛教授，经管学部张春河教授、方英教授、闫玉刚副教授、池建宇副教授作为本报告专家组成员，多次参与了课题研讨并给予了学术支持。《中国文化产业年鉴》编辑部孙晓萍老师协助课题组收集了部分城市的文化竞争力数据。中国传媒大学经管学部、电视与新闻学部多名优秀研究生参与了本课题的研究工作。2015 级研究生彭雨、张佳鑫、王若晞、陈金子、刘雨丝、罗鹏程、王宁博、李慧慧、武赟等参与了前期数据搜集。2016 级研究生冯莎莎、仇婧楠、任泽阳、张钰、王叶、孟伟、郭泽华、穆薪宇、何仁义、徐妤函、汪妍等参与了课题研讨、数据搜集校订和文字撰写。新闻学院调查与统计研究所研究生栗子桥、邵海涵主要参与了数据处理和分析，研究生冯莎莎、周诗云参与了报告统稿和校对等工作。一年来，研究团队成员付出了大量的时间和心血，本书也是集体智慧的结晶。

在研究过程中，首都师范大学文化研究院常务副院长陶东风教授、北京市社会科学院首都文化发展研究中心副主任沈望舒研究员给予了课题组大力支持。中国国家图书馆韩永进馆长及馆长办公室朱亮先生为本课题的数据搜集提供了很多帮助。众多业内著名专家、学者、政府管理者参与了课题研讨并给予我们宝贵的意见和建议。在此，一并对各位的关心和支持表示衷心感谢！

本课题成果还借鉴了很多城市文化竞争力相关领域已经发表的著作与论文成果，尤其是前人提出的相关竞争力指标体系，在本书出版之际，也对这些研究机构与学者表示诚挚的谢意。

最后，衷心希望本书能够为城市管理者与政府相关部门提供决策参考和依据，也为文化研究者提供一些理论借鉴。书中也存在着疏漏与不足之处，恳请各界批评与指正。

《中国城市文化竞争力研究报告》课题组

2016 年 12 月